U0963576

麦读
MyRead

MPACT

社科法学文丛

文丛主编：侯猛　王启梁　陈柏峰

出版策划：曾健@麦读

JVSTICE

［美］劳伦斯·弗里德曼 —著

碰撞

HOW LAW AFFECTS BEHAVIOR

法律
如何影响人的行为

邱遥堃 —译　　侯猛 —校

中国民主法制出版社
全国百佳图书出版单位

法律无处不在，每一天都影响着我们的生活，

但决定法律影响社会的力量究竟从何而来？

目　录

简短序言

这本小书的主题,正如书名所言,是关于"影响"(impact),关于法律是如何影响人的行为的。1975 年,我曾出版《法律制度:从社会科学角度观察》一书,其中有两章讨论了"影响"问题。

一晃四十年过去了。最近几年,我决心重述这一主题。实际上,现有研究为数众多,而且,很多研究是在"法律与社会"领域中涌现出来的。我现在这样做,其目的不只是更新这一主题,也是让自己与时俱进。我希望能对这一主题进行更为前沿和全面的梳理。

影响——虽然很少有人这样界定——这一领域的研究在最近几十年发展迅速。学者们在死刑是否具有威慑效果这个小问题上倾注了海量的笔墨。这类研究已经积累了很多。再如,有关商事规制何时、如何以及为何有效或无效的研究也是数量繁多。此外,人们对跨文化研究的兴趣与日俱增。即使是在英语世界,也有越来越多的研究关注美国以外的国家;或是对两个或更多国家进行比较,经常(但也并不总是)与美国比较。

现有研究体量庞杂也是个问题,容易形成知识壁垒。这些研究来自社会科学的所有分支:经济学、犯罪学、心理学、社会学、政治学、人类学和历史学。研究进路的多样性,需要进行更好的归纳总结,进而形成概念框架。我认为,整合处理这些问题很有价值:努力简化现有研究;如有必要,去除各种细枝末节,提炼研究纲要、结构或框架;努力展示混沌背后的秩序、冲突之中的和谐;提供一系列"抓手",推动学术研究持续进行;进行分类并提出有意义的类型化建议。本书接下来的内容,就是我针对这一问题所做的审慎尝试。

第*1*章

导论

过去二十多年以来,"法律与社会"学者的群体规模大幅增长,研究成果数量也是如此。对法律学术而言,考察法律与社会相互联系的方式,已经成为一项极为重要的工作。法律制度在社会中非常重要,法律制度与产生它们的社会相互关联,如今已经不会有社会科学家对此有任何怀疑。今天,许多国家性和国际性学会致力于法律与社会的研究。许多学者投入到这一领域。各种语言的专业期刊定期发表该领域的成果。

很难——不,是不可能——用两三句话概括这一领域的相关研究。另一方面,大量(或许是大部分的)这类研究,都试图回答两个或其中一个基本问题。第一个基本问题是:法律、判决、规则和规章从何而来?实际上,它们都是社会的产物、社会力量(Social Forces)的产物。但社会力量有哪些?这些力量如何以及为何产生了法律制度?针对这个问题,我们可以列举所有关于游说与利益集团的研究,所有关于社会变革如何影响法律的研究,法律制定如何受到工业革命、俄国革命、性革命、电脑、空调、汽车、疫苗、民主、人权运动影响的研究,或许甚至还包括太阳黑子和潮汐运动对法律的影响研究。

在这些研究背后,是法律制度自主性的问题。在多大程度上,法律制度自成一体?在多大程度上,法律制度独立于社会力量而发展和改变,以回应自己的内在逻辑和法律传统?知名的社会科学家中没有谁认为,法律制度是或可以是完全自主的。当然,正统法律学者怎么看则是另一回事了。可能还有极少的社会科学家认为,法律制度是完全不自主的。他们多半认为,法律制度并不像正统法律学者和许多普通人所设想得那么自主。显然,社会情境与此相关。在某种、很大甚至极大程度上,社会情境使法律成了其现在、过去与未来的样子。

第二个基本问题是“影响”的问题。[①] 一旦有了法律、规则、原则或法律机构,接下来会发生什么?这些法律制度会产生怎样的影响或作用?我用影响来指代与特定法律、规则、原则或机构存在某种程度的因果关系的行为。我起初以为,相比于第一个基本问题,或有关法律人与法律机构(如律师、法官、法院或立法机关)的研究来说,有关“影响”的研究没那么多。但这只是第一印象而已。是的,的确没有太多自称为“影响研究”的研究,[②]只有一些在这样或那样情境中

---

① 我在1975年出版的《法律制度》(*Legal System*)这本书的第45—136页中比较详细地分析过这一话题。还有一些讨论这一话题的一般性著述。典型如德国社会-法律学者安德里亚斯·狄克曼(Andreas Diekmann)的书,*Die Befolgung von Gesetzen: Empirische Untersuchungen zu einer Rechtssoziologischen Theorie* (1980); Michelle Cottier, Josef Estermann, and Michael Wrase, eds., *Wie Wirkt Recht?* (2010)。最近一本比较详细讨论影响重要性的书是克里斯托弗·霍奇斯(Christopher Hodges)的 *Law and Corporate Behaviour: Integrating Theories of Regulation, Enforcement, Compliance, and Ethics* (2015)。还可参见 Stewart Macaulay, Lawrence M. Friedman, and Elizabeth Mertz, eds., *Law in Action: A Socio-Legal Reader*(2007), pp. 367-650。

② 为了了解这一议题的学术研究状况,我请图书管理员在法律期刊索引(*Index to Legal Periodicals*)中查询并列出近十年来标题中包含有“影响”一词的论文清单。出乎我的意料,这份打印名单有195页之长。不过,绝大多数论文的主题是关于一个判决对后续判决的影响,或是类似环境影响评价之类的。只有很少的论文研究的是我在这里所指称的“影响”。

关于影响的一般讨论。[①] 或许,最翔实的影响研究集中在美国最高法院:其判决对现实世界产生了怎样的影响。[②]

事实上,我们已经有了大量的影响研究,只是没贴这个标签而已。在社会-法律研究中,没有什么比考察正式的法律与行动中的法律之间的差别更常见的了。从某种意义上来说,这方面的任何研究都是影响研究。宽松的离婚法导致家庭破裂了吗?侵权规则和医疗事故案件导致医生行为发生变化了吗?公司治理规则使公司更有效率,还是更没效率了?这些规则使股价上涨,还是下跌了?[③] 影响研究还包括许许多多(很可能是徒劳地)致力于死刑威慑效果的研究。这当然是影响问题的讨论,而且研究的学者们络绎不绝。此外,还有众多对商事规制的研究:什么手段有效、什么手段无效,这些也是影响研究。

如果每一个对"活法"(Living Law)的探究,在现实意义上都算是影响研究的话,除非在某种非常高甚至是无用层面上加以抽象,否则我们是不太可能提炼出一般规则,以解释为何以及如何发生影响的。大多数这类研究非常具体,讨论一个主题,并限定在特定时间、地点

---

① 有一个例外是史蒂文·沃斯巴(Stephen L. Wasby)的 *The Impact of the United States Supreme Court: Some Perspectives* (1970)。这本书的前 100 页对与影响相关的概念进行了一般性的讨论。还有 Bradley C. Canon and Charles A. Johnson, *Judicial Policies: Implementation and Impact*, 2d ed. (1999)。当然,以上两个研究主要是限定在法院判决的影响。还可以参见 Theodore L. Becker and Malcolm M. Feeley, *The Impact of Supreme Court Decisions: Empirical Studies*, 2d ed. (1973)。

② 参见杰拉尔德·罗森伯格(Gerald N. Rosenberg)的名著, *The Hollow Hope: Can Courts Bring About Social Change?* (1991)。

③ 许多例证出现在大卫·艾克和布莱恩·塔扬(David Larcker and Brian Tayan)的 *Corporate Governance Matters: A Closer Look at Organizational Choices and their Consequences* (2011)之中。

和群体(例如,心理学的学生,社科实验最爱使用的被试者)。这些研究谨守分寸,尽量不去跨越无形的边界。当然,好的研究确实证明了某些东西,这些东西可能相当重要。而且,相比对特定情境的个案研究,进行分组研究更能呈现一般性:影响的模式,甚至一些适中的概括。宏大理论倒是不大可能出现,但在明晰释义、验证假设、类型化各种问题、方法和答案等方面,可以为这一领域做出实际贡献。

本书将在相当笼统但又有例证的层面上讨论影响问题。有关法律来源与起源这样宏观的问题,基本上不在本书讨论范围内。当然,这两个基本问题并非毫不相关,可以分开讨论,但它们在现实中却是相互交织。毕竟,法律的主要来源、法律制定的社会力量之一,就是对过去与现在法律状态的回应。而这也是一种影响。加利福尼亚州曾通过一部法律,保护消费者免受汽车经销商所售次品的损害。汽车公司讨厌这部法律,对立法机关施加压力;而立法机关回应了压力,修改了法律;新法告诉消费者,相关争议必须通过汽车制造商的内部程序进行解决。① 这样一种行动-回应-更多行动的往复循环过程,在发达国家和其他国家的现代法律制度中都十分常见。对法律的抵制或法律出现的某种后果,都是影响的重要组成部分。

不过,完全考虑到这些,会模糊我提过的两大元问题之间的区别,令本书主题更难厘清。然而单独厘清并聚焦于影响研究是有价值的。因此,本书的写作目的就是开列清单,让目前这一广泛又有些

① Shauhin A. Talesh, "The Privatization of Public Legal Rights: How Manufacturers Construct the Meaning of Consumer Law," *Law & Society Review* 43:527(2009).

混沌的研究领域更为清晰有序,并得出一些适中的结论。除此以外呢?可能就没有了。

大体上,本书的写作计划如下:首先讨论影响的前提。任何新法或旧法,以及任何法律规则、原则或信条,都包含有传递给受众的讯息。一条规定入室盗窃为犯罪并予以惩罚的简单规则,就是传递给普通民众的讯息:不要入室行窃。这也是传递给警察和其他公职人员的讯息,它赋予他们逮捕并起诉窃贼的权力。规定有效遗嘱必须是书面、签名并有两位见证人的法律规定,也是传递给普通民众的讯息:这是拟定有效遗嘱的方式。它同样是给遗产清算师的讯息,告知他们应当给出什么建议。它还是给遗嘱检验法庭的讯息,告知法庭哪些遗嘱可以被认定为有效。

显然,只有当讯息到达受众时,它才会产生影响。因此,任何对影响的分析都必须首先考虑法律行为是如何传播的。这里,我用**法律行为**来指代法律、规则、原则、判决和从法律制度中衍生出来的各种情形,包括从警察开罚单、指挥交通,到国家宪法的生效。我们必须探究这些法律行为传播给了谁,哪种传播方式更为有效;受众能否准确理解传播的讯息,如果不能的话,讯息又是如何以及为何被误解的。

随后,本书会对影响进行类型化的讨论:直接或间接影响。两类影响并不存在截然的区分;极端情况相对清楚,但两极之间总存在广大的灰色地带。如果法律规定在美国赚钱的人必须在 4 月 15 日或之前进行纳税申报,申报数量就是该法律直接影响的测量指标,更不用说还有财政部的数十亿美元收入了。所得税法对经济行为还有间接影响。既然纳税人可以扣除捐给慈善组织的部分收入,税法鼓励了慈善捐赠行为,人们就会比原来捐赠更多的钱。一部分捐款可能会被投入到寻找糖尿病治疗方案的科研机构。这些钱激励了该疾病的研究,吸引更多的医生和博士进行研究,等等。这些法律的涟漪效应似乎是无穷尽的。

我们也必须考虑影响的程度。例如,有些法律意在影响社会中的每一个人,但其他法律的影响范围则比较有限。有关出租车营业许可的法律对司机有直接影响,对消费者有(不那么直接的)影响,对交通状况有间接影响。但纽约市的出租车法规对洛杉矶居民则没有或几乎没有影响,对新加坡居民显然也没有影响。

法律制定通过了、传播了,然后呢?这是本书第三部分的主题。人们是否做了他们应做的事?如果做了,又是为什么?一些人守法,一些人不守法,一些人则介于守法与不守法之间。在逃税(犯罪)和避税(很可能不是犯罪)之间就存在着差别。一家企业可以完全遵守某些规则,也可以部分遵守,还可以想办法以(可以说是)不遵守的方式来遵守,或直接造假。组织规模越大就越复杂,它对法律的各种回应就越可能是错综复杂的行为集合。

通常,学术上把作用于"影响"的因素分为三类:一是赏罚。人们避免超时停车是因为他们怕交罚款。惩罚具有或应当具有威慑效果,而激励应当具有相反效果。二是直接的社会情境——同侪压力。换句话说,就是家人、朋友和其他人如何看待你的行为,你的部族、宗族、宗教或同伴期待你如何行动。这也是对"影响"的影响。三是内在感受、良知和相关的心理动机:道德感、是非感、正当感与非正当感。一些怀疑者可能会嘲笑这种想法,但这类因素的确能对行为产生有力影响,社会科学证据证实了这一常识性观念。

这些“因素”都不会单独产生影响,而是关联在一起的。我们必须考虑它们之间如何相互关联。当它们共同发挥作用时会发生什么?当互相冲突时又会发生什么?在危急时刻,同侪压力比良知更有影响力吗,不如蹲监狱的威慑力大吗,道德呼吁比友邻看法更有影响力吗?有相当多的研究试图回答这类问题,并得出了各种结论。

我们也会考察文化、传统和性格是如何作用于影响的。没有理由认为,人性铁律或普遍的心理机制支配着法律的影响。时间和地点也会使结果有所不同。我将提到的大部分研究都来自美国或其他发达国家,而且大部分是相当晚近的研究。青年人和老年人、男人和女人对法律会做出不同的反应。儿童、不同宗教的信徒或同一国家的不同族群,也是如此。每一项研究都可以进行这样的提问:它做到了什么程度,它能做到什么程度?我们从中能学到多少?有时只有一些收获,但至少是开了个头。

第 2 章

传递讯息

每一个在法律制度内做出的、针对制度外的人或机构的法律行为,在一定程度上都能传递出明确的讯息,而且通常至少是两种讯息。除了传递给全部或部分民众的讯息以外,还有内部讯息,也就是传递给执法或司法机关的讯息:要求或允许某种行动。事实上,后一种讯息可能相当复杂。例如,规定入室盗窃为犯罪,对警察、检察官、法官都是一个复杂讯息,或许对陪审团成员、狱警、监狱长等人来说也是如此;更不用说门锁报警系统的制造商;同时,这也是人们决定养大型犬而非宠物猫或宠物龟的考虑因素。

这种传播可以是直接而明确的,也可以是间接的。例如,食品药品监督管理局(FDA)会在《联邦公报》里公开它的所有规章,大型医药公司的说客就会对公报进行梳理,寻找客户关心的内容。政府机关会发布大量各式各样的行为指令、指南和小册子。限速会写在公路旁边的巨大标牌上,以尽可能最直接的方式来传播。在一幢建筑物内房间的墙上,贴有"不得吸烟"的标识。在餐馆的另一面墙上(很可能靠近厨房)钉有一张表单,以小号字体印着有关保障餐厅工人劳动和安全权益的规章信息。宾夕法尼亚州上诉法院将一个儿童监护权案件的判决公布在州官方公报上,网上也可以查到,家庭法专家可能就会去读裁判文书。所有这些都是直接而明确传播的例证:限速适用于所有司机,"不得吸烟"适用于室内所有人,药品规章适用于整个产业。搜查令和传票也是直接而具体的传播形式:针对特定地方或特定人，以字面意思直接传递给对方。

但大多数的法律规则并非以这种方式传播或传递。一个国家或州的刑法典就是本厚书，可能有上千页甚或更多，没人好好读过它。律师和法官对部分（不可能是全部，甚至不可能是大部分）规定有所了解，对某些条款可能还非常精通，专攻刑法的律师又比税务律师更了解一些。民众对法典虽然几乎一无所知，但对其中的一些基本内容会有个大概认识：他们总体上知道什么是谋杀，也知道什么会构成入室盗窃、纵火和强奸；他们知道酒驾违法，但很可能不知道血液中含多少酒精才构成酒驾；他们对言论、出版或宗教自由的核心含义有一些了解，但对大量详细的相关判例法完全或几乎一无所知；他们通常知道结婚与离婚对自己的财产意味着什么，也可能知道如何立遗嘱，但对细节几乎一无所知。

即便如此，人们还是知道一些东西。问题是，他们是从哪里获得信息并形成看法的？有时是从直接经验中获得——他们起诉了某人，或某人起诉了他们，或他们是某案件的证人或陪审员。但大多数人是从其他渠道获得的：有些是在学校学到，有些是从父母和朋友那儿学到。生活就是一个不断学习规则的过程：体育运动的规则、行为举止的规则，以及罪与非罪的规则。①

毫无疑问，通俗文化是法律信息（或错误的法律信息）的一个来源。例如，电视上充斥着刑事司法的各种资讯，法律、犯罪、警察、法

① Stewart Macaulay, "Images of Law in Everyday Life: The Lessons of School, Entertainment, and Spectator Sports," *Law & Society Review* 21: 185 (1987). 观众——足球比赛中的观众、在电视机前看棒球的人——也会学习并了解规则。

官、立法都进入了晚间新闻,警察、小偷、律师、法官和侦探是电视节目的主角。一档关注律所及其成员的电视节目《洛城法网》(*L. A. Law*)曾在美国风靡一时。罪案剧在其他国家也很受欢迎。在德国,法律主题的电视节目的数量,多到令人震惊。① 很多时候,人们是从这些渠道获得法律的基本信息,但这些节目所教的东西可能受到过严重且系统性的扭曲。我说“系统性扭曲”,是因为这一扭曲并非随机发生。例如,节目内容倾向于刑事司法,特别是大型审判与戏剧性案件。但在美国,即使是最高法院的大案,也没有像可怕的谋杀审判那样获得大量关注。而且,也很难将最高法院判决的报道准确呈现给读者。

这样的结果令人不安。调查显示,美国人普遍认为刑事司法制度放纵罪犯且过于仁慈。② 媒体似乎强化了这一看法。但事实上,美国的刑事司法制度比欧洲更为严厉。③ 理论上认为,无罪推定保护被告,法律为被告提供各种保护措施和程序权利。人们原则上可能认为这挺好,但实际在技术细节(technicalities)上他们表现出毫无耐心。如果非要我猜,我倾向于估计,被法律体制不正当或不公正定罪或虐待的人数,在一定程度上多于逍遥法外的坏人数量。当然,这些是很难测算的,但有一点很清楚:赞扬正当程序和被告权利的电影电

① Stefan Machura and Annette Kammertöns, “Recht im Schulunterricht, Medieneinflüsse und die Attraktivität von Rechtsberufen,” *Zeitschrift für Rechtssoziologie* 30:235,236 (2009).

② 2014 General Social Survey: Gallup Poll, www. gallup. com/poll/10474/public-justice-system-fair-still-too-soft. aspx.

③ James Q. Whitman, *Harsh Justice: Criminal Punishment and the Widening Divide between America and Europe* (2005), p. 70.

视节目极少。在 1971 年《警探哈里》(*Dirty Harry*)这部非常成功的电影中,克林特·伊斯特伍德(Clint Eastwood)扮演的卡拉汉(Callahan)是一个追踪邪恶连环杀手的警察。剧中杀手天蝎被捕,但由于包括无证搜查在内的技术瑕疵而不得不将其释放。最后,卡拉汉击毙了天蝎,但扔掉了他的警徽。大概是因为他的行为违法,无疑会使他丢掉饭碗。对英雄卡拉汉而言,这个故事有两个恶棍:一个是天蝎,另一个则是被告的权利法典,它专业性极强且充满了罪犯可以使用的诡计。

1983 年的《地下审判团》(*Star Chamber*)是另一部抹黑正当程序细节的电影。主角是洛杉矶的法官哈丁(Hardin),他因为技术细节而被迫释放了两个强奸并杀害男孩的邪恶、可怕的男人。另一位法官看到哈丁因此事非常不快,就邀请他加入秘密的"地下审判团"。这是一个法官团体,他们在晚上悄悄集会,在一定程度上对那些因"技术细节"脱罪的罪犯进行重审。如果法官认为那些恶人有罪,就会雇佣杀手杀掉他们。影片的故事情节存在许多曲折和反复,传递的讯息也相当模糊,但在大体上,它令观众同情这群流氓法官。他们的所作所为虽然完全违法,但结果是好的:洛杉矶因此摆脱了一大批杀人犯和暴徒。

媒体也在传递(至少是暗示)犯罪(尤其是暴力犯罪)无处不在的观念。通常而言,媒体所报道的新闻,就是能够抓人眼球、与众不同或灾难事件。正如伊莱纳·拉宾(Elayne Rapping)所说:"一个人'知道'的事实和他在电视上看到的事实之间的明显差异……几乎到了精神分裂的程度。”[①]她谈到“全球窥私癖”把悲剧包装成轰动的媒体事件，“风暴和地震、困在井中的婴儿、死亡遇难者的悲痛亲人、富翁名流的婚礼和葬礼。”[②]民众受到这些“信息”的轰炸。在这之中，就有关于法律与社会的讯息，而且不寻常和异常的讯息被夸大。这当然对民众多少有些影响，但都有哪些影响？影响又有多大？

媒体的影响，以及媒体对法律影响所产生的作用等问题是很难回答的。电视、电影或互联网上关于犯罪与刑罚的扭曲讯息，是否对人们思考法律或行为举止的方式产生了影响？这很有可能，但很难证明。性与暴力在电影电视中随处可见，这是否在观众中产生了更多的性与暴力？德国的一个研究甚至主张，媒体中的暴力引发了媒体外的暴力，至少能切实解释10%的青少年犯罪。后来，有学者对此主张表示怀疑。[③]

在美国，已有相当多关于CSI效应的讨论。《CSI：犯罪现场调查》（*CSI: Crime Scene Investigation*）是一档流行电视节目的名字。观看这档节目的人们，会持续接受法医学魔力般的洗礼：毛囊、DNA、纤维和其他现代科技的奇迹。问题是，这是否欺骗了陪审员，使其抱有不切实际的期待？我们担心的是，陪审团会拒绝作出有罪判决，除非他们看到某些科学证据。一项针对密歇根州超过1000名受任陪审员者的研究，对“CSI效应”表示了相当的怀疑。看过这档节目的人

---

① Elayne Rapping, *Law and Justice As Seen on TV* (2003), p. 263.

② Elayne Rapping, *Law and Justice As Seen on TV* (2003), p. 262.

③ Klaus Merten, "Die Rolle der Medien bei der Vermittlung zwischen Recht und Gesellschaft," *Z. für Rechtssoziologie* 18: 16, 27–29 (1997). 所涉研究是 Werner Glogauer, *Kriminalisierung von Kinder und Jugendlichen durch Medien* (1991)。

们，往往比没看过的人更为深思熟虑；他们确实对证据的期待更多——但想要的并不只是科学证据。[①]

在美国，日间电视节目中的“法官秀”极其受欢迎；其中之一，以法官朱迪斯·沙因德林（Judith Sheindlin）为主角的《朱迪法官》（*Judge Judy*）一度是最受欢迎的日间节目。“法官秀”基本上都做得像小额诉讼法院，至少看上去是那样。真人带着真实诉求出现在“法官”面前，这些“法官”过去曾是真实的法官，但现在则是当着电视明星，赚着大钱。法官以常识为基础迅速作出判决，也盘问、说服、威吓当事人（大多数时是败诉方）。有人推测（且有少量研究）观看这些节目的人对法律和审判产生了不同于未观看者的态度。[②] 当然，就像“罪案秀”远远脱离刑事诉讼的真实世界一样，《朱迪法官》这样的节目远远脱离民事诉讼的真实世界，甚至连小额诉讼法院的现实指南也算不上。

侵权法，是另一个媒体报道（至少在美国）发生系统性扭曲的法律领域。读者和观众很容易产生这样的印象：法律体系已经走火入魔了，法院立案处积满了疯狂的诉讼，欺诈或虚假的诉求也能得到数

---

① Donald E. Shelton, Young S. Kim, and Gregg Barak, “A Study of Juror Expectations and Demands Concerning Scientific Evidence: Does the ‘CSI Effect’ Exist?” *Vanderbilt J. Entertainment & Tech. Law* 9:331 (2006).

② 参见 Kimberlianne Podlas, “Testing Television: Studying and Understanding the Impact of Television’s Depictions of Law and Justice,” in Peter Robson and Jessica Silbey, eds., *Law and Justice on the Small Screen* (2012), pp. 87, 105-106; Lawrence M. Friedman, “Judge Judy’s Justice,” *Berkeley J. of Entertainment and Sports Law* 1:124 (2012). 其他国家也有这种节目且观众很多；参见 Stefan Machura and Annette Kammertöns, “Recht im Schulunterricht, Medieneinflüsse und die Attraktivität von Rechtsberufen,” *Z. für Rechtssoziologie* 30:234, 244 (2009)。

百万美元的赔偿。一个著名例子是令麦当劳热咖啡事件声名狼藉的媒体报道。1992 年,79 岁的斯特拉·里贝克(Stella Liebeck)在新墨西哥州阿尔伯克基(Albuquerque)一家麦当劳的得来速窗口买了杯咖啡。她的孙子克里斯在开车时,她拿掉了咖啡杯盖,咖啡洒到她的大腿上,导致她的腹股沟部位达到三级烧伤的程度,身上其他部位也有更轻度的烧伤。结果她在医院住了一周多,不得不接受痛苦的植皮。“而且在此之后,部分身体机能长达两年都未能恢复。”①于是她向麦当劳投诉,要求改变咖啡温度并赔偿她的医疗费用。麦当劳支付给她 800 美元,但在主要问题上一直拖延回避,于是她转而求助律师。当本案打到法院,里贝克胜诉了,有充分证据证明咖啡确实很烫、很危险。陪审团判决了巨额赔偿,包括惩罚性赔偿,不过,法官减少了惩罚性赔偿的金额。

在这个时间点,媒体介入了。他们讲的是一个莽撞老妇赢得“荒谬判决”的故事,这是法律制度出问题的“惊人例证”。上面所引的这些短语来自一篇报纸社论,这份报纸也暗示:“贪婪的模仿者”会“很快……开心地把咖啡倒到大腿上,争取也大赚一笔”。一个脱口秀主持人谈到了“诉讼大泛滥”,后来又责备“在贪婪的掘金者及其讼棍律师的要求下,为因割伤和擦伤而要求给予数以百万赔偿金的愚蠢陪审员”。② 总之,媒体把里贝克塑造成“侵权法改革的海报女

① William Haltom and Michael McCann, *Distorting the Law: Politics, Media, and the Litigation Crisis* (2004), p. 186. 有关麦当劳案的一般情况,参见第 183-226 页。

② 这个电台主持人是 Mike Rosen。对于这段引用,参见 Haltom and McCann, *Distorting the Law*, p. 209。

郎”。[①] 受喜剧演员、脱口秀以及可能是口口相传的煽动，媒体紧紧抓住里贝克的经历和类似故事，用以表达道德立场。贪婪、不诚实，至少有些愚蠢的原告，在聪明且不择手段的律师帮助下提起狂热和不正当的诉讼。原告在法院胜诉，是因为陪审团总是会惩罚财力雄厚的公司，赔偿金也高得离谱。不用说，这副图景就算不是完全失实，也是对现实的极度夸张。

侵权法可能是比较极端的例子，但媒体报道中的事实歪曲是相当普遍的，它很少诚实且准确地呈现法律制度如何运行。例如，报纸对就业歧视案件的描述与实际案件的真实情况之间，就存在着巨大差异。一项研究表明，从媒体中取样的报道有“惊人的 98%”是原告胜诉的案件，而在现实中，原告在联邦地区法院的陪审团案件中只有 41%的胜诉率。[②] 如果你按报纸报道所说，就可能会认为陪审团主张的赔偿中位数是上百万美元，但实际只有大约 15 万美元。[③]

媒体报道有曲解的证据容易发现，但它对行为的实际影响的各种研究结果，却很难整合起来。关于互联网与社交网络影响的各种研究结果亦然。确实，在这个时代，想法和态度几乎以光速在世界范围内传播，甚至革命都好像是从手机和社交网络上发动的。但革命是复杂的运动，有许多前因。大多数生活在富裕且舒适的国家的人，把自由选举、民主等等都看作理所应当。然而在世界上的其他地区，

---

① 同上，第 208，215–216 页。

② Laura Beth Nielsen and Aaron Beim, "Media Misrepresentation: Title VII, Print Media, and Public Perceptions of Discrimination Litigation," *Stanford Law and Policy Review* 15:237, 252 (2004).

③ 同上，第 253 页。

有的政府是独裁的,不满的情绪蓄势待发,最终可能引发彻底的革命:人权诉求不是凭空自发产生的。人权文化严格来说是一个现代现象,史前部落并不反抗其首领,并不迫切需要投票权、旅行权、性别平权和信仰自由。但在当今世界,人权文化普遍且强大,已经产生了大量“硬法”,包括宪法、权利法案、人权条约以及高等法院判决。媒体和互联网在全球范围内传播人权讯息,可以确定的是,这些讯息以一种在罗马帝国或亚马孙丛林深处的巴西部落都不可能成真的方式落了地。它们的影响取决于一个有包容性的现代文化,也部分取决于它是如何传播的,以及传播给谁。

法律知识

正如我一开始所说,传播是影响的前提条件。一部不被人所知或未传播的法律本身(在定义上)就没有影响。但“传播”不是一个简单概念。它有时候直接、有时候间接地到达受众,经常是通过媒体。很多时候,它是以曲解的形式到达受众。就算当传播是直接的,甚至是面对面时,我们也不能确定受众是否真地听到了它,听得准不准确,讯息有没有被理解。正如我们将要看到的,答案往往都是“否”。

当然,讯息本身起了很大作用,讯息的性质是一个变量。不过,很重要的一块研究所关注的是受众:有多少人实际上获得了讯息?或另外一个相关的问题:人们对法律、规则、判决和法律制度的其他方面实际上有多少了解?这两种法律知识是不同的:我们更可能知道商店行窃是犯罪，却可能不那么了解商店行窃者被捕的概率与可判处的刑罚。后一种知识将在本书关于风险认知的部分加以讨论。

大量的研究试图测算人们具备多少法律知识。总体上说，人们不知道的比他们所知道的要多。但研究发现，例如有多少美国人知道最高法院有九位大法官，或有多少法国人知道欧洲法院与欧洲人权法院之间的区别，知不知道这些与法律影响的问题并不必然有密切联系。更相关的研究是人们是否知道并理解他们的权利与义务。

对各个社会中法律知识的研究，通常会得出多少有些相似的结论。这些研究发现除了一些非常基本、非常普遍的知识以外，普通人对法律相当无知（毫不意外）。2006 年，德国针对职场歧视制定了一部全面彻底的法律。在两年后的一项调查中，只有大约 1/3 的抽样人群听说过这部法律，15% 的人可能听说过，但他们也不确定。① 这还不知道听说过这部法律的人对法律的实际内容有多少了解。1960 年代，加州的一项研究测试 6 个郡县的选民对各种犯罪的法定刑有多少了解。这项研究共提了 11 个问题，但没有人能全部答对。2/3 以上的人知道 3 个或 3 个以下问题的答案。② 1970 年代的另一项针对亚利桑那州图森市（Tucson）的市民的研究也没好多少。然而，他们并非完全一无所知，他们对法定刑有“一般”而非“详尽”的了解。③

---

① Alexander Kose, "Wie Wirkt Antidiskriminierungsrecht?" in Michelle Cottier, Joseph Estermann, Michael Wrase, eds., *Wie Wirkt Recht?* (2010), pp. 347, 357.

② 这是加利福尼亚州众议院刑事诉讼委员会所做的研究，在 Kirk R. Williams, Jack P. Gibbs, and Maynard L. Erickson, "Public Knowledge of Statutory Penalties: The Extent and Basis of Accurate Perception," *Pacific Sociological Review* 23:105, 107–108 (1980) 一文中有所讨论。

③ 同上，第 117 页。

这些研究结果并不特别令人吃惊。人们知道谋杀、强奸和纵火,以及入室盗窃和持枪抢劫是犯法的。而且,虽然他们脑海里没有这些犯罪的最高刑、中间刑(median punishment)或模式刑(modal punishment)的信息,他们也确实知道犯罪要坐牢,坐好几年。杀人犯法,人尽皆知。只有律师知道其中的细节和技巧,但民众有个总体认知。对于纵火、入室盗窃、挪用公款也是一样,实际上这对于所有明显、典型的犯罪都适用。

对法律的知晓和无知不是随机分布的。普通人知道一些基本原则,除此以外就所知不多了。比如说人们对吸大麻的惩罚有多少了解?其实是非常少的;而且,他们对最高刑的观念与刑罚的实际内容(或是否存在任何刑罚)之间联系甚微。① 平心而论,应当指出的是,实际刑罚在州与州之间的差别极大;而且,不仅有联邦法律,还有地方法律;法律一直是在不断变化的,执法力量在每个地方也都各不相同。

总体而言,人们对法律的观念是零星、扭曲的,而且经常是错的。一方面,他们对财产权、离婚和其他法律领域有一定了解,知道交通法的基本规则。另一方面,大片的法律领域是他们所未知的,极其技术性和高度专业化。美国《国内税收法典》长达几千页,满篇都是奇怪且难以理解的行话,甚至律师理解起来都有困难,但人们知道其基本内容:收入必须上报、允许某些扣减,等等。他们知道必须报税,甚

① Robert MacCoun et al., "Do Citizens Know Whether their State Has Decriminalized Marijuana? Assessing the Perceptual Component of Deterrence Theory," *Review of Law and Economics* 5: 347 (2009).

至知道什么时候报税，也知道向谁寻求帮助。各行各业的人通常会大体了解与其工作相关的基本规则：出租车司机知道如何申请驾照、出租车行业如何受到监管，洗衣店店主知晓洗衣店规则，建筑承包商熟悉建筑法规，等等。不同职业的人通过口口相传得到信息，或是从其他出租车司机、精神病医生、建筑承包商，或是从通讯、公告、小册子等处得到信息。

个人和企业都有动力去了解直接影响他们的法律。毕竟出租车司机必须了解出租车牌照制度，也必须知道交通规则。当然，某些出租车司机比其他人更了解。不过我们也搞不清这些出租车司机的"知识"实际上有多详细和准确。1957 年，美国联邦最高法院在罗斯诉美国案（*Roth v. United States*）①中判决州的反淫秽法合宪。这一判决与书商紧密且直接相关。但（稍后）对这些书商的调查发现：42%的人"不熟悉该案"，32%的人听说过但不知道"许多细节"，16%的人声称知道"主要观点"，只有 10%的人说他们"非常熟悉该案的法律原则"。②

就对法律的一般了解而言，阶级、教育和收入都对其有影响。德克萨斯州较早的一项研究发现：受教育者比未受教育者更了解法律——这点并不令人意外。③ 1970 年代对美国西部一个州的调查显

① 354 U. S. 476 (1957).

② James P. Levine, "Constitutional Law and Obscene Literature: An Investigation of Bookseller Censorship Practices," in Theodore L. Becker and Malcolm M. Feeley, *The Impact of Supreme Court Decisions*, 2d ed. (1973), pp. 119, 131.

③ Martha Williams and Jay Hall, "Knowledge of the Law in Texas: Socioeconomic and Ethnic Differences," *Law & Society Review* 7:29 (1972).

示:教育程度与收入越高,法律知识水平就越高。[①] 威廉·奥伯特(Vilhelm Aubert)在一项经典研究中,试图测算挪威一部赋予女佣权利的法律的影响。[②] 尽管该法是专门针对她们的,却几乎没有女佣对它有任何了解,毕竟像世界各地的其他女佣一样,挪威女佣没什么政治影响力,教育程度也很低。一项对以色列老年人的调查,试图测算可能与他们直接相关的法律知识。但他们对社会保障和国家健康体系所知甚少,对另外一些法律领域了解稍多,例如养老金权利与税。调查者怀疑这种法律知识上的差别,是因为社会保障与国家健康权利是"自动的",人们受益于此,但不必非常了解实际情形;在权利"并非自动赋予"而是"老年人的个体责任"的领域,调查对象往往了解更多。[③] 这仅仅是个猜测,但合情合理。

或许可以拓宽这一发现:如果人们被要求采取某种积极行动以服从法律,他们就更可能了解这一行动(并这样做)。例如,我觉得美国大多数人都知道4月15日是申报所得税的截止日期,人们有各种各样的办法了解这一简单且被广泛传播的事实。不服从会带来严重的负面后果,不申报者可能要坐牢。如果你有权获得一笔丰厚的退税,你也有巨大动力按时申报。人们也知道他们需要一个证才能结

① Stan L. Albrecht and Miles Green, "Cognitive Barriers to Equal Justice before the Law," *J. Research in Crime and Delinquency* 14:206 (1977). 所问问题显示了人们对于大量法律问题是完全无知的。大多数人认为民事案件的输家必须为赢家支付律师费(只有1/4的人知道事实并非如此),而且超过一半的人同意这一主张:在审判中"被告必须证明指控不实"。参见第213—214页。

② Vilhelm Aubert, "Some Social Functions of Legislation," *Acta Sociologica* 10:98 (1967).

③ Israel Doron and Perla Werner, "Facts on Law and Ageing Quiz: Older People's Knowledge of their Legal Rights," *Ageing and Society* 28:1159, 1170 (2008).

婚或者猎鹿，为此他们也不得不采取具体行动。他们或多或少了解这些行动，而且非常想要得到法律提供的东西：婚姻和猎来的鹿。

在最近的一项研究中，研究者访谈了亚利桑那州图森市的临时工。新制定的法律强化了这些工人的权利，例如，法律规定雇主应当至少支付最低工资。大多数工人就像奥伯特研究的女佣一样，对这些法律一无所知，甚至还不如不知（也就是说，他们把这些法律搞混或搞错了）。但略微知道一点这些法律的工人，更有可能利用法律武器去努力改善他们的命运。① 这些工人也希望法律和执法模式发生改变，但这是否会带来更好的执行效果，也就是更大的影响则不得而知。众所周知，临时工缺少政治权力。我们也想知道：希望看到改进的工人是否是因为其对法律知识的了解而这么觉得，或寻求改变的愿望是否促使他们去查明自己享有哪些正式权利。②

总之，人们不知其权利、把法律搞错，甚至企业不知道直接影响他们的规章，这太常见了。1993 年，国会制定了《家庭和医疗休假法》（Family and Medical Leave Act），规定拥有至少 50 名工人的雇主在工人孩子出生以后，必须提供 12 周的休假（虽然不带薪）。该法案既适用于母亲，也适用于父亲。几年后的研究显示：适用该法案的工作场所有多达 1/4 没有履行法律义务。③ 为什么会这样？对一些雇

① Mary Nell Trautner, Erin Hutton, and Kelly E. Smith, "What Workers Want Depends: Legal Knowledge and the Desire for Workplace Change among Day Laborers," *Law and Policy* 35:319 (2013).

② 比较一下奥伯特有关挪威家庭主妇的发现，见 Aubert, "Some Social Functions of Legislation"。

③ Erin L.Kelly, "Failure to Update: An Institutional Perspective on Noncompliance with the Family and Medical Leave Act," *Law & Society Review* 44:33 (2010).

主而言,是因为某种惰性而没能调整原有政策与安排。一些雇主则是误解了法案。工人也很少利用该法案:部分是因为不了解自己的权利,部分是因为工人和老板往往认为育儿是女人的事,而不是男人的。

但当人们确实知晓其权利时,他们(在同等条件下)就更有可能去努力行使权利。教育项目与宣传在这时就有可能非常有力,因为重要的社会运动往往发端于意识层面。莎莉·梅莉(Sally Merry)对反性别暴力运动的研究中就有很多这样的案例。受害妇女,特别是在像斐济这样的传统社会中的妇女,往往对政治缺乏热情,于是精英女性与这些受害者合作,鼓励她们了解自身权利并采取行动。[①] 全世界的宪法、法律和规章,都对女性、少数群体、工人和许多其他群体的权利做出了大胆承诺,但其执行却经常遭遇富人、当权者和保守派的强烈抵制。法律影响取决于执行,但执行并不是自然发生的,经常需要积极的社会运动,而社会运动需要并受益于最广泛意义上的教育,包括宣传、动员与鼓动。

正如我们将看到的,法律本身经常因人们在法律知识上的空白而受到责难:法律可能是模糊且朦胧,或技术化且复杂的。我们也将看到,有中间人或信息经纪人来帮助补救这一问题,但主要的立法几乎总是利益集团之间的妥协,他们相互作用的结果可能是一团复杂的乱麻。《平价医疗法案》这部法律怪物,必须(战战兢兢地)平衡保

---

① Sally Engle Merry, *Human Rights and Gender Violence: Translating International Law into Local Justice* (2005).

险公司、药品公司、普通民众、医生和医院之间的利益，其法律文本中埋藏着为特殊群体或企业的利益而做出的许多妥协与调和。

企业与商人有极大的动力去了解直接影响他们的法规：大企业几乎肯定会努力获取这一信息，而且确实做到了；小公司有时稍差一点。黑兹尔·吉恩（Hazel Genn）对英格兰健康与安全法规的研究发现①：大公司有专门的安全人员，并从许多渠道获得安全法规信息；小公司可以试着努力跟上，但这并不容易。她问一位小商人："你如何跟上法规的最新变化？"回答是："老实说，我做不到。"她又问有多少"不同的法规跟你的商业活动相关？"他回答："天知道！"

对法律的无知很常见，俯拾皆是。但正如一句古老格言所说的那样，对法律的无知不是违法的借口。如果你故意做了某事，即使不知道自己在违法，你也要承担后果。这一法律原则已牢固确立，但似乎并非绝对。在 1957 年的兰伯特诉加州案（*Lambert v. California*）②中，洛杉矶的一项条例规定：任何有重罪记录者，须在到达本市五天内到警长处登记。兰伯特女士违反了这一法律，被罚 250 美元及缓刑三年，但她主张自己根本不了解这一条例，并予以证明。初审法院驳回了她的抗辩，但最高法院推翻了初审判决。

大多数人似乎比较重视这样的事实：兰伯特并非因做了什么，而是因为没做什么（没有登记）而受罚。这一区分有任何意义吗？举两个有罪的"疏忽"为例：你可能因为无证狩猎或没有报税而被罚款。

---

① Hazel Genn, "Business Responses to the Regulation of Health and Safety in England," *Law & Policy* 15:219 (1993).

② 355 U. S. 225 (1957).

在像美国这样的联邦体制内,人们在州际之间自由旅行,每当跨过一州的边界,就进入一个与其家乡规则可能有所不同的法律新世界,但他们不太可能了解其家乡规则,更不可能了解跨州后的规则。无人知晓的法律不能产生影响,但一般而言,它可以创造一个新的犯罪。

最高法院肯定认为惩罚兰伯特是不公正的。事实上是太严苛了。一个更人性化的法律制度本会提醒兰伯特:法律要求你进行登记,你没能服从法律,最好尽快履行义务。关于法律无知的那句古老格言表明:一个人可以在不知规则或规范的情况下受到惩罚。但期待人们了解更为晦涩难懂的法律是不切实际的。商业律师努力确保客户知道他们应当知道的东西。工厂、商店和营业场所的政府检查员会经常给予警告和提醒。如果司机声称自己不知道有个“严禁掉头”的标志,警察有时会“高抬贵手”:放他走,并告诉他下不为例。但规则还是规则。兰伯特案是某种反常,最高法院在几年后自己推翻了它。①

判例法

人们对法院判决有多少了解?大多数人几乎或完全不了解。例外的只是那些引人注目、新闻头条的案件——像布什诉戈尔案(*Bush*

---

① 在美国诉国际矿物和化学制品公司案(*United States v. International Minerals & Chemical Corp.*, 402 U. S. 558 (1971))中,一条联邦规则要求运输硫酸和氢氟酸时需要在货运票据中标明。涉案公司未能遵守。最高法院评论说:对“危险或有害的设备或产品而言……规则的可能性如此巨大,以至于任何意识到自己持有它们的人……都必须被推定为知晓该规则。”因此,没有理由假定“对相关事实与相关法律的了解”是必要的。参见 Michael Cottone, “Rethinking Presumed Knowledge of the Law in the Regulatory Age,” *Tennessee Law Review* 82:137 (2014)。

v. Gore)或布朗诉教育委员会案(*Brown v. Board of Education*)。[①] 这些案件的讯息传播广泛,但即使是这些案件,人们也基本上只知道实际结果。最高法院的司法意见书很长、精巧复杂、令人困惑,根本不是好的文风示范,只有一些律师、法学教授、政治学者,以及一些无奈的学生才会真的去读这些意见书(有时候是编辑删减版)。甚至连专家在确定法院判决的内容与理由时都可能有困难。因此,这些出名的案件至少传递出两个不同的讯息,甚至更多:一个是实际的意见书——大法官们到底说了什么,另一个是赤裸裸的结果。甚至当报纸尝试以不那么技术性的术语来解释判决内容时,这样的讯息也是让人左耳进右耳出,能够留下来的只是谁赢了官司,也就这么多了。罗伊诉韦德(*Roe v. Wade*)堕胎案[②]就是这样:民众从未读过意见书,对法律推理几乎或完全不了解,但他们知道其基本观点:女性至少在怀孕早期享有决定是否保留婴儿的权利。

恐怕一千个人里也挑不出一个人,能够解释布什诉戈尔案中的法律争议,人们知道的只是布什赢了,戈尔输了,布什要当总统了。人们理解布朗诉教育委员会案的核心观点:种族隔离违法且错误,但几乎没人读过意见书。法学界有些人认为这一结果没问题,但意见书写得不好——好像一份"更好的"意见书就会改变所有人的想法,仿佛三K党就会因此放弃奉行白人至上似的。重大案件的讯息往往会被民众进一步解释:堕胎权演变为女性在性与生育问题上的选择

---

① *Bush v. Gore*, 531 U. S. 98 (2000); *Brown v. Board of Education*, 347 U. S. 483 (1954).

② 410 U. S. 113 (1973).

权;布朗案本来是与学校中的种族隔离有关,但它后来有了隔离违法且错误、南方践踏了非裔美国人少数群体的宪法权利的意味。最高法院自己把案件提升到了更宽泛的含义,民众也是如此。

法律逻辑、论证结构、先例适用:这些在法律人的心中非常突出,但对其余人而言并非如此。重要的只有结果和判决的核心讯息,还有法院行为的正当性:它是否有权这样判决。大多数时候,在很多社会中,法院系统具有普遍的、模糊的正当性。但就任何特定案件而言,实际结果与民众对此的评价是非常重要的。意见书对这些判决的影响可以产生明确的作用。

理解有误

作为一个一般性命题,对法律的无知是可以理解的,而且很可能是可以接受的。每个现代国家都有汗牛充栋的法律、规则和条例,堆积成山的文本,数以千兆的数据。没人能了解全部,甚至大部分、一半、三分之一、十分之一,这显而易见。除此以外,其中的大多数(可能是绝大多数),对我们的生活都没有或几乎没有关系。如果有关系,我们就可能会多了解它们一点。一个因持枪抢劫和毒品交易而多次被捕的人,要比一个守法公民更了解法律制度的运作方式。

在某些情况下,人们认为自己了解法律,但事实上他们错了。一个经典研究曾考察加州的一个著名案例,即塔拉索夫诉加州大学董事会案(*Tarasoff v. Regents of the University of California*)的影响。[①] 在该案中,一个学生告诉大学指派的精神科医生,说自己心怀暴力情绪,有杀死他女朋友的冲动,并且后来他确实杀死了她。该精神科医生从未把这一威胁信息传递给这个女生、其家人或当局,于是女生的家人对精神科医生的雇主加州大学提起诉讼。最后加州最高法院判决女生家人确有诉权,在这种情况下,心理医生负有警告的义务。该判决让精神科医生、心理医生和社会工作者极为恐惧。他们坚持认为:除非能够享有完全的保密权利,否则病人就不会愿意寻求帮助并自由表达。他们请求加州最高法院重新考虑这一判决。虽然法院很少这样做,但在这个案件中他们同意了这一请求,于是塔拉索夫案又进行了重新辩论。这一回,法院修改了初次判决,撤回了治疗师负有绝对警告义务的主张,判决治疗师仅仅负有保护受病人威胁之人的合理注意义务。合理的注意义务可以包括某种警告,但并不是必需。

对塔拉索夫案的研究抽样调查了洛杉矶、旧金山和其他大都市地区(波士顿、芝加哥、底特律、纽约、费城和华盛顿特区)的 2875 名精神科医生、心理医生和社会工作者。调查首先询问这些心理健康专家是否知道这个案子。知道此案的比例惊人的高——例如加州就有 96%的精神科医生知道本案。其他州也有很多人知道,至少在精神科医生与心理医生中是这样。该调查接着询问了得知此案的信息

① 17 Cal. 3rd 425, 551 P. 2d 334 (1976). 这是复审的结果。更早的版本是 *Tarasoff v. Regents of the University of California*, 13 Cal. 3rd 177, 529 P. 2d 553 (1974); 该研究是 Daniel J. Givelber, William J. Bowers, and Carolyn L.Blitch, "Tarasoff: Myth and Reality: An Empirical Study of Private Law in Action," *Wisconsin L. Rev.* 1984:443。

来源。相当多的人是从同事那里听说,但大多数人是从专业组织与专业文献中了解到的,例如,加州65%的精神科医生和其他州62%的心理医生便是这么了解的。对许多职业、行业和贸易团体而言,其会员通讯和公告会报道相关法律发展的新闻——毫无疑问,心理健康领域也是如此。

该研究发现了其他有趣的信息。这些健康专家自认为理解了塔拉索夫案判决,但他们的理解至少有一些错误。他们认为自己负有明白的警告义务,而该案的第二次判决则被他们完全忽视了。这可以理解。"合理的注意义务"意味着什么?一个清楚明白的讯息比模糊讯息更容易掌握:警告义务是精神科医生可以理解的东西,而合理的注意义务则不是——第二个判决几乎注定要被误解。

我用了知识和信息这两个词,但对这种用法应有所保留,意识可能是更好的词。任何受众得到的讯息都必然会被曲解:正如我们所看到的,在塔拉索夫案中,心理健康专家们的认识水平很高——他们的确听说过这个案子,并且知道其大意,但实际判决的微妙之处被他们忽视了。加州以外的专家也被误导了:他们认为该判决也适用于自己,但它当然不适用——至少在形式上不适用,加州的判决对马萨诸塞州或伊利诺伊州没有约束力。公平地说,他们的观念并非完全的不理性或无知。伊利诺伊州的侵权律师当然会了解加州的这一案例,也了解它不适用于伊利诺伊州,但他也会知道——或猜测——该案例十分重要,会使得伊利诺伊州至少更有可能做出相同的判决。

你可能会问:这些精神科医生对塔拉索夫案的理解,在事实方面有多大错误?很可能错得不严重。"合理的注意义务"可能包含警告义务,且大多数时候很可能会包含。“合理的注意义务”还能有些什么呢? 在这个特定案件中,误解是可以理解的,而且(可以说)大体上也没错。

但有时候的误解更加令人震惊。英国的一项研究试图调查人们对未婚伴侣同居权的看法,结果发现,许多人相信可称之为普通法婚姻*谬误的看法。也就是说,他们坚定地认为,如果一对伴侣同居的时间足够长,他们就以某种方式获得了与结婚者同样的权利。① 但这种规则并不存在:不管时间多长,都不能把同居转变为“普通法婚姻”。②

人们持有的这些错误信息是否存在某种模式? 虽然媒体使用“普通法婚姻”一词经常有点随意,但这一谬误很可能并非来自媒体、电影或电视。就我所知,总体而言,没有机构在兜售这一概念。那么它从何而来? 保琳·金(Pauline Kim)对三个州——密苏里、纽约、加利福尼亚——工人的一项调查可能对回答这个问题有所帮助。她问工人们,仅仅“为了以更低工资雇用另一个人从事相同工作”而开除某人,是“合法”的还是“非法”的。事实上,在所有三个州,雇主都完全有权这样做,以任何理由或没有任何理由就开除一个雇员,因为一般而言,雇佣是“任意”(at-will)的,这意味着工人们在总体上没有固

---

* 普通法婚姻指没有结婚的男女未进行结婚登记或遵行其他结婚程序,而以夫妻名义并以结婚为目的公开同居生活一定时间,从而法律认定其婚姻关系合法。如果仅是同居但不具有结婚目的,就不能认定为是事实婚姻。(本书带*的注释皆为译者注)

① Pascoe Pleasence and Nigel J. Balmer, “Ignorance in Bliss: Modeling Knowledge of Rights in Marriage and Cohabitation,” *Law & Society Review* 46:297 (2012).

② 在美国的一些州,“普通法婚姻”确实存在,但即使在这些州,时间长短也是无关的。在认可普通法婚姻的州,一对同意结婚的伴侣,即使他们在一起只有半小时或更短时间,也是结了婚的。

定的工作任期。但三个州中认为这一行为“非法”的工人占了压倒性多数。① 甚至当他们的公司已经分发了人事手册,通俗易懂地说明了公司保留“以任何理由解雇员工”的权利时,他们也非常确信。② 大约 2/3 的人仍然认为这种解雇是违法的。

保琳·金认为这一问题源于“对社会规范和法律的混淆”。换句话说,工人们认为仅仅为了省钱就开除雇员是不道德的,如果在道德上是错误的,那么它一定是违反了法律。这也可以解释普通法婚姻谬误:如果人们认为长期共同生活的伴侣应当享有相对于彼此的权利,他们就很容易假定在法律上也一定是这样。毕竟,至少在民主社会,法律制度应当是公平正义的,于是人们假定关于某一特定主题的法律也是公正的。另一项研究针对四个州的州立大学雇员在某些刑法问题的认识,例如,你是否可以使用致命武力来保护财产。该研究也发现:人们往往(错误地)假定法律回应了他们的“道德直觉”。③

法律毕竟是社会规范的一种反映。如果人们认为法律应当给年复一年生活在一起的人授予权利,他们虽然现在可能是错的;但事实上,法律已经显示出往这个方向发展的迹象,至少在某些条件下,同居确实隐含着权利的存在。也有迹象表明,雇佣案件中的“任意”规

---

① Pauline T. Kim, “Norms, Learning, and Law: Exploring the Influences on Workers' Legal Knowledge,” *U. of Ill. L. Rev.* 1999:447. 调查的文本在第 508 页。工人们在其他问题上也错了:雇主是否有权仅凭为自己不喜欢这个工人就开除他。这是完全合法的,但惊人的是,密苏里州工人中有 89%的人认为这是违法的。

② 同上,第 459 页。

③ John M. Darley, Paul H. Robinson, and Kevin M. Carlsmith, “The Ex Ante Function of the Criminal Law,” *Law & Society Review* 35:165 (2001).

则已经受到了某种法律压力。[1] 社会规范首先发生改变,然后法律往往会跟上,最后新法律反过来产生它的影响。

在著名的赡养费案件马文诉马文案(*Marvin v. Marvin*)中,[2]米歇尔·特廖拉·马文(Michele Triola Marvin)与电影明星李·马文(Lee Marvin)同居多年。分手后,米歇尔起诉了李,主张他们定过一个协议:如果她与他同居并致力于促进他的利益,他们就可以共享收入。李的收入非常可观,米歇尔的则基本为零。李的抗辩是:他们俩是性伴侣,同居不婚,这使得他们的协议即使存在,也是完全非法、不可执行的。然而,加州最高法院否决了这一抗辩。这表明同居不再是禁忌,不再是对社会规范的严重违反,时代变了;这种协议本质上不再是违法的,米歇尔享有证明其诉求的权利。虽然初审法院驳回了起诉,但加州最高法院撤销了原判,发回重审。

米歇尔最后几乎什么也没得到。经过漫长的审判,下级法院判米歇尔没能证明她主张的协议存在。[3] 但媒体(和喜剧演员)都在这个案子上大做文章。以一个动画片为例,片子里有两个小孩和一位母亲,其中一个孩子说:"妈妈,这是苏西·麦克霍特尼(Suzie McWhortny),她是我去年的情人,现在正起诉我要求赡养费。"[4]这个案

---

① Katherine V. W. Stone, "Revisiting the At-Will Employment Doctrine: Imposed Terms, Implied Terms, and the Normative World of the Workplace," *Industrial Law Journal* 36:84 (2007).

② 557 P. 2d 106 (1976).

③ 法院仅仅判给她 104 000 美元,让她可以"恢复"生活技能,但甚至这也被上诉法院推翻了;见 *Marvin v. Marvin*, 5 Fam. L. Rep. (BNA) 3077 (Cal. Super. Ct. 1979)。上诉案件是 Marvin v. Marvin, 122 Cal. App. 3d 871 (1981)。参见 Joanna L. Grossman and Lawrence M. Friedman, *Inside the Castle: Law and the Family in Twentieth-Century America* (2011), pp. 128-136。

④ 有个网站专门放有关这类赡养费案件的动画片,这个动画片就出现在这个网站上。

子当时在报纸杂志上是重磅新闻，数以百万通常不关注加州判决的人们，都或多或少知道它（据说）判了些什么。但他们的理解自然有错：人们往往假定这个案子意味着更多东西——它仅仅因为住在一起就给同居的未婚伴侣授予权利——这完全不对。而且，像塔拉索夫案一样，它只在加州有约束力。但公众也并非完全错误，这个案子确有影响：它在其他地方引发了一批诉讼；许多律所开始刊登广告，提供赡养费案件的法律服务；随之而来的一些案件受到广泛宣传，包括（一个男人）对流行艺人李伯拉斯（Liberace）提起的诉讼。① 这个判决也导致许多州就该问题进行专门立法。

我们讨论的这些例子，都或多或少来自民主社会。专制社会——经常缺乏正当性的社会——的情况可能有所不同。如果人们（经常有充分的理由）认为，其法律制度总体上是邪恶、腐败或带有致命偏见的，他们就更不可能混淆社会规范与法律，更不可能假定法律反映了他们的正义观。事实上这一偏见可能居于另一边：他们假定他们不能且不会得到正义。但每个社会和每种情况都可能不同，可能产生不同的心智结构，传达不同的信息和错误信息。②

因此，具有讽刺意味的是，这些例子显示出，错误信息也可能会有影响。塔拉索夫案就是这样：精神科医生和其他人对该案的看法改变了他们的行为方式与医疗实践。或许，感到被不公正对待的工

---

① "Ex-Liberace Employee Sues for $113 Million," New York Times, Oct. 15, 1982. 标题里的 "Employee"（雇员）是斯科特·索尔森（Scott Thorson），他是李伯拉斯的司机，自称是其情人。

② 对于专制社会法律文化的丰富描述，参见 Inga Markovitz, *Justice in Lüritz: Experiencing Social Law in East Germany* (2010)。

人认为法律站在他们那一边时,即便是理解有误,也更有可能诉诸法律,而如果诉诸法律的频次足够高,那么法律制度就会受到压力——至少,这是一个有效的假设,从未受到挑战的规则就不会发生改变。在1960年代著名的吉迪恩诉温赖特案(*Gideon v. Wainwright*)中,①联邦最高法院判决受重罪指控者拥有获得律师辩护的宪法权利,如果被告负担不起,州必须为他聘请律师。克拉伦斯·吉迪恩(Clarence Gideon)生活在佛罗里达州,被控侵入一间台球室。他坚持自己无罪,并要求获得律师辩护。佛罗里达州并不承认该权利,至少在当时不承认,吉迪恩案上诉后改变了这种情况。吉迪恩混淆了道德和法律主张,但最后他的法律主张得到了维护。米歇尔·马文就没这么幸运了,但她对自认为享有权利的顽强坚持确实影响了法律。她也是在(可能是无意识地)顺势而动,这一势头很快转变为民事结合法,最终演化为同性婚姻法。

清楚的讯息,含混的讯息

在分析上,我们区分了传播和影响,即讯息与讯息的后果。在实践中,讯息、人们得知讯息的方式和他们解读讯息并作出回应的方式,是单一链条中的不同环节、单一社会过程的不同部分。传播是这个链条中的第一个环节,而且通过政府信息公开被整合进法律制度的结构之中:法律、规则、条例、判决,所有这些都是公开的。在美国,拟议的规则和规章——来自食品药品监督管理局、证券交易委员会

① *Gideon v. Wainwright*, 372 U. S. 335 (1963); Anthony Lewis, *Gideon's Trumpet* (1964).

或任何其他机构——必须在《联邦公报》中公布。这可不是睡前读物,每年的公报都有几千页,并在 1980 年达到令人难以置信的厚度:87 000 页。自那以后,它的篇幅急剧缩小至 47 000 页,后来又恢复到 65 000 至 85 000 页之间——真的是书中巨无霸。2013 年的《联邦公报》公布了 3659 份“最终规则文件”。[①] 各个州也发行公报,比如 2014 年第 38 卷《伊利诺伊州公报》长达 24 081 页。

这是“猛烈”的传播。这些公报(特别是《联邦公报》)中的一些内容,非常重要——有可能影响成千甚至数百万人的规则和拟议规则。但这数百万人很幸福,他们不知道《联邦公报》的内容,除了少数情况以外,比如某条规则出于某种原因而打破了默默无闻之幕,进入报纸甚至晚间电视新闻。没有人为了消遣而去读《联邦公报》。实际上,我们几乎都没有读过它。但这并不意味着发布《联邦公报》毫无意义。为工会、产业集团和 NGO 服务的说客和律师,会致力于查明其中哪些内容与他们的客户和委托人相关。药品公司的律师肯定会从食品药品监督管理局那里寻找可能会影响客户利益的资料。

传播可能是普遍的,也可能是具体的。它可以像过去那样向全世界广播,也可以向具体人群、团体播送。在晚间新闻中公布某事,和通过电话或电邮向一个或一个以上的特定人公布某事之间存在着巨大的差别。一条规则同样可以是普遍的,适用于所有人,例如不得杀戮。它也可以适用于一个或一群人,例如出租车司机需要执照。

---

① 这一信息来自 Maeve P. Carey, *Counting Regulations: An Overview of Rulemaking, Types of Federal Regulations, and Pages in the Federal Register* (Congressional Research Service, November 26, 2014)。

把拟议的规则文本放进《联邦公报》中是第一种意义上的普遍传播，任何人都能读到它。但大多数拟议规则是第二种意义上的：如果 FDA 计划宣布某些可能致癌的食用色素为非法，这个计划就会对制造和销售这些色素的公司产生巨大影响。普通人可能受影响，但仅仅是间接影响，而且他们极有可能完全得不到这一讯息。

讯息的类型也很重要。法律学者在规则和标准之间做出区分。[①] 根据宪法，总统必须年满 35 岁：这是一条"明线"规则。选民必须年满 18 岁：这是另一条明线规则。总体而言，规则容易理解（虽然总有一些模糊不清的规则）。标准就相对模糊得多：侵权法中的过失，被定义为没能尽到合理注意义务或某种类似的情形；合同如果违反"公共政策"或"不合理"，就不可执行——这些是标准。标准更难以适用，而且经常打开了自由裁量与主观判断之门。如果父母为孩子的监护权而发生争吵，那么家事法官就应当根据"孩子的最佳利益"（一个极其宽泛的标准）来判决。该标准给予了法官巨大的裁量权和权力。上诉法院很难推翻基于标准所做的判决。

这就很容易理解为什么专家们会（至少有点）把塔拉索夫案第二个判决理解错了：塔拉索夫案第一次判决宣布了一条规则，第二次则宣布了一个标准，而标准是模糊的讯息，会使受众感到困惑。复杂的讯息也是一个问题：冗长司法意见书中的讯息只能引起律师的注意，甚至连律师都经常无法理解它们。塔拉索夫案第二次判决的讯息传

---

① 可参见 Louis Kaplow, "Rules versus Standards: An Economic Analysis," *Duke Law Journal* 42:557 (1992)。

递到了相关受众,但对普通人的理解或使用而言过于模糊。经常发生的情况是:模糊的讯息变形、扭曲或转变为更清楚明白的规则。精神科医生和其他人对塔拉索夫案第二次判决的回应是相当自然的:一个精神科医生或社会工作者能从“合理的注意义务”中理解出什么?一个警告义务则是具体、简单的,容易掌握和履行。(虽然也不免有问题:警告谁?警告什么?)人们往往听不到或无法理解复杂、模糊、一般性的讯息。

加拿大的教师、社会工作者和其他人,如果怀疑出现了儿童虐待的情况,就有义务采取行动,必须上报其疑虑,但一项研究发现很多人没有履行这一义务。[①] 这个义务也许是清楚的,但触发义务的条件却不清楚:为怀疑出现儿童虐待的情况制定一条明线规则是很难的。有时候是有迹象但没有明确证据,教师就面临着两难:一个孩子带着伤痕来到学校——但伤痕是怎么来的?教师应该怀疑到什么程度?在什么情况下怀疑?教师确实对法律——上报义务——有一般了解,也赞成这一法律,但有一个因素(什么是虐待,我们如何知道存在虐待行为?)非常成问题,而且很可能必然会成问题。这又是一个法律影响被扭曲或淡化的例子:规则本身似乎很清楚,但触发条件则很难判定或定义。

在华盛顿州,一位 23 岁的女性起诉她的眼科医生:他们没给她

---

① 该研究是 Kelly Galagher-Mackay, “Teachers' Duty to Report Child Abuse and Neglect and the Paradox of Non-Compliance: Relational Theory and 'Compliance' in the Human Services,” *Law and Policy* 36:256 (2014)。

做青光眼检测,使她患了这种严重的眼科疾病。[1] 初审法院判决她败诉,法院判决支持了被告医生的主张:为年轻人检测这种疾病并非惯例。但华盛顿州最高法院推翻了这一判决,认为医生本应给原告做青光眼检测,该检测"简单、无害、相对便宜且有效"。[2] 该案被广泛传播,眼科医生们知道这个案子(且不喜欢它)。然而大概是出于游说的结果,华盛顿州立法机关通过了意在消除或减轻青光眼案判决影响的法律:任何医疗事故的原告都必须"以优势证据"证明被告"没能运用达到同业者程度的技术、审慎和知识",并同时证明他作为原告因此受到损害。[3] 但根据对眼科医生的调查,没有证据显示该制定法具有影响,因为它完全没有明确提及青光眼检测,很模糊、一般化、不明确。这种立法没有传递出有效讯息,因此不太可能有任何影响。

詹姆斯·斯普里格斯(James Spriggs)尝试测算最高法院所做涉及行政机关判决的影响:如果法院判决涉及行政机关的事务,那么该机关是否会改变其行为?毫不令人意外的是,他发现:模糊、不明确的判决比更"明确"的判决影响更小。"完全缺乏具体性"的判决基本上没有影响,但当法院意见很明确时,行政机关几乎总是会做出

① 这部分材料来自 Jerry Wiley, "The Impact of Judicial Decisions on Professional Conduct: An Empirical Study," *So. Cal. L. Rev.* 55:345 (1981)。

② 该案是 Helling v. Carey, 83 Wash. 2d 514, 519 P. 2d 981 (1974)。该案意味着医生必须改变其实践,对青光眼进行例行检测。实际上,虽然医生们有所反对,但许多眼科医生已经在这样做了。

③ Wiley, "The Impact of Judicial Decisions on Professional Conduct," p. 381. 该法规是 RCW 7. 70. 040。

“重大政策变革”，概率超过95%。[1]

这些不同研究所传递的讯息非常明确：模糊的标准和指令要么被无视，要么经常被受众有意无意转化为更具体、更易使用的东西。拿限速的日常规则为例。限速每小时65英里，这很容易理解，但看看罗得岛州的限速，根据罗得岛州法，基本规则是这样的：“任何人都不得以高于当时情况下合理且审慎、并考虑到当时存在的实际与潜在危害的速度驾驶交通工具。”（《罗得岛法令》第31-14-1条）。然后才是大多数人都能理解的实际“限速”：如果是白天，并且在商业区和居住区以外，那么限速是每小时55英里；如果在那些区域以内或是晚上，那么限速要低于每小时55英里。超过这个法定限速，是司机没有以“合理且审慎”速度驾驶的表面证据。在罗得岛州可能没什么人能搞清楚实际“规则”，要把它写在路旁标牌上显然也做不到，所以作为一个讯息，它是不起作用的。即使人们知道这条规则，也很可能没法用它，因为“合理”意味的东西太多了。而且，什么是一个人应当“考虑”的“实际与潜在危害”呢？因此，人们倾向于把这条规则转变为某种坚实且具体的东西——实际“限速”——这是我们在罗得岛州公路上所发现的，也是驾车民众所理解的。

把模糊转变为具体的过程，在真实法律世界中相当常见。在经典著作《庭外和解》（*Settled Out of Court*）中[2]，劳伦斯·罗斯

① James F. Spriggs II, “The Supreme Court and Federal Administrative Agencies: A Resource-Based Theory and Analysis of Judicial Impact,” *Am. J. Political Science* 40:1122, 1138 (1996).

② H. Laurence Ross, *Settled Out of Court: The Social Process of Insurance Claim Adjustments* (1970).

(Laurence Ross)研究了保险理赔员的工作。侵权法,或更准确地说,与保险业的主要收入来源——汽车事故相关的法律非常难,复杂且充满了标准而非规则:例如,“合理”谨慎的“合理”司机的概念。没有受过法律训练的理赔员把侵权法难以捉摸的微妙规范转化成了经验法则。也没有别的办法可以有效处理汽车事故产生的大量索赔请求,我们已经在心理健康专家解读塔拉索夫案的方式中看到了类似的过程。斯普里格斯对行政机关的研究,暗示了另一种应对模糊规则的方式:受众无动于衷,耸耸肩膀,一切照旧。

许多人研究过企业如何应对它们所面对的、经常既有标准也有规则的复杂规章。我们刚刚提过一种应对办法:将模糊的被转变为具体可用的。其他时候,企业创造出某种内部程序,包含受命解决法律要求的内部机构。例如平等就业机会委员会负责实施1964年《民权法案》的规则,该法案禁止基于种族、性别、宗教和民族的歧视。大企业收到了这样的讯息,但它到底是什么?该法案“只是命令不准歧视”,但对企业应如何应对雇员投诉歧视的情况只字未提,也没有就“歧视”给出明确定义。于是一些企业设置了“投诉程序”,创造了一个框架、制度结构来解决法令的模糊要求,同时把免受歧视的个人权利转变为通过内部措施解决的企业问题。①

一般而言,简单清楚的财产规则即谁拥有什么,谁对什么享有权利,比模糊规则有效得多。这是因为它们传播得更好,经济学家会

① Lauren B. Edelman, Christopher Uggen, and Howard S. Erlanger, "The Endogeneity of Legal Regulation: Grievance Procedures as Rational Myth," *American J. Sociology* 105:406 (1999).

说:这些规则有效率是因为他们降低了信息成本。当然,就算是简单规则,也有可能被误解:当传播渠道充斥着噪音或有误导性时,这就有可能发生。我们提到过,个人和企业经常把难以捉摸的模糊标准转化为明线规则,或创立解决标准问题的具体机制。但相反的过程也会发生:人们把看上去明确的规则转化或修改为十分不同的东西,可能比规则本身更晦涩、模糊。以罗得岛州限速为例:实际规则是一个模糊标准,首先被转化为某种具体的东西——一个确定的限速;但接着,限速反过来被普通人的理解和习惯修改为某种不那么确定的东西。实际有效的规范是:限速仅仅是一个约数,速度快一点也无妨,每个人都会偶尔这样做。但快多少会没事?这就不太清晰了。在限速每小时 30 英里的地区驾驶的司机,如果因为开了 33 英里就被罚,会非常恼怒。每小时开 60 英里?这当然违法。但开 40 英里呢?37 英里呢?

模糊性有碍于传播。模糊性的种类很多。一个讯息可能本身就是含混或令人困惑的。模糊性也可能产生于传递讯息的方式:不论是谁传递了讯息,他看上去对自己感到肯定吗?讯息可能看上去是明确的,但说话者是否表现得笨拙、含糊、犹豫?假设最高法院作出一个判决,全体一致的判决跟 5 :4 险胜的判决相比,是否带有不同且更有力的讯息?正如斯蒂芬·沃斯巴(Stephen Wasby)所说:“挑拣最高法院骨头的秃鹫”可能会利用“分裂判决,特别是那些五比四判决”作为拖延服从法律的借口,希望该判决会在未来某个案件中被推翻。这种情况真的发生了吗?沃斯巴承认他没有证据,这个想法仅仅是个“假设”。①

但最高法院可能会同意。布朗诉教育委员会案是全体一致的判决：首席大法官厄尔·沃伦坚持这一点，希望法院以一个声音发言。这很重要吗？这当然不会防止强烈的抵抗的发生，但它确实告诉人们：法院非常认真严肃，大法官们意见都一致，该判决不太可能被推翻。随后几年，关于民权问题的关键案件与判决都是全体一致的，最高法院希望所传递的讯息绝对明确且不含糊：全体一致是有用的（至少最高法院是这么看的）。1958 年的库珀诉阿伦案（Cooper v. Aaron）②是阿肯色州小石城的一个学校隔离案：阿肯色州州长想要挫败小石城中央高中的种族融合，地区法院发布命令，将融合延迟两年半实行，但最高法院推翻了这一命令，9 :0。九位大法官全部签署了意见书，他们想要传递一个讯息：我们可不是闹着玩儿的。

讯息越清晰，就越可能产生重大影响。但这是一个趋势，不是自然法则。两位学者比较了日本和美国的工业废料管理。③ 在美国，1976 年的《资源保护与恢复法案》（Resource Conservation and Recovery Act）是一个规则的复杂集合，极难解读，非常详细。相比之下，日本人使用“行政指导”避免了正式规则，并使用了一种“很有合作性且非对抗性”的规制方式。④ 日本人的方法看起来好像更有效。（我在讨论执法模式的时候会再说这一点。）目前的要点在于：作为一

① Stephen Wasby, *The Impact of the United States Supreme Court: Some Perspectives* (1970), p. 44.

② 358 U. S. 1 (1958).

③ Kazumasu Aoki and John W. Cioffi, "Poles Apart: Industrial Waste Management Regulation and Enforcement in the United States and Japan," *Law & Policy* 23:213 (1999).

④ 同上，第 215 页。

个讯息,精确和细致都非常好,但存在这样一个临界点,讯息可能迷失在细节中,或细节看上去压倒了一切。表述一般规则的更好方式,可能是明确且简单的讯息,好过含糊且复杂的讯息,但或许也可以说:不论每个段落有多清楚,一个长达几百页的法令不可能是“明确”的。

法律、指令或规章中的模糊性,可能只是起草工作拙劣的结果。但有时也是有意为之,是为了减轻法律影响、回避困难议题、延迟实际结果,或实现其他目的的方式。有些法律天生就是模糊的,就是那样被制定出来的,或许是因为没有别的办法来满足相互冲突碰撞的力量和声音。1890 年的《谢尔曼反托拉斯法》(Sherman Antitrust Law)用了像“贸易限制”这样没有明确意义的术语。或许这部法律的要点就是说服人们:我们已经对巨大且邪恶的“托拉斯”采取了实质行动。这部法律的篇幅很短,没有设立机制或机构来充实法令的骨架,其效果(不论是否有意)是推迟任何实际行动或决定,并把它们转交给任何可能要负责法令实施的法院或行政机关。

然而,模糊性也可能增加权力(不论是否有意为之)。没有什么能比像美国宪法第 14 修正案中的“正当程序”或“平等保护”条款更模糊、更缺乏意义的了。但最高法院抓住了这两个术语,并借此构建了以宪法为核心的庞大的教义体系。例如,所有反歧视的判决都与这两个富有弹性的术语相关联。

关于传播还有很多议题可以讨论,但我们至少已经触及了一些主要的议题。一个关键点是:传播是法律产生影响至关重要的前提,是必要条件。必要,但不充分。法律制度给出一个指令,该指令被人接收,但然后呢?谁遵守、谁不遵守,以及为什么?下文我会详述。

双向代理人

一般而言,现代法律制度复杂得令人绝望。一部典型的美国州或联邦法律,或任何国家的制定法都是成百上千页。除了这一大批法律,还得加上地方条例、法院判决和行政机关的大量规则和规章,而这仅仅是法律制度正式的部分。在每一个现代国家,习惯、经验法则和行政惯例都还在给这一座法律大厦添砖加瓦。个人和企业应如何解决所有这些复杂性?包含美国税收规则的《美国国内税收法典》长达几千页,而且是以远离日常英语的、令人无法理解的行话写成。但我们都应当纳税,且应按时纳税,我们大多数人是这样做的。对许多人而言,报税没什么难的,但对富人和不论大小的公司而言,报税任务可能相当艰巨——他们是怎么做到的呢?

简单的回答是:他们利用了所谓的信息经纪人——中间人、中介人——其工作就是解决这一复杂性。这些经纪人从政府那儿获取讯息,搞清楚这些讯息的含义,并把它们储存在脑子或档案里(如今更可能储存于在线档案里)。当客户需要了解这些讯息时,他们就会把讯息从储存处取出来。在塔拉索夫案中,这一传递讯息的工作是通过专业文献与专业通讯完成的:政府和民营企业会发布大量公告、小册子和信息表,进行分析、消化、解释和解读。社会工作者是另一个来源(媒体也是)。在中国台湾地区,在法院于医疗事故案中授予巨额赔偿以后,报纸和电视节目大力传播这一新闻:“中招的医院必须赔 100 万美元……”除此以外,医生博客和法律文章传播了关于该案的信息,并报道了医生们对该判决的“震惊、难以置信和愤怒”。①

律师也是重要的信息经纪人。例如,考虑一下离婚律师的角色。通过训练和经验,他知道相关规则,也知道法律制度如何运作。当一个客户来访时,他把法律讯息(“离婚法”)转化为可理解、可使用的形式,然后传递给客户(希望是准确地传递)。无疑,律师可以且经常出于各种原因而略微曲解法律讯息,但在任何情况下,信息经纪人的角色都是不可或缺的。没有离婚律师及其给客户的建议的话,离婚法基本没法运行。

总体而言,离婚法是相对简单的。当讯息复杂得无可救药时,经纪人的角色也就精巧复杂得多。《美国联邦法规》(*Code of Federal Regulations*)是一部真正的巨无霸,之前提到的《联邦公报》亦然,包含了所有拟议规则、行政命令和每一个联邦机构公布的所有最终规则和规章。我说过,没人为了消遣去读《联邦公报》,但我也指出过,像代表钢铁产业的律师这样的人,会关注《联邦公报》并努力抓住任何可能涉及他们客户的东西。根据《行政程序法》(Administrative Procedure Act),每个拟议规则和规章的联邦机构都必须给予公众评论的机会,公众也确实经常会做出评论。当然,会这样做的不是普通民众,而是利益相关方,企业集团、工会、贸易组织和 NGO 可能会投

① Brian K. Chen and Chun-Yuh Yang, “Increased Perception of Malpractice Liability and the Practice of Defensive Medicine,” *J. Empirical Legal Studies* 11:446, 452 (2014).

身其中(经常是通过律师)。这些机构有时会在许多城市举办听证会,个人和机构可以参与其中并发表意见。还可能征求书面意见:例如当证券交易委员会(SEC)1999年公布(拟议的)含有关于内幕交易条款的《选择性披露规则》(Selective Disclosure Rule)时,收到了几千封评论信件。①

《国内税收法典》是另一部巨无霸的制定法,对不论大小公司,还是有钱、有复杂投资的个人而言,中间人都是绝对必需的——税务咨询是一笔大生意。有些公司帮助中产人士解决纳税申报问题:一个名为布洛克税务公司(H&R Block)的连锁机构,在美国有11 000家零售税务办公室,在美国外有1700家。更大的客户有自己的税务律师和会计师。商业服务机构给税务律师和会计师提供了有关规则、判决和规章的最新信息,税务律师和会计师把这些传递给客户,一并传递的还有如何在不实际违法的情况下尽可能少交税的建议。

税务律师和会计师在某种意义上是双向代理人:他们的主要工作是帮助客户,但他们也告诉客户如何守法、什么策略有效或无效、一个诚实的纳税申报看上去可能是什么样子,以及哪种逃税行为可能会带来麻烦。然而他们在某种意义上也服务于政府:要是没有这些税务专家们帮忙咀嚼、消化文本,一口一口喂给客户,税务系统就几乎没法运转。把他们比作牛肚子里的微生物可能并不算太牵强:牛吃草,但不能自己消化,于是牛肚子里的微生物分解这些草,为自

① Zahn Bozanic, Mark W. Dirsmith, and Steven Huddart, "The Social Constitution of Regulation: The Endogenization of Insider Trading Laws," *Accounting, Organizations, and Society* 37: 461, 471 (2012).

己也为牛来提供营养。

律师作为双向代理人的角色很容易被忽视。众所周知,律师帮助客户,然后得到报酬:他们设计并实施“创新的法律手段”,协助客户“最小化交易成本、规避监管限制,并追求各种各样的战略目标”。[①] 这非常有社会价值。但双向代理的角色或许对社会同样有价值,它使现代利维坦、福利规制国的成功得以可能。可以这么说,如果民众被迫赤裸裸地面对大量法律、规则和规章,那么后者将完全没有影响。个人和企业会对法律的复杂性感到迷惑与困惑,他们没法靠自己来解决这个问题,他们需要双向代理人。

许多社会中的律师扮演了中介人或双向代理人的角色。在某些社会,其他行动者承担了这一角色:公证人、执笔人或只是某个法律领域的专家。基本的现象是相同的:现代法律制度的讯息太复杂,以至于无法不经一中介就传达到它们的受众;要不就是受众太无知或未受正规教育,甚至不能处理相对简单的讯息。既然未经传播就不能产生影响,就肯定有中介人的社会空间,这种空间在每个社会中以这种或那种方式得以填补——可以肯定的是,有时候填补得不太好或非常糟糕。

进一步讨论讯息:辅助性的载体

教育,从最广义上来说,是法律讯息得以传播给受众的方式之

---

① Mark C. Suchman and Mia L.Cahill, “The Hired Gun as Facilitator: Lawyers and the Suppression of Business Disputes in Silicon Valley,” *Law & Social Inquiry* 21:679, 681 (1996).

一。依字面理解,教育就是在学校学到的关于法律、政府和制度的知识。但大众文化也有一种教育功能,还有一些有组织的活动能“教给”人们一些法律知识。比如2013年底,当《平价医疗法案》(奥巴马医改)——一个复杂的新项目——启动时,联邦政府费了很大力气告诉人们他们有什么权利和义务,告诉他们如何参加这一项目;起初,人们有一些困惑和无序,但各种问题最终或多或少都得到了解决。① 政府印刷了成千上万的指示、小册子、手册和信息表,这些大部分是用来教育民众的。政府也可以强制“披露”,要求公司向民众传递信息:信用卡公司必须把利息告诉顾客,上市公司必须让潜在投资者一览无余,登记在册的性犯罪者必须披露其住址。“强制披露”是“监管工具包中的支柱”——该论断来自霍丹(Dan Ho)对“餐馆卫生评级”的研究,“主要做法是以字母等级(A、B或C)来总结卫生检查”,并在餐厅前面的突出位置进行展示。② 但所有这些披露是否产生了影响,却是个实证问题。例如,宾夕法尼亚州“花了几百万美元,收集有关心脏介入治疗结果的相对复杂的证据”,这些证据是对普通民众开放的,但几乎没有病人了解这一信息或使用它。③

私营企业和机构从事他们自己的教育工作。以性骚扰为例:毫无疑问,许多人对此至少有个模糊概念,但其细节可能是微妙而复杂

① 官方网站是 Healthcare. gov.

② Daniel E. Ho, “Fudging the Nudge: Information Disclosure and Restaurant Grading,” *Yale L. Journal* 122:574, 577 (2012).

③ Michelle M. Mello and Troyen A. Brennan, “Deterrence of Medical Errors: Theory and Evidence for Malpractice Reform,” *Texas L. Rev.* 80:1595, 1597 (2002).

的。有证据显示:女性定义的“骚扰”比男性更宽泛,这没什么令人惊奇的。[①] 许多组织——例如我的大学——要求用培训会议、在线课程、模拟审判或诉讼来传递信息,解释性骚扰及如何避免性骚扰,并就该问题制定大学政策。这些会议是否有效?一项研究发现了某些强烈反对的迹象:某些男性和女性认为,整个性骚扰的概念都过分得令人可笑,甚至有些威胁性;有些人感到“他们正如履薄冰”。一个女学生认为:某些女性(显然不包括她)“如果从自己不喜欢的人那儿收到花,就会认为是被骚扰了,但如果是她们喜欢的人,就是甜蜜的惊喜了”。之前对性别的态度,会影响人们解读讯息的方式。但之前、之中或之后的态度是否转化成了行为,就是该研究没有涉及也不能回答的另一个问题了。

性骚扰是个微妙而棘手的主题,教育和信息运动对更中性的主题可能更有效一些。例如,公司经常在公告牌上张贴有关劳动法与工人权利的基本信息。雇员可以了解他们的权利和义务,他们中的一些人很可能努力去吸收这些信息。政府和私人雇主都做了大量宣传,但这是否产生了很大影响,则取决于相应的环境和主题。

教育和惩罚之间的界限可能变得模糊。在加州,如果你因为超速、违法掉头或其他相对较轻的交通违法事由而被捕,就必须去上交通学校。理论上这是教育,实际上是惩罚——花无聊的八个钟头听交通法规学习班。现在可以上在线课程,对许多人来说就没那么令

---

① Justine E. Tinkler, "'People Are Too Quick to Take Offense': The Effects of Legal Information and Beliefs on Definitions of Sexual Harassment," *Law & Social Inquiry* 33:417 (2008).

人反感了。甚至有个在线“幽默”交通法规学习班,承诺教学快速、便宜且有意思,不需要阅读任何材料。[①] 在加拿大,1985 年的一项立法允许起诉嫖客。1996 年在多伦多,受该指控的男性可以选择参加“多伦多嫖客学校改造计划”,学习各种东西以换取撤销起诉:有前科是多么糟糕,与卖淫者来往是多么危险(他们了解到“吸毒成瘾的卖淫者用感染了艾滋病的针头扎顾客的案例”),以及他们的行为如何伤害了社会。他们会看到有关性传播疾病的生动幻灯片,并受有关安全性行为的指导。所有这些都能在午休之前完成,没有多大负担。[②] 这是比较猛烈的教育,但也是一种轻微惩罚的形式,显然也有效传递了讯息。

我们能相信吗?

大多数人在大多数时间里,会假定讯息的意思如其字面,但这并非总是对的。许多国家的许多人怀疑来自政府的讯息,这是很明智的。在独裁政体中,宪法在某种意义上承载着两个讯息。其一是明确的:你有各种各样的权利。其二则是隐含的:最好别试图行使这些权利。就这一点来说,只有傻瓜或英雄才会认真对待这些宪法。国际条约亦然:某些国家签署人权公约脸都不红,但它们就没打算

① 选择上“交通法规学习班”的轻微违规者由此避免了对司机记录的“不利”影响,以及保险费用可能的上浮。

② Scott Wortley, Benedikt Fischer, and Cheryl Webster, “Vice Lessons: A Survey of Prostitution Offenders Enrolled in the Toronto John School Diversion Program,” *Canadian J. of Criminology* 44:369, 373 (2002).

遵守。

另一情境很可能同样普遍:严厉的法律在实践中软弱无力,或看上去承诺很多却兑现很少。理想与现实的差距在独裁政体中可能最为巨大,但它存在于每一个社会,所有政府都会无视一些法律并实施非正式规则。法律制度已变得非常庞大——大到超出政府能够实施的合理能力范围,即使假定国家实际上想要实施这些规则。而且,所有制度中的行动者至少都有某种程度的自由裁量权:如果超速者讲出了一个好故事,例如孕妇赶着去医院这样令人同情的故事,那么拦下这个司机的警察可以决定不给他开罚单;这样的理由不会出现在书本上,但警察可能就仅仅给个警告或什么也不做。那些负责环境法、安全法和健康法的官员,也往往享有自由裁量权。这些规则的执行是海量研究的对象,我会在后文详述。

执法者

我们提到过,一条法律规则可以被视为指向至少两种受众的讯息。反入室盗窃法告诉普通民众:入室盗窃是非法的(他们当然早就知道这一点)。该法也是对警察和其他执法者的讯息。执法者就像普通民众一样,可能会,也可能不会得到所有他们应当得到的讯息,还可能无视、误解或误读讯息。

在任何法律影响研究中,执法者的作用都十分重要。托马斯·加夫龙(Thomas Gawron)和拉尔夫·罗戈夫斯基(Ralph Rogowski)区分了规则的“有效性”和“实施”。针对“有效性”所做的研究会观察民众的回应,而针对"实施"所做的研究则关注执法者。[1] 如果民众没有收到规则的讯息,那么这条法律规则就没有意义;如果执法者没有收到讯息或拒收讯息,那么它同样可能无效。警方当然收到了有关入室盗窃的讯息,并明白他们在执法中的作用,但当局可以决定(打个比方)不执行反吸食大麻的规则,或者认为逮捕卖淫者没有意义(这些决定在历史上经常与钱脱不开关系)。

在许多方面,警察都是(刑事)法律的主要执行者。他们行事的方式和原因,在不同国家、不同时段和不同法律领域都差别巨大。警察可能是行为规范的支柱、诚实勤奋的执法者以及邻里社区的朋友,也可能是偏狭且腐败,或固执且不公,甚至在某些国家,警察是众所周知的杀人小队。日本警察的声誉,与墨西哥一些地区、洪都拉斯或危地马拉的警察声誉远不相同;美国警察的丑闻时常爆发:无能、腐败、种族歧视、暴力执法。关于不同国家的警察行为、逮捕对象及其理由、选择性执法和许多其他主题的研究数量非常多。

刑事司法是一个巨大、松散且笨拙的系统。特别在美国,没有中央机构负责这个系统——联邦和州层面都没有——刑法典的影响取决于警察、检察官、法官和(有时参与进来的)陪审员。我曾经把这个系统比作漏水的管子:如果你在一端增大压力,水可能永远不会到达另一端,而会从漏洞中喷出。这种法律在执行层面的失效,在历史上有数不尽的例子。1920 年代的禁酒令经常被视为这类美国案例的典

① Thomas Gawron and Ralph Rogowski, " Effecktivität, Implementation und Evaluation: Wirkungsanalyse am Beispeil von Entscheidungen des Bundesverfassungsgerichts," *Z. für Rechtssoziologie* 17:177 (1996).

型,但每个法律分支、每个时代和每个社会都会有更多这样的案例。讯息本身可能也应当至少承担部分责任,但更多时候是执行讯息的意愿缺失或有缺陷。

从历史上看,强奸几乎可以确定是报案率很低的犯罪。警察经常对受害者表现得冷漠无情,经常认为一个女人如果声称自己被强奸,她就是“咎由自取”或“只是想报复男朋友而已”。警察还曾做出像这样的声明:“她不可能被强奸,她是个妓女。”①在 1960 年代小哈利·卡尔文(Harry Kalven Jr.)和汉斯·蔡塞尔(Hans Zeisel)对美国陪审团的经典研究中,如果女性受害者去了酒吧、性史丰富或(在陪审团看来)其行为方式会引起性侵犯,陪审团就经常不愿意给强奸犯定罪;②这很可能反映了一般的(男性)意见。德国 2014 年的一项研究发现,打击不正当性行为法律的改革效果令人失望,民众仍然相信一些常见的谬误:例如,指控男性不正当性行为的女性经常说谎。③强奸法产生的影响受阻、有缺陷,这像是另一根漏水的管子。

每种情况都可能是不同的,但还是可以做出一些一般性评价。执法永远是一个问题,但当法律想要控制或禁止常见行为,规定许多人渴望消费的商品为非法时,执法就特别成问题。一个经典例证是婚外性行为。卖淫据说是最古老的职业,但该职业很少被认定为合

---

① Rose Corrigan, “The New Trial by Ordeal: Rape Kits, Police Practices, and the Unintended Effects of Policy Innovation,” *Law & Society Review* 38:920, 930-931 (2013).

② Harry Kalven Jr. and Hans Zeisel, *The American Jury* (1966), pp. 249-254.

③ Ulrike Lembke, “‘Vergeblich Gesetzgebung’: Die Reform des Sexualstrafrechts 1997/1998 als Jahrhundertprojekt und ihr Scheitern in und an der sogenannten Rechtswirklichkeit,” *Z. für Rechtssoziologie* 34:252 (2014).

法。除内华达州以外,在美国妓院总是非法的,但却被广泛容忍。20世纪早期有一场强大运动致力于消灭卖淫,可以肯定地说,它失败了。禁酒也失败了,禁毒斗争基本上也是失败的,反对非法移民也是如此。

当然,警察不是唯一的执法者,而且警察研究只是执法研究的一类。有非常多的文献研究陪审团行为、监狱管理和司法决策:一句话,研究执法系统的各个方面。法院也是执法者,也可能腐败、懒散或低效,可能会也可能不会致力于正当程序、个人诚信或执行国家政策。每个行政机关都是一个执法者,每个狱警、监狱长或官员也都是。每个大的法律制度都会雇用上千名检查员、抽查员、仲裁员、一大群负责执法的公务员,他们得到了什么讯息,如何理解这些讯息,是任何研究行动中的法的重要方面。这对他们身份的研究也很重要:他们是谁?如何受到训练?知道多少东西?在乎多少事情?公务员对商事规制的影响是许多研究的重要主题。我会在后文详述。

民众也是一类执法者。没有公民自诉的话,刑法会变得很糟糕。除非有人愿意遵守,否则民权法也是形同虚设。民众对执法的压力会起很大作用(虽然并不都是好的作用):要求更严厉地打击犯罪或更宽容吸食大麻,要求逮捕并遣返更多外国人或给有技术的外国人授予更多签证,停止骚扰少数派或使城市更加安全。有时候执法取决于举报,后文也将详述。

在本章中,我讨论了传递给全体或部分民众的讯息,有关规则、规范、规章等的讯息——可以说,这些讯息随处可见。但它们不是法律制度中唯一重要的讯息:我还提到传递给执法者的讯息,还有关于执法的讯息,就是传递给人们的关于存在多少、什么种类、针对谁的执法讯息——这些讯息都极其重要。如果人们以某种方式得知限速的法律没被执行,就可能导致路上出现更多超速;如果他们得知警察执法行动更多了,他们就可能更少超速。

后面的章节将讨论威慑、羞耻、污名、同侪压力和其他影响法律影响的因素。威慑指的是一个奖惩体系,但影响并不是来自奖惩本身,而是来自对奖惩的认知:传播给了民众(或部分民众)什么。羞耻(这是另一个可能的威慑)也取决于来自外部群体的讯息,做错事情但没被发现的人不大可能受到羞辱。这些主题将在接下来的章节中展开。

第3章

遵守法律

影响被定义为与某些法律、判决或其他政府行动,或者公务员、警察或任何其他执法者的行动有因果关系的行为。我们可以区分直接影响和间接影响,也就是即刻影响与涟漪效应。还存在着所谓**法制影响**(Legal Impact),例如A法院判决如何影响了B法院,或上诉法院判决对初审法院或司法系统其他部分的影响。对法律学者而言,法制影响非常重要,但总的来说,我不会在此考虑法制影响的问题,要不然就要再写一本大部头了。

这里给出的影响定义是价值中立的。它是在法律制度中的某些活动以后或由于这些活动而产生的变化。在某些情况下,它也是在这些法律活动以前、预计到该活动而产生的变化。① 问某一法律产生了什么影响,并不同于问它是否"实现了它的目的",后者取决于该法律应当做些什么,而客观说来,这并不容易分辨。往最坏处说,询问法律的目的,就是提出了一个没法回答的问题,毕竟没有人能够读懂立法机关的心。但法律目的并非总是完全神秘,有时候它相当明显。

法律目的是否得到了实现,这一问题经常极其重要。诚然,影响和目的通常有所关联,但别的不说,它们在分析上是有区别的。显然,如果一部法律具有不良副作用,那么它几乎不可能实现它的预定

---

① 关于这一点,参见 Malcolm M. Feeley, "Power, Impact, and the Supreme Court," in Theodore L. Becker and Malcolm M. Feeley, eds., *The Impact of Supreme Court Decisions*, 2d ed. (1973), pp. 218, 225。

目标,就像一种用于治疗失眠的药物如果会导致中风和心脏病也算失败一样。

我说过,这本书是关于影响的,并在很大程度上忽略了有效性问题,也就是说一条规则的影响(及其导致的行为变化)和法律预定目的之间的匹配性(或不匹配性)。有效性问题值得再写一本书,很可能要写很多本书。任何对这一主题的处理都必须解决一些棘手的问题:如何能够了解法律目的?如何能够测算法律是否确实实现了目的?但本书的主题是影响而非目的。无论如何,不解决影响问题,就不能解决有效性问题。我也怀疑,有效性问题是高度情境化的,相比于影响问题是更难以进行一般性讨论的。

法律的(预定)目的,当然与用于实现这一目的的手段截然不同。如果想知道一部新法律是否"有效",其实是提出了两个不同的问题:其一,它是否有影响?其二,该影响是否推进了法律的预定目标?回答第二个问题并非仅仅在寻找副作用,这也是在询问:用以实现目的的方法是否因为没有使我们接近目的或目标,而最终被证明是错误的。例如,忧心于其低出生率与不断缩减的人口,德国制定了一部法律(2007 年生效),为请产假或陪产假的父母提供充足的补贴。[①] 其目的是鼓励人们多生孩子,并引导父亲在孩子的生命历程中扮演更重要的角色。该法律的影响十分明显且可测算:你可以数数有多少人申请了这笔钱,并与根据先前制度提出申请的人数相比较。援用

① 讨论参见 Hubert Rottleuthner and Margret Rottleuthner-Lutter, "Recht und Kausalität," in Michelle Cottier, Josef Estermann, and Michael Wrase, eds., *Wie Wirkt Recht*? (2010), pp. 17, 33-36。

这一法律的父亲数量惊人,然而,该法律是否提高了出生率则另当别论。起初,出生率略微上涨,但到后来就根本不增长了。一个家庭做出生育决定时要考虑太多其他的因素。简言之,该法律虽然有些影响,但没能实现它的目的。这是一个普遍现象。

守法

许多对法律影响的研究使用遵守(compliance)这一术语。遵守是对某些法律行为的回应,与该法律行为有因果关系,包括有意符合该法律行为和或多或少与该法律行为命令一致的行动。换句话说,遵守是某种服从。戴安娜·卡皮楚斯基(Diana Kapiczewski)和马修·M. 泰勒(Matthew M. Taylor)指出了四种处理遵守问题的不同研究,其中两种十分重要:其一是公民的遵守——遵守的通常含义;其二是"执法机关、立法机关或行政机构"的遵守。[①] 当然,也存在不遵守的情况,以及从遵守到不遵守之间的不同程度。遵守与不遵守都是复杂的概念。法律行为越复杂(例如一部上百页的制定法),遵守它就越不可能是一件全有或全无的事情。不遵守它也是如此。

遵守及其相关行为显然是影响的实例,但影响这一术语的含义要比遵守广得多。像遵守这样的话语最适合用于谈论刑法:你通过服从禁止乱穿马路的法律、不犯入室盗窃或商店行窃罪来遵守法律。

① 另两种是受到国际法院或国际法要求的国家的遵守,以及"地方公共部门对高等法院判决的遵守",例如下级法院对高等法院的遵守。参见 Diana Kapiczewski and Matthew M. Taylor, "Compliance: Conceptualizing, Measuring, and Explaining Adherence to Judicial Rulings," *Law and Social Inquiry* 38:803, 805 (2013)。

你也可以遵守一项规定：进行纳税申报；如果你是一家公共企业，就需要对股东披露财务信息。但去罪化和去规制也具有影响，而**遵守**一词在这些问题上就几乎没用了。通奸曾被定义为犯罪，后来通奸法被废止了，这一废止是否有影响？换句话说，是否有更多人去通奸？南澳大利亚放宽了有关吸食大麻的法律，是否有更多人开始吸食大麻了？[1]

影响也包括各种各样的间接效果。比如政府通过一部法律，要求所有外侨在某一特定日期（比如8月1日或之前）进行登记，但该法律豁免了与美国公民结婚的外国人。有一位无身份证明的外国人与美国公民住在一起，现在决定结婚以免登记的麻烦。这当然是该法律的影响——它是与该法律存在因果关系的行为——但要把它称作遵守，就言不符实。另一位外国人就直接决定回国了。这也是一个影响，但**遵守**（或**不遵守**）一词在这里都不适用。

显然，**直接**和**间接**都是模糊的词汇。极端情况（这是常有的事）容易识别，但在极端之间，情况就变得模糊。著名的米兰达案（该案产生了著名的"米兰达法则"）的最直接后果体现在埃内斯托·米兰达（Ernesto Miranda）身上。他一度被宣判有罪，后来最高法院推翻了该判决，他就自由了，亚利桑那州败诉。在其他案件中，判决的结果可能是金钱易手、母亲或父亲获得孩子的抚养权、囚犯被释放或继续服刑。心理健康工作者了解到塔拉索夫案并改变其行为。某个一州

---

① 参见 Neil Donnelly, Wayne Hall, and Paul Christie, "The Effects of Partial Decriminalisation on Cannabis Use in South Australia, 1985 to 1993," *Australian J. Public Health* 19:281 (1995)。

提高取得狩猎执照的费用,然后一位运动员申请了该执照并支付费用。所有这些都是直接且明显的影响。

但它们也都有间接影响。如果米兰达案影响了警察行为,这可能被称为直接影响。但它是否有影响以及该影响可能是什么,一直存在争议,结果该案件就具有了政治后果。它影响了关于警察行为与一般刑事政策的辩论:这也是该案间接影响的一部分。

又比如一名持枪劫匪戴着滑雪面具闯进一家商店。该面具的作用是隐藏他的脸和身份,反持枪抢劫的法律与他戴着滑雪面具的事实具有因果关系。如果有上千名持枪劫匪,滑雪面具的销量就可能提高,进而,这可能对纺织产业与运动商店的总收入产生影响。诚然,这个例子有些牵强,但存在着其他不那么奇怪的后果:感到害怕的公民会购买更多手枪,会避免夜间出行,而演唱会门票的销量会下降。你可以为几乎任何法律、规则或规章设想出类似的情境。现代社会汗牛充栋的法律材料的累积影响(包括直接与间接的)显然十分巨大,一系列许许多多的行为可以被认定为对法律和判决的远程与间接回应。

间接影响指的是某些法律行为的涟漪效应。假设某个州提高申请猎鹿执照的费用,导致更少人购买执照,更少鹿被猎杀。于是鹿在某一地区大量繁殖,侵入更多花园,采食更多植物。一位女士因此感到沮丧,部分原因是鹿吃了她的花儿并毁了她心爱的花园。然后她去医院看病,医生给她开了药。但这个药有罕见的副作用,她因此而丧生。还有许许多多其他的影响。我们可以或多或少地追踪因果关系的链条,但影响越间接,就越难测算,也越难把它同最初的原因联系起来。过段时间后,涟漪就消失了。

我们已经提到过塔拉索夫案对心理健康工作者的行为方式所形成的影响了。该案是否对病人也有影响?某些研究显示确实有。精神科医生负有某种警告义务与告知病人其义务的义务,于是某些病人在得知这一消息后,可能会更不愿意表达暴力的想法,或可能根本就不寻求心理援助。一位经济学家甚至得出了令人震惊的结论:塔拉索夫案产生了“意料之外”(且显然间接)的效果,使自杀率提高了5%。① 这看起来不太可能,但在一群病人中有一两个发生变化是可能的。

布朗诉教育委员会案规定公立学校中的种族隔离为非法,后来的案件处理了其他具体情况:一个城市的游泳池、一个市政公园的种族隔离问题。但人们对这些判决的解读要宽泛得多——我认为这样解读也是正确的:不论在什么地方,法律上的隔离(de jure degregation)都是对宪法权利的侵犯。这对人们的态度、社会规范和心理产生了重要的涟漪效应:民权案件可能导致电影电视中出现更多非裔美国人的角色,可能鼓励了女权主义者、美国原住民活动家、灰豹党*、囚犯权利倡导者。而且,每个涟漪都还会有其涟漪效应链。

整个民权运动产生了一系列后果,布朗案没有创造这些后果,但肯定强化了它们。一个关键的后果是它改变了全国种族关系的氛

① Griffin Edwards, "Doing Their Duty: An Empirical Analysis of the Unintended Effect of *Tarasoff v. Regents* on Homicidal Activity," http://ssm.com/abstract=1544574.

* 成立于1973年的美国的老年人保护组织,成员既有老年也有青年,旨在处理美国逐渐老龄化的一些特殊问题。

围,白人至上甚至在南部都最终失去了正当性。禁烟斗争中也发生了类似的正当性丧失的情况。在实际的法律已十分丰富——高税负、广告限制、剧院和飞机禁烟等——的情况下,还产生了一场坚持不懈的运动,说服民众相信:吸烟对吸烟者与其他人都有害。结果导致了吸烟的"非正常化"与"有关吸烟的社会规范的转化"。①

在像禁烟斗争或民权案件这样的情况中,我们很难知道有多少是(直接与间接)影响,有多少是其他的社会过程、社会变化。后者的原因各式各样,发生于产生法律影响的同时或之前。相比于法律变化对社会变化的影响,它们可能对法律变化产生相同或更大的影响。而且,要区分原因与结果总会有困难,有时甚至是不可能的。

涟漪效应可能增强法律的影响,也可能像药物的副作用一样,是负面的。权衡好的效应与坏的效应是一个艰巨的测算任务:提高最低工资是否减少了就业?是否减少了快餐行业的员工流动率?或者毫无影响?一些城市仍保留了租金控制的制度,那些足够幸运住进租金受控的公寓的家庭当然过得轻松些,但有没有消极的副作用呢?经济学家坚信,以下消极影响超过了任何可能的收益:房东拒绝修缮房屋、住房市场冻结、住房存量恶化。②

---

① Eric A. Feldman and Ronald Bayer, "The Triumph and Tragedy of Tobacco Control: A Tale of Nine Nations," *Ann. Rev. Law Soc. Sci.* 7:79, 87-88 (2011). Michael McCann, William Haltom, and Shauna Fisher, "Criminalizing Big Tobacco: Legal Mobilization and the Politics of Responsibility for Health Risks in the United States," *Law & Social Inquiry* 38:288 (2013).

② 在1992年发表的一项对经济学家的调查中,达成"最大程度共识"的主张是:租金控制"减了房屋的数量和质量"。这是受调查经济学家中93.5%的人的看法。该研究被引用于 Richard Arnott, "Time for Revisionism on Rent Control?" *J. Economic Perspectives* 9:99 (1995)。正如其标题所暗示的,Arnott 是少数异见者之一。

法律规定你必须系好安全带,安全带会使驾驶更安全:果真如此吗? 一些经济学家(讨厌几乎所有政府规制的那种)主张,至少在过去,安全带的副作用超过了收益:被骗入一种虚假安全感的司机会驾驶得更鲁莽,安全带降低了超速和疏忽驾驶"以受伤风险为形式所呈现出"的成本,"开得更快更猛的决定"是"把增加的一些保护'花'在了'购买'更少的驾驶时间上",毕竟,"当我们赤脚没穿鞋的时候走得更小心"。换句话说,安全带并不挽救人的生命,他们使人丧命。① 然而,谨慎的司机才会系安全带,鲁莽的反而不会,说司机系好安全带后就会在公路上发狂,似乎与常识全然相悖。正如约翰·多诺霍(John Donohue)所指出的,速度终究是有限制的,换句话说,即使没有交警,其他形式的限速也会存在。最重要的是,即使存在一些开车更不谨慎的倾向,也会被安全带所带来的安全收益相抵消。②

美国法律要求性犯罪者进行登记,并让社区知晓其身份与住址:这是"梅根法"(Megan's Law)的要义,该法以新泽西州一位儿童受害者的名字命名。新泽西州的梅根一家不知道他们的邻居曾是暴力的性犯罪者。对这一犯罪的民愤导致1997年通过了该法。现在,每个

---

① Philip J. Cook, "Criminal Incapacitation Effects Considered in an Adaptive Choice Framework," in Derek B. Cornish and Ronald V. Clarke, eds., *The Reasoning Criminal: Rational Choice Perspectives on Offending* (1986), pp. 202, 207-208. 表达这一观点的主要文章是 Sam Peltzman, "The Effects of Automobile Safety Regulation," *J. Political Economy* 25:677 (1975)。Peltzman 的结论是:司机通过更冒险的驾驶行为"抵消"了任何安全优势,把事故的"负担"转移给行人,增大了后者的死亡风险。(根据 Peltzman 的观点)酒驾也显然如此,第717页。

② John J. Donohue III, "Using Market Incentives to Promote Auto Occupant Safety," *Yale Law & Policy Rev.* 7:449, 458 (1989).

州都有各自版本的“梅根法”。[①] 关键并不在于给性犯罪者增加惩罚，毕竟他们已经服刑完毕回归社会了；关键在于防止他们造成更多伤害。这些法律很难说是否真的具有这一效果，很可能没有。[②] 但它们对性犯罪者的影响是显而易见的：这些人（几乎都是男人）很难找到工作和住所；他们的家庭也遭受涟漪效应：威胁和骚扰，房东拒绝租房给他们和他们的家人；他们的孩子被其他孩子嘲笑、戏弄和纠缠，这类孩子中的77%有抑郁感。可以说，这些副作用超过了法律可能产生的任何善果。[③]

约瑟夫·古斯菲尔德（Joseph Gusfield）区分了“法律与政府行为”的象征性与工具性功能。象征性功能“要发挥作用，并不取决于法律实施”[④]，“象征性”的法律即使没被实施，也可能对社会产生影响。古斯菲尔德谈到“尽管经常被违反，但还是作为法典被人接受，有重要确认意义”的规则，这些规则作为“理念”发挥作用。[⑤] 艾哈德·布兰肯堡（Erhard Blankenburg）则把这样的法律定义为象征性的：

---

① N. J. Ch. 's 128, Public Laws of 1994. 现行法是 N. J. S. A. 2C：7-1 到 7-11。每个州都有自己的版本；例如加州的“Sex Offender Registration Act,” California Penal Code §290。“可能被引为‘梅根法’”的联邦法 110 Stat. 1345（May 17, 1996）规定：“根据一个州的登记计划收集”的信息，如果出于“保护公众的必要”且识别出了“要求登记的个人”，那么就可以公布，但“受害者的身份”不能公布。

② Richard Tewsbury and Westley G. Jennings, “Assessing the Impact of Sex Offender Registration and Community Notification on Sex-Offending Trajectories,” *Criminal Justice and Behavior* 37：570（2010）.

③ Jill Levenson and Richard Tewksbury, “Collateral Damage：Family Members of Registered Sex Offenders,” *Am. J. Crim. Justice* 54：54（2009）.

④ Joseph R. Gusfield, “Moral Passage：The Symbolic Process in Public Designations of Deviance,” *Social Problems* 15：175（1967）.

⑤ 同上，第 174 页。

立法者表达了一项规范，却没有提供任何把条文变为现实的手段。①公众与政府不同，可能不会无视这些法律。但我怀疑如果一部法律没被实施且人们知道这一点，那么它就会失去可能具有的任何象征性价值。一部完全是象征性的法律迟早会失去所有的功能，不论是象征性还是非象征性的。然而，法律可能在更字面的意义上是象征性的：它能创造对人们有意义的象征。关于美国国旗的法律就是国家象征的法律，焚烧国旗者就是要表达对国旗所象征的国家的蔑视。②

但在通常情况下，很难看出一部未实施的法律能产生什么影响，更不用说"象征性影响"了。未实施或实施不好的法律的历史，就证明了这一点。禁酒令就是一例：你可以主张禁酒令的影响，但考虑到它没被实施，就很难看出它有任何象征性价值；实际上，违法者是带着完全的蔑视来看待这部法律的。

美国宪法第15修正案保障不同种族的投票权。但在吉姆·克劳(Jim Crow)*时代，非裔美国人事实上投不了票，南方白人通过包括暴力、骚扰在内的许多办法来确保这一点。比如在1910年，密西西比州的非裔美国人知道，去投票会使他失去工作甚至性命。很难

---

① Erhard Blankenburg, "über die Unwirksamkeit von Gesetzen," in *Archiv für Rechts-und Sozialphilosophie* 1977:31, 43.

② 在"德克萨斯州诉约翰逊"[*Texas v. Johnson*, 491 U.S. 397 (1989)]中，最高法院基于言论自由推翻了一项对焚烧国旗行为的定罪，本来这一亵渎行为是对有象征性的国旗的有意攻击。

* 吉姆·克劳是美国剧作家托马斯·达特茅斯·赖斯(Thomas Dartmouth Rice)于1828年创作的剧目《跳吧，吉姆·克劳》中的一个黑人角色的名字，后来逐渐变成了贬抑黑人的称号和黑人遭受种族隔离的代名词。

主张第 15 修正案在 1910 年的密西西比州有象征性价值,可能会有否定性价值吧:增加了愤世嫉俗的情绪,或在某些情况下增加了无望与绝望。

难道没有例外情况?做出承诺或表达理想的法律,尽管完全没被实施却也具有影响的情况,难道一个也没有?法律可以催生行动、辅助动员,或引发对官方回应——实际执行——的要求。可以说,校区隔离案就具有这种效果。该案的执行至少是缓慢且无效的,南方白人进行了激烈抵抗。实际影响主要是针对黑人社区、民权运动本身的。当然还有许多相似的例子:搅动某一社区或某一利益集团的规则和法律产生了动员的效果,利用了仅仅是半自觉或未成熟的需求和欲望,把它们转变为具体的意愿与要求,就像在迈克尔 · W. 麦凯恩(Michael W. McCann)对同工同酬运动的研究中那样。[①] 毕竟,影响取决于受众的行为,实际执行只是受众如何回应的一部分。

你甚至可以主张:许多甚至大多数法律都带有象征性色彩,毕竟国家常常没能提供充足的资金与人员,来达到理想的执法水平。因此,象征性法律和“真实”法律并非截然两分:在天平的一端可以找到完全象征性的法律,那些事实上被忽略或没有效力的法律;在另一端则是那些完全且严格执行的法律;大多数法律处于二者之间的某个位置。

有趣的问题是:到底为什么要有这些象征性法律?有时候,某部

---

① Michael W. McCann, *Rights at Work: Pay Equity Reform and the Politics of Legal Mobilization* (1994).

可能发挥作用的法律会受到非常强烈的反对；民众也可能同样强烈要求通过些什么，于是立法机关就制定一部没有效力的法律来安抚要求实际行动（而不得）的部分民众。詹斯·纽威格（Jens Newig）提到 1995 年德国的臭氧法，认为这是一个经典案例。环保团体要求政府做出对抗“夏雾”的行动，但在当时的政治情形下是不可能通过一部有效的法律的。在承诺要对臭氧层空洞采取许多行动以后，这部法律被制定出来，但它的规定充斥了例外条款，以至于它没做成什么事。它的真正功能就是以一种托词的方式抚慰民众。结果产生了一部没有效力——或你愿意的话可以说是完全象征性——的法律。[①] 1960 年代以前，许多州的民权法都是这一类。

为什么利益集团会希望通过一部完全象征性的法律？简要的回答是：他们也不想。但有时候一部没有效力的法律是他们能够得到的全部，是他们必须勉强接受的东西。美国宪法第 15 修正案的起草者并不是在追求一个象征，他们从未打算仅仅表达理想。他们想给黑人投票权，但南方白人拒绝了（且北方在该问题上失去了兴趣）。为什么反卖淫法一直被无视？道德主义者并不是在追求象征，他们想要效果，但消费者需求和政府腐败挫败了他们。1870 年以后的近一个世纪，大多数美国人的离婚是基于合意的，尽管正式法律不允许一对夫妇协议离婚，他们必须具有某种“理由”。道德主义者想要严苛的离婚法，但他们必须满足于自己能够得到的东西。我们可以嘲

---

① Jens Newig, “Symbolische Gesetzgebung zwischen Machtausübung und gesellschaftlicher Selbsttäuschung,” in Michelle Cottier, Josef Estermann, and Michael Wrase, eds., *Wie Wirkt Recht?* (2010), pp. 301, 310-312.

笑这类法律,把它当作某种用于蒙蔽民众的东西,明明什么都没做,却要人相信采取行动。但它也可以被视为开启立法旅程的第一步。两种看法都是有可能的。象征性胜利并非就是胜利,但它们也不总是完全失利。

当我们思考影响时,必须发问:对谁的影响?比如说考虑刑法典中的一条简单规则,规定入室盗窃为犯罪。我说过,这里有两条讯息,一条是针对普通民众的,另一条是针对法律机构的。遵守或不遵守,对两类受众都是一个问题,影响对两者可能都有,或只对其中一者有,或对两者都没有。

关于入室盗窃的制定法相当简单明确,现代法律却是复杂讯息的一个戈尔迪之结(Gordian knot)*,讯息从行政机构的不同层级发出。联邦食品药品法给出一般标准并创建机构(食品药品监督管理局)以实施制定法命令。食品药品监督管理局制定规则和规章,食品药品行业的公司得到这些讯息。食品药品监督管理局通过受助于其他执法机关的工作人员实施规则,企业和民众遵守或没能遵守这些规则,有时还会提出投诉。每个现代国家中的每个大型规制活动都有复杂的结构。在美国,《平价医疗法案》(经常被称为奥巴马医改)的长度超过2000页(真的有人读过它吗?)。它设立了复杂得令人困惑的方案,它的讯息被传递给行政机关、州政府、普通民众、各州、医

* 传说中戈尔迪乌斯国王打了一个十分难解的结,称谁能解开此结便能成为亚洲的统治者,结果亚历山大大帝一剑把结斩断,后来人们便以"戈尔迪之结"比喻缠绕不已、难以解决的问题。

院、医生、护士、医药公司、保险公司，无疑还有许多其他受众。对其中的每一个人而言，都存在遵守与不遵守的问题。

行动与回应

就许多目的而言，将本书之前提到过的两个宏观问题分离开来是有意义的：一方面是立法的力量，另一方面是法律的影响。这两个宏观问题都很重要。我们可以发问：是什么社会因素导致英国创设国民医疗服务制度（NHS）？创设完毕后，它对英国社会有什么影响？1964年美国民权法案的背景是什么，制定以后又发生了什么？这两个问题在分析时可以分开，但在现实世界中是分不开的：行动会引发回应。本书的主题是回应，而非行动，但回应经常包括互动，如果你喜欢的话，可以称作一个反馈循环。人们并非简单地服从、不服从或逃避，他们既行动也作出回应。在极端情况下，他们可能会奋起反抗。更经常发生的是，他们投诉、写信和要求改变。没有说客会为窃贼或潜在的窃贼游说，要求修改反入室盗窃法，但就《平价医疗法案》、堕胎判决或许多其他法律而言，抵触和互动就是法律生命的重要组成部分。换言之，法律可能具有的一种影响就是：煽动或刺激某些人去努力改变该法律。

强烈反弹

关于抵触、副作用或强烈反弹，值得多说几句。激起“政治回应”

的法律或判决，可能会最终“削弱”自身的“有效性”。[①] 强烈反弹理论的例子就是废除校区种族隔离的判决——布朗诉教育委员会案。迈克尔·克拉曼(Michael Klarman)认为，该判决打断了南部缓慢但稳定的发展过程，引起激烈抵制，“驱使南部政治急剧右转”，在所有其他问题上“颂扬”种族意识，导致白人至上的极端化，并削弱温和白人的地位。“准备采取几乎任何手段以抵制种族变革(包括对联邦权威的公然藐视和对民权游行的残酷镇压)”的人在南部当选公职。[②] 克拉曼后来还有类似论点，讨论采取有利于同性婚姻行动的州的早期判决，同样认为这些判决激起了强烈反弹，唤起了认为同性婚姻观念有害的保守人士。[③]

强烈反弹当然是真的。我们不可能指望人们和机构耸耸肩就接受了他们完全厌恶的规则，特别是如果规则违背了他们根深蒂固的原则的话。他们可能直接就不服从了(后文详述)。如果感受足够强烈，他们还会采取行动。革命就是强烈反弹的大型实例：美国革命、法国革命、俄国革命，所有这些都可以通过对权威或政权的强烈反弹来加以分析。

强烈反弹理论是不是对校区隔离案的正确理解，就是另一个问题了。隔离主义者咬牙切齿地反对废除隔离，但这并非问题所在。

---

① Thomas M. Keck, "Beyond Backlash: Assessing the Impact of Judicial Decisions on LGBT Rights," *Law & Society Review* 43:151, 152 (2009).

② Michael J. Klarman, "Brown, Racial Change, and the Civil Rights Movement," *Virginia Law Review* 80:7, 85 (1994).

③ Michael J. Klarman, *From the Closet to the Altar: Courts, Backlash, and the Struggle for Same-Sex Marriage* (2013).

问题是:强烈反弹效应——消极影响——是否淹没了该案所带来的积极影响,同理还有堕胎案或同性婚姻合法化案。要做确定的评估是不可能的,我个人的直觉是其积极影响超过了强烈反弹的影响,但这并不容易证明。克拉曼自己虽然提出了强烈反弹的主张,但还是认为布朗案判决最终还是值得的。是的,它引发了强烈反弹,但也“间接产生了1960年代中期里程碑式的民权立法”。强烈反弹“引起了全国电视观众的强烈抗议”,这导致国会和总统“通过里程碑式的民权立法进行干预”。[1] 简言之,出现针对强烈反弹的强烈反弹,而最终结果是积极的。

从某些方面来说,强烈反弹是布朗案及其相关判决的直接影响。民权法案则是间接影响,是涟漪效应的一部分。强烈反弹本身增强了民权运动的力量,最终放大了为一部强有力的民权法而斗争所取得的成功。然而,强烈反弹理论最强的理由是:布朗案及其衍生判决使事情变得更糟,至少在最初看来是这样。这些判决打断了缓慢但稳定的进化过程。但这是否属实?隔离是否会逐渐以一种健康的方式消失?隔离案判决以后,对非裔美国人权利的抵抗是否比以前更强?法院干预是否放慢了自然进程?我认为这很难令人相信。是的,布朗案带来了暴力与混乱,但这并不意味着进化受阻;相反,它显示出对变革的激烈抵抗。如果能证明什么的话,“强烈反弹”的痛苦就是反驳这一理论的证据:种族关系正在朝着积极的方向变化——至少在任何合理的时间范围内并非如此。奴隶制90年前就被废除

① Michael J. Klarman, "Brown, Racial Change, and the Civil Rights Movement," p. 85.

了,但南方仍然实行种族隔离,黑人没有投票权,司法系统的核心还是种族主义。诚然,是有一些改变,在某些方面和某些地方,种族关系得以改善,但这一过程缓慢、断断续续且受到激烈抵制。在没有法院和民权运动的情况下,它是否会在 40 年、50 年或一个世纪的时间里"进化"得更多,这可说不准。

就同性恋权利(特别是同性婚姻)而言,也是真实地遭遇强烈反弹。同性恋平权运动曾遭遇一连串的选举失利:有些选举触及了这个问题,但当选民被同性婚姻的前景吓到,蜂拥去投票以反对撒旦的力量时,反同性婚姻的候选人就赢得了选举。另一方面,当法院判决表示支持时,这鼓励了同性恋权利捍卫者,有助于动员他们,使他们变得更积极,[①]并且给了他们希望,向他们指出了前进的道路,使他们感到时代站在他们一边。虽然要花费不少时间,但这最终被证明是正确的,同性婚姻开始在一些州的选举中取得胜利。到最高法院宣布《捍卫婚姻法案》(Defense of Marriage Act)违宪后,[②]意见调查显示,民众对同性婚姻的态度也发生了显著改变,大多数年轻人都很轻松地接受了同性恋权利("这有什么大不了?"),而老一辈在慢慢逝去。同性恋权利取得了人们想都不敢想的胜利,而这仅仅发生在不久之前。2015 年,最高法院给了反对派最后一击,宣布反同性婚姻法违宪。[③]

布朗案是否对南方腹地(可能在南北边界州影响更大)的校区隔

---

① Keck, "Beyond Backlash," p. 163.

② *U. S. v. Windsor*, 133 S. Ct. 2675 (2013).

③ *Obergefell v. Hodges*, 135 S. Ct. 2584 (2015).

离产生直接影响还不确定，但它肯定影响了民权运动、刺激了民权运动，并给了它重要的正当性。在 1950 年代，没有人会想到非裔美国人能入主白宫。强烈反弹理论也被用于反对著名堕胎案——罗伊诉韦德案。布朗案产生的争议逐渐平息，同性婚姻取得重大胜利，但反合法堕胎的斗争似乎丝毫没有轻松，罗伊案仍与我们同在——可以说是鲜血淋漓但屹立不倒，或至少是鲜血淋漓。它差点就被推翻了。写作本书时（2016 年），它看起来是安全的，但仍处在激烈的争议之中。强烈反弹理论在此至少具有表面上的合理性，但我们同样很难知晓，要是没有这个判决的话会发生什么。毫无疑问，人们的态度正朝着更宽容的方向发展，但要认为罗伊案使其前景恶化，真的有道理吗？当然没道理——至少在这个国家的许多地方是这样。另一方面，罗伊案使该问题深深地走向政治化，或许还影响了保守主义运动，使得任命反对罗伊案的法官和大法官变得极为重要。

如果拒绝强烈反弹理论，我们也不应该犯下相反的错误——那就是，给最高法院和其他法院的判决给予过多信任和影响。我们无法准确测算其影响，特别是其间接影响，也无法测算一段时间内的间接影响。对我而言，至少从直觉上觉得：有关少数种族、性少数族群和女性权利的案件具有积极影响，长期看来也当然如此。但社会以如此多样的方式发生改变，以至于很难梳理出特定法律行为在许多情况下的因果贡献。同性恋权利的进步，很大程度上归功于性革命和个人选择理念，法院判决可能只不过是跟着反反复复的社会变化而蹒跚前行。但有一种司法判决的影响看起来相当明显：让落后者跟上队伍。在 2003 年的劳伦斯诉德克萨斯州案（*Lawrence v. Texas*）

中,最高法院废除了所有现行的鸡奸法。[1] 事实上,大多数州早就抛弃了这些法律,只有少数州(大多处在圣经地带)还在负隅顽抗。这事实上是一个常见的模式:最高法院判决可能看起来大胆且有远见,但他们所做的一切不过是强制少数州也站好队而已。这对于像 1960 年代的著名案件吉迪恩诉温赖特案来说,也是如此。[2] 获得州聘律师的权利当时在大多数州已经成为规则,而佛罗里达州,也就是吉迪恩所在的州则是落后者。

根据克拉曼的观点,政治上的强烈反弹"在法院判决不仅违反公共意见,且支持者的忠诚不如反对者那么强烈时,特别可能发生"。[3] 但这是否对布朗案、罗伊案和同性婚姻案也实际成立?强烈的程度是很难测算的。民权案件激起了非裔美国人及其盟友这一边的强烈忠诚,也当然会存在或兴起了强有力的同性恋权利运动。最终,强烈反弹被接纳,被公共意见的剧烈改变所淹没。

事实上存在两种相当不同的强烈反弹理论。一种是克拉曼的,谨慎区分直接和间接影响、即刻和长期后果。对克拉曼而言,人们会怀疑他所讨论的案件除受到强烈反弹以外是否还是一个好的结局。另一种相当不同的强烈反弹理论则主张:布朗案、罗伊案或同性婚姻案延缓了社会变革走向的进程,使得种族关系或同性恋和女性权利变得更糟,要是它们以另一种方式来判决,结果会更好。第二个主张看起来比第一个更不可靠,第一个主张在法律和社会理论中还有某

① 539 U. S. 558 (2003).
② 332 U. S. 325 (1963).
③ Klarman, *From the Closet to the Altar*, p. 172.

些依据。法院(当然还有立法机关)从未那样偏离大众意见。就像一个排长一样,法院跟着“大部队”一起前进,顶多是多走了几步。

直接影响取决于传播。我们之前说过,不知道一部新法的人几乎不可能因它而改变其行为。另一方面,间接影响可能并不取决于传播。它可能是对那些确实得到讯息者的作为或不作为的回应。例如,塔拉索夫案对精神科医生和社会工作者具有直接影响,他们会提出更多报告和警告。但我们也提到过,一些病人或许在被告知医生的警告义务以后,决定三缄其口或停止就医。这一间接影响完全不取决于这些病人是否曾听说过塔拉索夫案。

在一项著名的争议性研究中,约翰 · 多诺霍和斯蒂文 · D. 列维特(Steven D. Levitt)指出,1973 年的罗伊案判决与 1991 年后数年内犯罪率的减少之间存在联系。[1] 要知道,犯罪基本上是年轻人的游戏,合法堕胎可能减少了男婴的数量。但这两位作者提出了一个更有意思的可能性:去堕胎的女性“生出将来会犯罪的孩子的风险最大”。她们是“少女、未婚妇女和经济困难者”,她们的孩子“到青春期以后犯罪的风险更高”。随着时间推移,那些母亲本不想要但却被生下来的孩子,相比于母亲想要的孩子,更容易出问题。自由堕胎规则意味着生出更少不想要的孩子,更少出现问题意味着更少犯罪。这是一个间接影响的论证,事实上是非常间接,而且具有高度争

① John J. Donohue III and Steven D. Levitt, “The Impact of Legalized Abortion on Crime,” *Quarterly Journal of Economics* 116:379, 381 (2001).

议性。

杰西卡·伍尔帕·雷耶斯(Jessica Wolpaw Reyes)提出了另一个可能相当间接导致更低犯罪率的法律变化。依据《清洁空气法案》(Clean Air Act)的规定,从1970年代晚期开始,应当逐渐淘汰汽油中的铅。特别是对“处于神经行为发展敏感期的”小孩子而言,铅被证明是一种“危险的毒物”,铅暴露可以明显增加“冲动性和进攻性行为”。铅暴露可能是反社会行为解释中“缺失的一环”,逐步淘汰铅,可能就是降低犯罪率的一个因素。[①] 然而,不论在雷耶斯的意见,还是多诺霍和列维特的意见中,传播都不是相关因素之一。多诺霍和列维特鬼魅般还未出生的罪犯什么也不知道,更不用说罗伊案了。生活在干净的环境中、从小到大没有过铅中毒的男性,也对他们所避免的命运一无所知。

法制影响

法制影响,是指一个法律行为——一条规则、一部法律、一个判决——在法律制度内部的影响。例如,高级法院裁判的案件对诉讼当事人有直接影响,有人赢、有人输。但普通民众通常对此既不知情也不受影响。然而判决(特别是律师认为重要的判决和被报道和公开的判决)本身可以在法律制度内部产生影响:下级法院服从上级法院的命令;一个州的高级法院了解其他州的判决,有时候会受其影

---

① Jessica Wolpaw Reyes, "Lead Exposure and Behavior: Effects on Antisocial and Risky Behavior among Children and Adolescents," *Economic Inquiry* 53:1580, 1582, 1601-1602 (2015).

响;在许多国家中,其他国家或国际法院的判决会在本国产生影响。新的制定法也能影响法院行为、影响行政机构行为,上至联邦政府,下至城市中的区划委员会和学校董事会,莫不如此。

许多(在我看来是太多)法学研究是关于严格的内部影响(并忽略外部影响)的。本书不会遵循这一模式,相关法律原则的内部联系不是我们的问题。然而,我们应当至少提出一种法制影响。重要案件——塔拉索夫案是个好例子——会在业界内部受到注意,引发更多诉讼,也可能产生立法变革。比如塔拉索夫案是加州的案件,但在其他州也发生了类似诉讼,于是其他法院注意到了这一事实:加州通过了一部法律以澄清心理治疗师对第三方的法律义务,并受到某种影响——判决从一州到另一州的扩散很常见。[①] 也存在着立法的扩散,一地的制定法会"扩散"到其他地方,"梅根法"就是个好例子。

法制影响(或假定的法制影响)是法学生在法学院学习的内容:判决对其他判决的涟漪效应,法律原则A被修正或产生法律原则B,等等。这在普通法国家尤其如此,也包括美国在内(其法律制度可以最终追溯到英国)。在历史上,普通法系是一幅法律原则的拼图,由法官在判决单个案件和撰写司法意见书的过程中一点一点地拼接出来,在理论上,这与欧洲、拉美和亚洲的大陆法系国家是不同的,在这些国家中,有且仅有立法机关能够制定法律。但在实践中,两大法系的差别可能并不那么大。[②] 然而,不论在哪个法系,这种纯粹的法制

① Mark J. Mills, Greer Sullivan, and Spencer Eth, "Protecting Third Parties: A Decade after Taraso," *Am. J. Psychiatry* 144:1 (1987).

② 就行政机构对法规作出回应并解释法规的方式而言,两大法系之间的差别就更小了。

影响都有别于社会影响或行为影响。不过两种形式的影响之间的界限,也并非像你想象的那么清晰。严格说来,一部法律或法规对行政机构的影响是法制影响,但也可能被视为一种社会影响。而且,法制影响经常在更广阔的世界中发生作用,并且也不隔绝于其社会情境。法制影响几乎不会是随意或偶然的,也不仅仅是时尚或习惯,而是由社会决定。尽管看起来局限于法律制度之内,似乎是某种泡沫,但也有影响渗透出去的趋势。

遵守与不遵守的方式

我们对遵守与不遵守这两个术语的使用,好像它们是对立的两极。更好的说法是:在某种意义上,它们是天平对立的两端。在两端之间,还有许多方式可以对既定法律或原则作出回应,其中一些并不容易标明。

税法(《国内税收法典》)要求美国的个人和企业要报税,并就其收入交纳所得税。它是乱作一团、环环相扣、有时还很神秘的一堆规则。一些条款看起来很清晰,还有一些则完全不清晰。大多数人按时报税并希望诚实地遵守法律,但报税本身就问题重重。你要么申报,要么不报;如果申报了,你就遵守了法律;如果没有,你就违反了法律。但你纳税申报单上的内容是否合法,就不那么容易说明白了。以将书房用于办公为依据扣除家庭支出是否合适?可能吧。富人和公司雇用税务律师或税务专家来帮助他们守法,也想方设法尽可能少纳税,诀窍就是尽可能打擦边球。因此,存在着不同程度的遵守:

你可以几乎不遵守或完全遵守,也可以假装遵守,还可以用某种扭曲的、表里不一的方式来遵守,或者你可以热情地遵守,甚至给予规制者的比他们要求的更多。在逃税和避税之间存在着巨大的法律差别,而这可能是坐牢与不坐牢的差别。但要在事前分清二者,并不总是那么容易。

微妙或模糊的规则,甚至比《国内税收法典》简单得多的规则,都很难让民众和执法者分清楚某人是否遵守了它。醉驾违法,但醉是什么意思?确定它的方法是测量血液中的酒精含量。一个醉到摔倒的人应该知道自己醉了(如果他还有意识),但在派对上喝了一两杯酒的人可能就不知道。没有人随身带着设备来测量自己的血液酒精浓度。

像遵守一样,不遵守有时可以很简单明白,比如入室盗窃者知道破门而入是违法的。但不遵守也像遵守一样复杂:规则看上去可能是黑白分明的,但这或许是个幻觉,它们有时是灰色的阴影。比如一家大型企业在避税建议上花钱,它认为自己在守法,但《国内税收法典》可不同意。企业被呼吁对规制作出回应。致力于讨论遵守问题的书一本接一本:它包含什么,如何测算它,当看到它时如何了解它。[1] 同样的问题也可以对不遵守提出。

举一两个例子可能会有所帮助。加拿大有着严密的规则和规章

① 例如,Christine Parker and Vibeke Lehmann Nielsen, *Explaining Compliance: Business Responses to Regulation* (2011)。

网络来规制、控制龙虾捕捞。[①] 龙虾十分美味,需求量很高,问题在于如何避免过度捕捞。偷捕很常见,执法很困难。一些渔民捕捞超过许可数量的龙虾,或不在规定季节捕捞,或捕捞从大小而言不应被捕捞的龙虾,还有一些人无证捕捞。偷捕者有三种类型:团伙偷捕者是小型偷捕者,用"偷偷摸摸的办法"赚小钱,"为个人或家庭消费"而偷捕;违法偷捕者,即非法捕捞公司为利润而偷捕,比团伙偷捕者更具组织性,但生意更不稳定,以较大规模运营,也就难以逃避当局监管;第三种类型是企业偷捕者,即定期、全职、有证的商业捕捞者,但在合法活动以外也从事非法捕捞,违反配额规则和其他规则。

三种偷捕者都违反了相关规则,但所属的社会组织类型各不相同,执法必须适应不同的类型。例如对所得税法的遵守:这里也有小规模的业余违法者,也有以产业规模从事违法活动的企业,以及总体遵守但偶尔违法的个人和企业,比如比他们应当扣减的数量多扣一点,就像偶尔不在规定季节捕捞或捕捞错误大小的龙虾。也可以考虑一下环境法:比如说,想一想摘下一株濒危花朵的徒步者和亚马孙盆地的大规模破坏者(他们每年毁坏数千英亩丛林),或非洲偷猎者(他们为取象牙杀害大象,为取牛角杀害犀牛)之间的区别。

对监管制度的不遵守,会随着监管机构和监管内容的变化而变化。龙虾捕捞产业有业余者和专业者,但总体数量相对较小。税法适用于成百上千万人。食品药品监督管理局的规制主要由制药公司

---

① John L. McMullan and David C. Perrier, "Lobster Poaching and the Ironies of Law Enforcement," *Law & Society Review* 36:679 (2002).

和食品、化妆品制造商承受。毫无疑问，每个产业和每部法律都存在遵守和不遵守的模式。成功规制取决于一长串因素，遵守成本是因素之一，需求大小则是另一因素：我们是否要求汽车公司在设计上做出一些微调，或完成某些很困难且成本很高的任务（例如生产更加节能的汽车）。但规制方式也是因素之一——是粗暴、严守规则且严厉，还是说服性、合作性的，下文我会详述。

测算（Measurement）

对影响的测算有它自己的一系列问题。总体而言，间接影响比直接影响更难测算，有时候甚至无法测算。体现为单个具体行为的影响是最容易测量的：数据可以准确告知有多少人按时申报了所得税。社会科学的所有技术都可以被用于测量影响：调查研究、大数据分析、近距离民族志观察、重点人物的深度访谈，甚至是实验室实验。研究者已经询问了人们对一系列令人眼花缭乱的问题的看法，并使用情景和场景来了解其态度（由此大概可以推测潜在或实际的行为）。塔拉索夫案的研究抽样询问了一些职业心理健康工作者：他们是否因考虑到该案而改变了自己的临床行为。研究者可以使用部分人口中的随机样本，或捕获人口（尤其是心理学生），或在某些情况下的滚雪球抽样。"对入室盗窃进行民族志分析"的社会科学家，深度访谈了30名德克萨斯州城区的"活跃窃贼"，请他们"尽可能完整地重现、模拟其过去的盗窃经历”。[①] 由于没有办法获得窃贼的随机样本，因此，该研究不得不使用“滚雪球抽样”：研究者从“当地刑事司法机构”提供的3名“线人”开始，要求这些人“招揽其同伙”，而同伙如果配合，也会被要求提供更多人的名字。[②]

如果行为发生改变，并且在表面上似乎以某种方式与新的法律、规则或法律原则相联系，如何能够确定这一联系？每个人都知道，相关关系与原因并不相同。最高法院在首席大法官厄尔·沃伦的主持下，在1950年代和1960年代急剧扩张了被控有罪的男性与女性的权利：吉迪恩诉温赖特案确立了免费律师辩护权，米兰达案确立了有关警察审讯的规则。[③] 差不多同一个时期，暴力犯罪率也在急剧增长。威廉·斯顿茨（William Stuntz）主张这两个因素是相关的[④]：他说得对吗？这一联系极难得到证明。你必须展示最高法院的法律原则如何扩散到警察局和下级法庭的层面。而且这是一个社会快速变革、民权运动风起云涌、电视大量普及的时期。可以继续指出许许多多当时发生的事件和情况，其中一些相比于沃伦法院判决对犯罪率的影响可能更大。之前提过的犯罪率下降与堕胎合法化之间的联系同样令人好奇，但要把这些数据称为“证据”就操之过急了。

如果某一法律措施简单、急剧且有时限，测算就很容易。例如所得税申报：在美国，截止日期是4月15日，很容易知道有多少人在此

① Paul D. Cromwell, James N. Olson, and D'Aunn Wester Avary, *Breaking and Entering: An Ethnographic Analysis of Burglary* (1991), pp. 14-16.

② 同上，第14页。

③ *Gideon v. Wainwright*, 372 U.S. 335 (1963); *Miranda v. Arizona*, 384 U.S. 436 (1966).

④ William J. Stuntz, *The Collapse of American Justice* (2011).

之前报了税，这就能够清楚明白地测算出直接影响。如果知道有多少纳税人本可以报税却未报税，我们就测算到了不遵守的程度。关于报税的规则相当清楚，其含义显而易见，而且存在简单的方法来测算它是否有效。此外，测算这个影响有一个清晰的基数：在税法施行之前，报税行为为零。再举一例：在中国台湾地区这个传统上是父权制的社会里，父亲在监护权争议中比母亲更有优势。但中国台湾地区"最高法院"对此实践表达了否定：法律规定了两性之间的平等权利。于是立法机关作出回应，修改了立法，父亲优势也就不再存在，新规范是以孩子的最佳利益为准（法律体系中的一个常见标准）。这一新法是否有影响？根据新法施行前后对监护权判决的缜密研究：在中国台北有影响；在乡村地区没有影响。为什么两地会有这个差别？毫无疑问，因为父权制的旧规范在乡村地区更强势，留存得更好。[①] 由于这一法律变革非常急剧，可以准确确定日期，也由于它对监护权案件有直接影响，因此其影响可以被准确测定。请注意，这里的**影响**指的是后来的法院判决，而家庭情况是否改变、儿童养育和照顾方式是否改变，就完全是另一个问题了。

当法律变革是突然且在某一精确时点发生时，前后对比的研究就能有把握地主张是否存在因果关系。有一项这种类型的经典研究，由唐纳德·坎贝尔（Donald Campbell）和 H. 劳伦斯·罗斯

① Hung-en Liu, "Custody Decisions in Social and Cultural Contexts: In-Depth and Focus Group Interviews with Nineteen Judges in Taiwan," *Columbia J. Asian Law* 17:250 (2004).

(H. Laurence Ross)主持,考察了不同的开始打击超速者的司法管辖区。① 在这些研究中,“之前”和“之后”都相当清楚,存在着一个突然的执法起点。另一项研究由朱莉·霍尼(Julie Horney)和卡西亚·斯庞(Cassia Spohn)主持,考察强奸法的改革在6个不同城市的表现。于1970年代开始,部分受女权运动的影响,许多州接连修改了反强奸法,使其适应现代两性关系的要求,使这些法律更现实,对强奸受害者的敌意更少。霍尼和斯庞使用了时间序列分析:在这些新政策之下,有更多女性向警方报告强奸吗?有更多强奸犯被定罪吗?强奸犯会受到更严厉的刑罚吗?结果令人失望:除了底特律这一个城市以外,“改革对强奸的报案率与强奸案件的处理几乎没有影响”。②

为什么会这样?原因之一内生于这些所谓“改革”之中:它们很弱,事实上“对刑事司法制度中决策者行使的巨大裁量权几乎没有设置约束”。这是像漏水管子一样的常见问题:没人负责。立法机关可以通过法律,但并不实施这些法律;警察和检察官实施这些法律,但有自己的一套价值和优先级;法官、陪审团、监狱官员和其他所有人也是一样——在整条司法流水线上存在着各种否决、拖延、僵化。

霍尼和斯庞确实认为强奸法改革取得了某些成就,比如6个城

① Donald T. Campbell and H. Laurence Ross, "The Connecticut Crackdown on Speeding: Times Series Data in Quasi-Experimental Analysis," *Law & Society Review* 3:33 (1968).

② Julie Horney and Cassia Spohn, "Rape Law Reform and Instrumental Change in Six Urban Jurisdictions," *Law & Society Review* 25:117 (1991). 关于1990年代德国法律改革的失败,参见C. Lembke, "Changing the Rules of the Game: The Role of Law and the Effects of Party Reform on Gender Parity in Germany," in Jyette Clausen and Charles S. Maier, eds., *Has Liberalism Failed Women? Assuring Equal Representation in Europe and the United States* (2001)。

市的执法官员都觉得他们能更富有情感地对待受害者了。在他们眼里,改革传递了"重要的象征性讯息",而从长远看来,这一象征性讯息比"受期待但大体上未实现的起作用的变革"更重要。改革者希望"将强奸案件的重点从受害者的声誉和行为转移到侵害者的不法行为上",在这一目标已经实现的程度上,随之而来的可能是"长期的态度转变"。

我提到过,我对象征性讯息及其影响大体上抱有怀疑态度,而霍尼和斯庞可能有点本末倒置了。20世纪晚期的性别关系已处于流变之中,男性不再像过去一样主宰刑事司法系统,女性的声音要更强,也更经常被听到。如果"改革"仅仅对法律以外发生的变化进行肯定,将其制度化,那么它们的影响就将被削弱。

新法律和新判决常常仅仅是看上去产生了影响,但影响永远是个实证问题。中国台湾地区的监护权法改革在法院层面产生了影响,但在家庭关系的层面中可能没什么影响。塔拉索夫案确实对心理健康的执业实践产生了影响。华盛顿州有关青光眼的案件(上文已述)影响不大:一个年轻女性跟没有给她做青光眼检查的眼科医生打官司,还打赢了。[①] 眼科医生改变他们的行为了吗?根据某项研究,变化是稍稍有一些,但并不是很大。[②] 后来也确实有许多眼科医生为年轻病人检测了青光眼。被告当时主张该判决会对眼科医生的临床实践造成重大破坏,但研究显示这并不符合事实。法院通常没

① *Helling v. Carey*, 83 Wash. 2d 514, 519 P. 2d 981 (1974).

② Jerry Wiley, "The Impact of Judicial Decisions on Professional Conduct: An Empirical Study," *So. Cal. L. Rev.* 55:345 (1981).

有办法检测或测算判决的影响,一般而言,他们会诉诸猜测、直觉和预感。

一些前后对比研究发现,没什么改变。原因可能是传播的失败,也可能是法律在执行层面泡汤了。可能存在选择性的不遵守,甚至是大规模的不服从。或者可能有时候就没什么可改变的:变革已在进行中了——这显然是在华盛顿州青光眼治疗实践中发生的事情。

警方有时候对毒品市场进行打击,其理念是:警察涌进市场,毒贩被逐出市场。一个城市可以用这种方式取得显著成果,但总是存在目标转移的风险:毒贩只是跑到其他地方去了。① 1994 年在阿根廷布宜诺斯艾利斯的犹太社区中心发生恐怖袭击后,官方在有犹太人机构分布的街区增加了警力。一个缜密研究的证据显示:"警察 24 小时全天候的保护政策,将犯罪转移到了保护区以外的其他街区。"② 20 世纪早期的"减少红灯区运动",在新奥尔良和旧金山这样的城市摧毁了红灯区,关闭了妓院,但卖淫只是略作调整或转移到其他地方而已。③

没有什么方法论原则比不要把相关关系和因果关系搞混更重要

---

① 参见 Lawrence W. Sherman, "Police Crackdowns," Crime & Justice 12:35 (1990)。"转移"没有发生在全市的酒驾打击运动中。

② John J. Donohue, Daniel E. Ho, and Patrick Leahy, "Do Police Reduce Crime? A Reexamination of a Natural Experiment," in Yun-Chien Chang, ed., *Empirical Legal Analysis: Assessing the Performance of Legal Institutions*(2014).

③ 参见 Lawrence M. Friedman, *Crime and Punishment in American History* (1993), pp. 328-332; Peter C. Hennigan, "Property War: Prostitution, Red-Light Districts, and the Transformation of Public Nuisance Law in the Progressive Era," *Yale J. Law and Humanities* 16:1 (2004); Thomas C. Mackey, *Red Lights Out: A Legal History of Prostitution, Disorderly Houses, and Vice Districts*, 1870-1917 (1987)。

了。比如人们穿鞋的地方比赤脚的地方更富有,但给赤脚者买鞋可不是一个好的脱贫战略。然而,把相关关系和因果关系混同,就像一份丰盛的甜点那样诱人。一群学者试着测算禁止童婚法律的影响。在该法律通过以后,青春期女孩怀孕的数量减少了。[①] 于是学者得出结论:设定18岁为最低结婚年龄的法律,与"青少年怀孕数量的急剧减少之间有联系"。但这里的关键词是"联系"。他们认为这一发现削弱了该法基本上与之"无关"的论点。[②] 可能吧。但他们也发现了"大多数国家即使没有采纳任何法律,也在近期经历了青少年怀孕数量的减少"的证据;在我看来,这似乎削弱了他们的结论。现代世界的许多因素都抑制了生育率:女性权利、家庭结构的变化、更好且更便宜的避孕措施、城市化,等等。反童婚法可能不是一个主要因素,而且因果链可能是反过来的。性别关系、社会态度的变化可以先解释为什么该法律会得到通过。

时间序列分析在能被适用的时候是非常强大的工具,因为它可以对影响做出合理解释。比较分析是另一个有价值的工具。假定X州通过了一部法律,我们认为在人们的行为中看到了改变;但Y州通过了一部同样的法律,却什么也没发生:这就给我们提供了一些信息。假定10个州通过了这种法律,而另外10个州没有,就可以观察在这两个群体之间是否存在系统性差别。然而生活是复杂的:X和Y可以因各种各样的原因而不同,而州群体A不同于州群体B的原

① Minzee Kim et al., "When Do Laws Matter? National Minimum-Age-of-Marriage Laws, Child Rights, and Adolescent Fertility, 1989-2007," *Law & Society Review* 47:589 (2013).

② 同上,第611页。

因,可能与该法律被通过有关,也可能无关。

美国在“二战”以后直线上升的暴力犯罪率,在21世纪正耐人寻味地慢慢下降,为什么会这样?用弗兰克·齐姆林(Frank Zimring)的话说,纽约“变安全了”。纽约人认为是“破窗”运动发挥了作用,其理论是:严厉打击轻微犯罪,那么总体而言犯罪会减少。但在许多尝试了其他治理手段的地方,犯罪也减少了。哎,大多数解释就像被戳破的气球一样崩掉了,①影响真是难以捉摸。

甚至连严格的前后对比研究也不是某些政策起作用的坚实证据,虽然它可以暗示因果关系。影响的时机与此相关:一个判决或法律并不总是像子弹穿过心脏那样立刻“起作用”;另一方面,影响的时间越长(或看起来越长),社会中的其他因素就越可能作用于影响。例如,布朗案对南部公立学校实际的种族整合有什么影响?根据杰拉尔德·罗森伯格《空洞的希望》(*The Hollow Hope*)一书,没什么影响。罗森伯格指出:南部州拒绝种族整合,并且取得了巨大成功;许多年来,整合进程惨淡,成果极少。②直到1964年的《民权法案》才真正产生了影响。如果你看看最高法院关于种族隔离的判例法,就会发现罗森伯格的主张最为有力:布朗案对南部腹地(例如堪萨斯州或特拉华州)以外的州当即产生了影响,在老邦联州的影响则小得多。但它给民权运动提供了支持,给其领导者和成员提供了强有力的宪

① 这整个主题在 Franklin E. Zimring, *The City that Became Safe: New York's Lessons for Urban Crime and Its Control* (2012) 这本书中得到了很好的处理。

② Gerald N. Rosenberg, *The Hollow Hope: Can Courts Bring About Social Change?*, 2d ed. (2008).

法论证与道德主张——法院作为催化剂的作用很难测定，但必然是现实存在的。

大型的、详细制定的、影响或应当影响许多人的法律，通常都有某种影响。但法律越复杂，影响的个人和机构越多，越是要求个人或机构做困难、成本高昂或他们不想做的事情，其影响就越令人怀疑，准确测算影响就越可能成问题。1990 年的《美国残障人士法案》（The Americans with Disabilities Act, ADA）规定应当为盲人、聋人、坐轮椅的人等提供更多工作和机会。它起作用了吗？2014 年公布的研究得出了一些悲观的结论：残障人士的就业率比非身心障碍者低 40%，其收入则低 33%。[①]

这是否意味着这部法律失败了？研究者对这个结论十分谨慎。是的，在该研究中残障人士的状况很差，但没有这部法律，他们的状况可能要更差。要知道这一点，我们就需要知道作为参照的基点。该研究也没有区分不同种类的残障或直面定义“残障”的问题，而这些因素可能相关。然而，研究者认为真正的问题——一个顽疾——是雇主对残障人士的态度。起草该法律的人希望雇主的态度会发生改变，但雇主态度可能是顽固且难以改变的。不过，如果没有别的，这部法律也让某些人和某些雇主意识到了这个问题。它也给残障人士提供了一个法律工具，平等就业机会委员会在 2014 财年收到了超

① Michele Maroto and David Pettinicchio, “The Limitations of Disability Anti-discrimination Legislation: Policymaking and the Economic Well-Being of People with Disabilities,” *Law and Policy* 36: 370 (2014).

过 25 000 份 ADA 投诉。[①] 坐轮椅的人开始在电视剧中作为角色而出现。企业也被要求做出改变，我们开始看到更多供轮椅使用的斜坡，一些公交车可以适配坐轮椅者使用，一些电梯配置了盲文。这些改变中有一些是强制性的，其他的则不是，换句话说，是 ADA 的间接结果。这些改变提醒人们残障人士的存在，而这种意识可能会引起态度的转变，态度转变又可能反过来引起行为转变。这些改变中有一些会被我们通常（但可能是错误地）界定为直接影响。

ADA 对残障人士自身的影响如何？大卫·恩格尔（David Engel）和弗兰克·芒格（Frank Munger）对该法律定义范围内的"残障"者进行了访谈，了解他们的"生活故事"。[②] 实际上，他们之中有很多人没有根据该法律提出过请求，但这部法律对他们确有影响，改变了他们的认同感——他们的自我定义。正如恩格尔和芒格所指出的，纵观我们的历史，"残障"意味着不能工作，而且是再也不能工作，[③]但 ADA 的前提是这样的理念：大多数"残障"者可以工作，应当工作；雇主应当适应他们的需求，如果这样做是完全合理的话。不论他们是否自觉，"残障"者逐渐对自己有了一种新的感觉。ADA 并非这一重新定义的唯一来源，但它发挥了一定作用。另一方面，ADA 本身是从重新定义的社会氛围中产生的，从人权文化，从产生民权运动、女权

---

① 准确数字是 25 369。值得指出的是，大多数这些投诉最后被证实是毫无根据的。另一方面，EEOC 确实跟进了大量这类案件，今年（2016 年）的金钱赔偿达到了接近 1 亿美元。这些数字来自 www. eeoc. gov/eeoc/statistics。

② David M. Engel and Frank W. Munger, *Rights of Inclusion: Law and Identity in the Life Stories of Americans with Disabilities* (2003).

③ 同上，第 241 页。

运动、外国人、原住民、同性恋者和老人运动的文化中产生。

法律、法规、判决的教育功能,也就是它们对态度转变、知识转变的影响,显然难以测算且易被忽略。法律本身的文字、文本不会起什么作用。但许多法律确实具有教育效果,至少对某些人有。对ADA而言,这很可能属实,对布朗案而言,则肯定属实。近期对澳大利亚仇恨言论法的研究主张,该法律至少产生了一点影响,虽然仇恨言论没有被消除,而且实际上没有很多人使用该法律。然而研究者认为该法律具有“教育效果”,减少了某些种族和宗教仇恨的公开表达。①

社会运动是法制影响的重要载体。社会运动首先是法律的创造者之一,而一旦法律被制定出来,它们就时刻准备着运用这些法律。美国民权运动是一个著名例证:民权法和其他旨在变革社会的法律给社会运动提供了武器。在布朗案之前就有过社会运动,但布朗案为这些运动表达目标与采取行动提供了强有力的新途径,也使美国白人开始思考种族关系。所以公开的宣传是很重要的。巨大的文化、经济和政治变革则在背后牵动着一切。女权运动和同性恋平权运动也从种族关系的变动中受益,但它们同样在没有显著少数种族的发达国家中蓬勃发展。在很大程度上,人权文化是全球性的,独立于法律、条约和文本而存在。

晚近的一项研究考察了塞内加尔反对女性割礼的法律运动。包括塞内加尔在内的许多非洲国家都已试图立法禁止这一行为,而这

① Katherine Gelber and Luke McNamara, “The Effects of Civil Hate Speech Laws: Lessons from Australia,” *Law & Society Review* 49:631, 658 (2015).

些法律的影响很像布朗案的影响:它们是反对者手中的一件武器,给了反割礼运动“更多力量”,使一些实践者停止对年轻女性实施割礼。① 教育运动和公共健康改革运动也发挥了各自的作用,但这一斗争远远没有结束。在塞内加尔,就像在许多欠发达国家一样,西方化或至少受了些教育的精英大力抨击了触犯他们现代感和人权感的旧习:童婚、女性割礼、荣誉杀人、多妻制、巫术。然而斗争的另一方也有强大的势力:古老实践、宗教信念、顽固习惯的深沉但静默的力量。每个社会和每种情境都有它自己的发展历程和变化轨迹。

1950 年的一项调查询问西德人支持还是反对死刑:55%的人支持,30%的人反对,15%的人未决定。到 1995 年,两方人数反转:53%的人反对,只有 30%的人赞同。在这两个时点之间,德国废除了死刑。当然,这项调查不能告诉我们民众意见为什么改变,法律本身的变革可能对此毫无影响。② 另一项调查指出,当时的离婚制度已经是无过错离婚,并询问人们是否赞成:在 1977 年,只有 35%的人赞成,到 1995 年甚至更少(32%)。离婚法于 1976 年进行改革,过错原则被废除,但人们似乎也没有改变想法。③ 为什么对离婚法和死刑的社会态度之间存在差异?我们没法在事前预测什么意见更受支持,或在文化中扎根更深。在美国,废除种族隔离案判决于 1954 年,罗伊诉韦德案判决于 1973 年。现在,没人敢批评种族隔离案件,但对堕

① Bettina Shell-Duncan et al., "Legislating Change? Responses to Criminalizing Female Genital Cutting in Senegal," *Law & Society Review* 47:803 (2013).

② Elisabeth Noelle-Neumann, "Rechtsbewusstsein im wiedervereinigten Deutschland," *Z. für Rechtssoziologie* 16:121, 137-138 (1995).

③ 同上,第 139 页。

胎案的反对似乎依然很激烈。

种族主义在白人文化中要比反堕胎扎根更深。然而今天没有人会公开捍卫种族隔离,甚至南部州的右翼政治人物也不敢。但就是这同一批人傲慢地反对罗伊案。废除种族隔离最终影响了一系列制度,从棒球到军队到大都会歌剧院。1950年代以后,非裔美国人在社会、大学、政府中的角色发生了急剧转变:他们出现在电视剧和电视广告中,我们有了黑人主播、黑人气象播报员,还有一位2008年当选的黑人总统,白人大学生可以在宿舍和教室中看到少数种族成员。但堕胎仍在阴影之中:它影响了许多女性及其家庭的生活,却没人给它唱赞歌;与肤色不同,它还是看不见的。援用了罗伊案的女性每天在大街上与我们擦肩而过,但不像少数种族,她们没有外部的标识或符号来显示她们是谁、她们做了什么。

在许多情况下,有一点似乎比较清楚:在社会中发生的某种复杂的学习过程会调节和作用于影响。美国人学会了反对种族隔离,学会了为坐轮椅的人要求增设斜坡:态度确实随着时间而改变。美国的所得税法可以追溯到20世纪早期,当时的富人强烈反对它。今天的人们可能不喜欢它,但几乎所有人都把它作为生活的一部分,作为政治和财政的必要措施而接受,只有一些怪人和极端分子仍在抵制。虽然人人都在抱怨税率、要求"改革",但废除税法基本上是不可想象的。美国人拒绝接受身份证(这在许多国家都是标准操作),但如果我们有了一个身份证,它也会在一两代人的时间内变得习以为常,成为习惯,就像驾驶证和社保号码一样(它们或多或少发挥了身份证的作用,并且得到了人们毫不质疑的接受)。曾经,人们会对机场安检大发雷霆,但如今他们已不再如此,年轻人也不会记得这段安检的“史前岁月”。在德国,人口普查曾是一个重大问题,在政治上相当有争议;在美国,人口普查可以追溯到1790年,而且已被认可为国民生活的一部分。习惯会强有力地作用于行为之上。

在此,我们会提到可能被称为小数定律*的东西。尝试让一些制造商在汽车里配置安全气囊,会比说服或强制数百万人系上安全带要更简单有效——这是真的。许多人就是不愿如此或太懒惰,以至于并不遵守这些规则,或认为真男人不系安全带,或好司机不需要它们。但在许多年的哄骗、劝诱和宣传(还有一定量的强制执行)以后,安全带在许多国家已经成为大多数人的标准实践,成为一个习惯、一个几乎是下意识的动作。反酒驾或反吸烟的运动也在慢慢取得进展。有些法律就像好酒与好奶酪一样,需要时间慢慢成熟。

---

* 小数定律是指人的行为不总是理性的,大多数人在判断不确定事件发生的概率时,往往会滥用“典型事件”,忘记“基本概率”。

第4章

回应法律

本书的主题是影响,即不同的法律行为,例如法律、判决、裁定、法规、新原则所引起的各种回应。回应的形式、程度和类型各有不同。有时候我们可以自信地讨论遵守与不遵守、服从与不服从,但对法律行为的回应经常无法被轻易归入这些简单类型。例如,警察拦下司机并给她开了张罚单,可能因为她违法掉头了。这个司机可以叹口气并接受罚单,也可以找个借口,试着说服警察别开罚单("我要赶着去医院")。在某些城市、某些时点,她还可能稍微行个贿。她要么被开罚单,要么没被开,但这就跟许多其他情况一样,被执法者可以尝试规避法律后果。虽然没有开半张罚单这种事,但个人和企业有时可以讨价还价,尝试减轻惩罚或寻求妥协。当企业与规制者打交道时,这非常普遍,甚至相当正常。企业也可以选择接受法律后果,然后向国会议员投诉、游说或写信,或向致力于产业相关问题的NGO 捐款——换句话说,企业可以努力改变规则,即使它遵守了规则。我提到过,这是影响之复杂性的一部分,是一种反馈的形式。

另一种回应可能被称为调适。法律主体因一个法律行为而改变其行动,但"遵守"或"不遵守"并不是非常适合描述该行为的术语。有时我们可以把该行为称作规避,但这也并非总是合适。

以美国所得税法为例,大多数人会按要求进行报税,但也会试图钻空子。纳税人调适其行为以便在法律上尽可能少交税,律师、会计师和其他给出避税建议的专家因此赚得盆满钵满。只要纳税人没有越过(经常难以看到的)红线进入非法地带,他们就相对安全。这些狡猾的纳税人的所作所为并非完全守法;他们没有违法,但他们努力的全部意义都在于尽可能少守法。这一行为当然有后果:出于税务上的理由,一个人可能会把股票转换成债券,或把钱运到开曼群岛,或创造某种避税方法,或提供给慈善事业比原计划更多的资金,以获取更大的慈善扣税。一句话,他根据法律调适自己的行为。调适是法律行动无处不在的特征,是影响的关键组成部分。

故意违法者也会调适其行为以最小化被捕的风险。这就是劫匪会佩戴滑雪面具的原因所在;也是窃贼在认为主人在家时不下手,在看到邻居盯着他们时选择放过一间诱人的房子,或躲开养有大型长毛狗的房屋的原因所在;还是银行劫匪喜欢在附近停一辆车用于逃跑的原因所在。偷车贼也会调适其行为来避开警察,他们努力制造一种一切正常的错觉,开车时装作自己是车主。他们会乔装(如果你要偷一辆奔驰,就最好别看起来像个混混),最重要的是,他们会谨慎驾驶,严格遵守所有交通规则——做所有能避免引起警察注意的事情。[①] 因此具有讽刺意味的是,道路上最谨慎的司机却可能是偷车贼。

任何罪犯、任何黑帮、任何犯罪团伙都很可能会创造用于欺骗执法者的防御手段和把戏,否则他们就很难幸存下来。(事实上,大多数的入室窃贼、商店扒手、偷车贼和其他类型的窃贼,都会在他们犯

---

① Michael Cherbonneau and Heith Copes, "'Drive It Like You Stole It': Auto Theft and the Illusion of Normalcy," *British J. of Criminology* 46:193 (2005).

罪生涯的某个时点被捕。)每种常见犯罪都构成一个系统,要理解该系统,就必须不仅理解罪犯犯了什么法、为什么犯法,还要理解他们如何安排犯法的全过程,包括逃避法律的形式与避免被捕的策略。这些策略可以像戴个滑雪面具那样简单。一些站街妓女和嫖客使用 Craigslist * 和类似的网站相互联系,这比跑到警察巡逻(有时候还设下"圈套")的街上去要安全,但可能会提高性交易的价格。① 毒贩可能只跟他们有把握的人打交道,例如罪行暴露后损失比毒贩更大的中产阶级客户。这些客户不太可能是"缉毒警察"或告密者。② 一项对毒贩的访谈研究列举了发现缉毒警察的技巧:例如,真正的瘾君子是肮脏、病态、急切的,留着鼻涕,有时还有"水泡、黑得像煤烟一样的污渍,手和手指上有脏东西",以及"烧伤、水泡和嘴唇上的疮口",警察很难模仿这些体征。一些毒贩不像那些只给中产阶级卖毒品的同行,他们不会向任何干净整洁的人售卖毒品。③

总体而言,遵守与不遵守是最适合描述刑法的术语,它们也很适合描述规制性法律。一家公司可以遵守安全规章,也可以违反它们,或以这样那样的方式针对它们进行调适。就其他法律而言,不谈遵守与否而谈使用与否会更有意义。侵权法是个好例子。如果你遇上一场摩托车事故,并认为对方司机有过错,就可以起诉要求赔偿,侵

---

* 美国最大的分类信息网站,类似于中国的赶集网和 58 同城。

① Thomas J. Holt, Kristie R. Blevins, and Joseph B. Kuhns, "Examining Diffusion and Arrest Avoidance Practices among Johns," *Crime and Delinquency* 60:261, 276(2014).

② John C. Cross, "Passing the Buck: Risk Avoidance and Risk Management in the Illegal/Informal Drug Trade," *International J. of Sociology and Social Policy* 20:68, 84-85 (2000).

③ Bruce A. Jacobs, "Crack Dealers and Restrictive Deterrence: Identifying Narcs," *Criminology* 34:409, 417 (1996).

权法给了你这么做的(法律原则)工具。你可以起诉或不起诉,随你喜欢。与此类似,你可以使用或不使用(或误用)合同法、财产法、遗嘱法和信托法。相处不愉快的夫妻可以离婚,也可以不离,只要他们觉得合适,他们可以因各种各样的理由而做出这些决定。提出赔偿请求是件麻烦事,诉讼就更麻烦了。成本和时间障碍是法律制度的普遍问题,有助于解释所谓的请求金字塔(我们不久就会谈到这个)。

调适在侵权法和刑法中都无处不在。医生们讨厌医疗事故诉讼,据说,他们中有些人因此转向防御式医疗。有证据显示,他们会让病人做过量的医疗检查,[1]小心翼翼地向病人阐明副作用和术后问题。病人们也进行了调适,关于风险和副作用的消息影响了他们是否做手术或做哪种手术的决定。对房地产课以重税导致一位英国影星搬到另一个国家、一位美国富翁设立慈善基金。一对不幸福的夫妇可以选择离婚,或(在某些地方)尝试请求法院判决婚姻无效,或选择分居并无视离婚法。与此类似,年轻夫妇可以跳过婚姻法直接同居,这个选择越来越受欢迎。你可以制定或不制定遗嘱;可以抱怨或忍受对方违约;可以抱怨你的房东,或搬出去,或耸耸肩并忍受有缺陷的供暖系统。

行动或不行动可能取决于人们的认识、从法律制度(和社会)中得到的讯息,当然还有成本的障碍。每个人都知道有离婚这么回事,但大多数人都不知道监护权问题会如何解决,或分割财产的规则是

---

① 关于中国台湾地区的实践,参见 Brian K. Chen and Chun-Yuh Yang, "Increased Perception of Malpractice Liability and the Practice of Defensive Medicine," *J. Empirical Legal Studies* 11:446 (2014)。

什么样的。大多数人知道什么是遗嘱,并且很可能知道遗嘱或许有用,但许多应当订立遗嘱的人却根本不为此操心。调适在民法中也无处不在。整个房地产规划产业都基于有钱人的需求和愿望,房地产规划师帮助这些人将法律负担最小化,避开遗嘱检验法庭的麻烦程序,并顺便确保他们的愿望在去世后得以实现。商人之间、商人和规制者之间或商人和消费者之间的关系不能用正式法律来得到最佳的解释,甚至不能根据使用或不使用来解释,而是根据调适、妥协和行为的标准或习惯方式。

没有什么法律干预会发生在真空里。它发生在拥挤、预先存在的社会空间之中,这个空间的形态调节并决定着人们的回应。在接下来的章节中,我们会探索遵守、不遵守、使用、不使用、逃避和其他对法律行为的回应,研究它们的动机。规范、文化和社会状态总是决定性的,总是法律影响产生的背景。而且回应对于时间和地点十分敏感。中国台湾地区有关儿童监护的法律在中国台北产生了一个回应,在乡村地区的回应则完全不同。在厄尔·沃伦担任首席大法官期间,美国最高法院判决不能在公立学校进行祈祷和圣经阅读,还支持对政教分离进行严格解释。[①] 毫不意外,该判决极其不受欢迎,特别在南部(圣经地带)*。肯尼斯·M. 多贝尔(Kenneth M. Dolbeare)和菲利普·E. 哈蒙德(Phillip E. Hammond)研究了学校如何对最高法院的这个判决作出回应,其结果是混杂的。在该判决之前,西部有

---

① *Engel v. Vitale*, 370 U. S. 432 (1962); *Abington School District v. Schempp*, 374 U. S. 203 (1963).

* 即 Bible belt,指基督教福音派在社会文化中占主导地位的美国地区,主要集中在南部各州。

14%的小学进行晨祷,南部则有 87%。该判决使情况发生变化:西部晨祷小学的比例降至 5%,南部则降至 64%。① 一句话,该判决产生了影响,但南部近乎 2/3 的小学仍然坚持他们的做法,虽然最高法院告诉他们别这样做。

该判决在南部违背了强烈而深沉的宗教传统。人们认为,学校应该传授道德价值,而其中也包括宗教价值。或许某些地区从未得到最高法院的这一讯息,或从未理解它。除此以外,也不存在强制执行的机制。该判决要求进行根本变革,但它"得到的机构支持如此之少,以至于无法引导人们服从"。② 除非有人投诉(一个不得人心的法案)或提起诉讼(这就更糟了),没有什么能够强迫一个学区采取变革。事实上,真正的问题可能是:为什么有的南部学区采取了变革?

一个类似的变化发生在最高法院对学院和大学的"仇恨言论"规章作出判决后(据说这些规章侵犯了言论自由)。一些学校无视这些判决,一些学校则选择遵守。对个别院校的细致研究和分析,揭示了可以解释特定机构回应的各种各样的当地原因和考虑。③ 这些回应包括从遵守到"消极不遵守,到逃避,最后到彻底对抗"。④ 但对抗这

① Kenneth M. Dolbeare and Phillip E. Hammond, *The School Prayer Decisions: From Court Policy to Local Practice* (1971), pp. 30, 32; Robert H. Birkby, "The Supreme Court and the Bible Belt: Tennessee Reaction to the 'Schempp Decision,'" *Midwest J. Political Science* 10:304 (1966).

② Dolbeare and Hammond, *The School Prayer Decisions: From Court Policy to Local Practice*, p. 138.

③ Jon B. Gould, "The Precedent that Wasn't: College Hate Speech Codes and the Two Faces of Legal Compliance," *Law & Society Review* 35:345 (2001).

④ 同上,第 388 页。

个词的意思也有些过强。既然不存在明显的强制执行判决的机制,那么在某种意义上也就没有人对抗。同样,除非某人投诉或起诉,否则,实事求是地讲,学校可以自由决定。这里的“自由”是就外界压力而言的,而非完全不受内部变化、不同阵营的学生抗议、行政性问题和教员政治的影响。

许多研究调查了禁酒令——所谓的“崇高实验”——的影响。[①] 戒酒运动在美国时不时出现;煽动了一个世纪以后,“滴酒不沾”(dry)运动在政治上变得极为强大。实际上,“滴酒不沾”者成功修改了美国宪法:(第18)禁酒修正案禁止在美国“制造、销售或运输酒精性饮料”。禁酒令于1920年1月生效,但到1930年代早期这个“崇高实验”就不复存在了。它在许多方面都是失败的,根本没能消除饮酒。对许多美国人而言,葡萄酒、啤酒甚至威士忌都是他们文化的一部分。强制禁酒会是一项巨大的工程,很可能总会失败。城市中存在着大量对此的规避和不服从。

在禁酒立法以后,相比于此前,饮酒很可能确实有所减少,特别是在乡村地区。但数百万人找到了继续饮酒的办法:一些人自己酿酒,大多数人从事非法买卖,大量酒精性饮料从加拿大和海外流入美国,数千个地下酒吧在城市中出现,人们可以在这里喝上一杯——滴酒不沾者打错了算盘。诚然,有人尝试将其付诸实施:事实上有数千人被逮捕并被审判,一些人交了罚款,一些人进了监狱;有周期性的

① 参见 Andrew Sinclair, *Prohibition: The Era of Excess* (1962); Daniel Okrent, *Last Call: The Rise and Fall of Prohibition* (2010)。

禁酒运动、周期性的突击执法，违反禁酒令的案件充斥着法庭和监狱。但这些被告仅仅是一大批违法者中不走运的那部分。纯粹的违法性——地下酒吧、不服从文化——可能使饮酒变为自亚当夏娃以来就一直引诱人类的那种禁果。

如果这是真的，那么严格说来，执行禁酒令的尝试必然要失败。当人们所要求的是强烈且缺乏弹性的行为或商品时，就难以集中足够的执法力量以产生改变（成本也很高昂）。老旧花园漏水管子的比喻在这里似乎很合适。禁酒令就是一条到处泄漏的水管，腐朽严重、千疮百孔。

当然，禁酒令不是这种现象的唯一案例。过分严苛的波士顿审查者们打击他们所认为的“淫秽”书籍（包括某些受人尊重的经典），于是这些书的销量在美国其他地方暴涨。审查者所处理的也是一条到处泄漏的水管，或许他们在波士顿堵住了一个洞，但水还是在其他地方喷了出来。[①] 在1970年，约翰·卡普兰（John Kaplan）出版了一本书，书名非常吸引人：《大麻：新的禁酒令》。全国大麻法改革组织则在1997年发布了一份报告，题为《多年以后仍然疯狂：大麻禁令1937—1997》。根据这份报告，有超过700万美国人曾经抽过大麻，大约1000万人是“定期”吸食者。大麻是“数百万主流中产阶级美国人的娱乐药物之选”。[②] 反大麻法基本上是一纸空文，只有数千人被逮捕入狱，其中许多人还是少数族裔。但基本的对比仍然成立：违反

---

① Neil Miller, *Banned in Boston: The Watch and Ward Society's Crusade against Books, Burlesque, and the Social Evil* (2010).

② 参见网站 www.drugsense.org/tfy/stillcraz.htm 的报告。

法律者数以百万计。时至今日,严厉的联邦法仍然有效,但医用大麻在许多州已经合法化,科罗拉多州、华盛顿州、俄勒冈州和阿拉斯加州已基本上将这种药物去罪化了。

我还可以提出许多其他“漏水管子”的例子。越战期间,数千名年轻男子尝试通过各种办法逃避兵役。在当时,越战本身已变得极其不得人心,因此逃避兵役也不那么让人感到耻辱。尽管还有人被逮捕和审判,但随着战争慢慢过去,即使被告被定罪,他们也得到了更短更轻的刑罚。[①] 面对民众的反对,打击此类犯罪的尝试几乎必然要失败。

双轨制

纸面上的法与行动中的法从不相同,但二者有时候具有如此根本的差别,以至于几乎可以把它们描述为两个完全不同的系统。立法机关通过法律,行政机构颁布规则和规章,高等法院创造法律原则。所有这些的相同点在于:法律或多或少是由精英阶级制定的。换句话说,在本质上,法律来源于社会顶层。社会分层越多,这种情况就越显著。民主国家的意识形态具有平等主义色彩,但某种精英主义偏见总是不可避免地存在,而且在某些社会,这种偏见还很极端。

至少对某些人而言,这意味着在任何社会中都有大量法律违背

① 参见 Jeffrey A. Schafer, "Prosecution for Selective Service Offenses: A Field Study," *Stanford L. Rev.* 22:356 (1970)。

他们的意愿。但这一点对所有法律都是如此,不论其多么得人心(尽管连窃贼都可能希望维持反入室盗窃的一般法律)。然而精英法律有时会公然无视强大有力且根深蒂固的习惯与价值:终止非洲女性割礼的运动、终止阿拉伯国家(和巴西)荣誉杀人*的运动、1920 年代美国的全国禁酒运动……这些都是极端例子。在许多时期和许多社会中还存在着无数其他程度更轻或更重的例子。我们可以对任何法律行为提出疑问:它代表谁的利益?这个问题远超本书的讨论范围,但一项影响研究必须承认,某些或大多数人想要的东西和他们从法律中得到的东西之间,存在不可避免的差距,而这个差距使正当性与信任(后文会对此详述)对任何法律制度来说都极其重要。

1996 年,泰国制定了法律来废除或至少控制卖淫。[②] 该法律取代了 1960 年的旧法,禁止儿童卖淫并减轻对成人卖淫的刑罚。它也对卖淫者和消费者实施处罚,并包含一项对卖淫者进行职业训练的计划,使她们彻底远离性交易。该法律是否有影响?至少从颁布前后的逮捕数量来看,显然不多:卖淫法也是一条到处泄漏的水管。

泰国的经验并非绝无仅有,杜绝卖淫的尝试通常都会失败。在泰国还存在着传播上的失败:大多数人对这部法律都一无所知。此外,卖淫在泰国是一个巨大的产业,可以用钱贿赂官员,因此法律执行劣迹斑斑。但主要问题可能还是立法者和大部分民众之间缺乏联

---

* 即 Honor Killing,指男性家庭成员以"捍卫家庭荣誉为由",杀害被他们认为与其他男子有"不正当关系"的女性家庭成员。

② 该研究是 Seksan Khruakham and Brian A. Lawton, "Assessing the Impact of the 1996 Thai Prostitution Law: A Study of Police Arrest Data," *Asian Criminology* 7:23 (2012)。

系:反卖淫运动由精英与宗教领袖领导,可消费者对此有自己的看法。吸毒者、禁酒时期的饮酒者、犀角或象牙产品的消费者……这些都是对非法商品的强烈需求使执法变得困难(如果不是问题重重)的其他例子。施加于顽固民众之上的精英道德法典,可能在某些情况下导致广泛的违法,在其他情况下导致官方法律和现实法律之间的鸿沟,正式法律被替代或在根本上被颠覆,结果可能是我们所谓的双轨制。

美国离婚法的历史提供了这方面的一个经典案例。① 1970 年代以前,离婚是需要进入审判程序的,当事人必须服从某些法律规则。一个无过错的配偶必须作为原告,主张被告(另一配偶)犯下了地方法规列举的违背婚姻的罪行,其中通奸、遗弃和虐待是最常见的。正式法律完全不接受协议离婚,夫妻双方都想离婚这一点在法律上是无关紧要的。而且串通离婚是违法的:也就是说,在法庭上说谎以满足离婚要求是违法的。

但大约一个世纪以来(差不多从 1870 年代到 1970 年代),协议离婚和串通离婚都是规则而非例外。原告(通常是妻子)提出离婚请求,比如诉称受到了虐待,而丈夫直接放弃为自己辩护。出于复杂理由而离婚的请求数量正稳步增长,而法律却原地踏步。宗教领袖尤其把离婚视为一种社会罪恶,道德精英的力量足够强大,可以阻挠任

---

① Joanna L. Grossman and Lawrence M. Friedman, *Inside the Castle: Law and the Family in Twentieth Century America* (2011); Glenda Riley, *Divorce: An American Tradition* (1991); J. Herbie DiFonzo, *Beneath the Fault Line: The Popular and Legal Culture of Divorce in Twentieth-Century America* (1997).

何改革的尝试，其目标是使人们尽可能少且尽可能难以离婚，除非在极端情况下。

纽约是个极端且有趣的例子。在纽约，离婚基本上只能以通奸为依据提出。于是我称为“软核通奸”的实践便发展起来：丈夫会开一间房，然后脱光衣服，接着一位女性会进来，也脱光衣服，然后一位摄影师会神秘地出现，给这一对男女拍照，最后这位女性就会得到报酬，穿上衣服走人。这些照片会在法庭作为通奸“证据”呈现。包括法官在内的每个人都知道发生了什么，但这套手法持续了几十年。[①] 英国法律也限制离婚依据，催生了非常类似的骗局。[②] 在纽约，废止婚姻的请求也司空见惯——这在大多数国家十分少见。智利亦然，直到相当晚近的时期，智利还不允许离婚，但不可思议地爆发了一大批基于极端可疑的理由而废止婚姻的请求。[③]

离婚的“双轨制”现在已经成为历史，但双轨制在其他领域仍兴旺发达——例如泰国和许多国家的反卖淫法、移民法以及有关政治避难的法律。在20世纪下半叶，波兰或东德的官方法律有别于民众想做与实际所做的事情，个中差距特别令人震惊。道德、意识形态或

---

① 参见“Collusive and Consensual Divorce and the New York Anomaly,” *Columbia L.Rev.* 36:1121 (1936)。

② 参见 Colin S. Gibson, *Dissolving Wedlock* (1994), pp. 96-97。

③ 根据智利法律，婚礼必须在至少有一方当事人居住的地方举行。当一对夫妻想要离婚的时候，他们会直接主张婚礼不算数，他们在错误的地方结了婚，因此这桩婚姻从来都没有效。“协议离婚”以这种方式被引入智利的制度，尽管它“没有被法律文本所认可”，但它是当事人“欺诈行为”的产物。Hernán Corral Talciani, “Indisolubilidad Matrimonial y Divorcio Ante el Derecho Civil,” *Revista Chilena de Derecho*, 35:35, 36 (1992). 我要感谢克劳迪奥·富恩特斯(Claudio Fuentes)给了我这个参考。

政治精英制定法律,无视民众的强烈需求:19 世纪的离婚、泰国和其他国家的性服务、便宜的移民劳工。漏洞和绕道、逃避与规避的模式出现了,可以说,法律的边界竟是如此漏洞百出,以至于禁止的行为可以轻易实现。高级法与低级法之间的冲突减弱、扭曲或抵消了正式法律的影响。

漏水管子的情况就像双轨制一样,代表了一种均衡。禁酒令是失败的,但它被制定出来,强大的势力把它推到议程之首,巨大的政治力量把它塞进美国宪法。这显示出滴酒不沾者在立法这一端具备足够的力量,但在执法的另一端则力量不足。在其他情况——离婚法、越战、大麻——也就是双轨制和漏水管子的情况下,我们进入了类似的僵局:两种强大的社会力量正面交锋,没有一方强大到可以完全击败另一方。一方势力可能控制正式法律——这对离婚(无过错制度建立之前)、卖淫或大麻而言是如此。正式法律也代表道德高地的实然或表面上的立场,另一方在实践层面取得胜利。几十年来,教会领袖和其他道德精英阻止了放宽离婚法的行动,同时,离婚率持续上升——精英们得到了法律,民众得到了离婚。在禁酒令的情况中,滴酒不沾者得到了法律,而买醉者得到了地下酒吧。这些安排不会一直持续下去:禁酒令痛苦地死去,无过错离婚杀死了离婚的旧制度。权利的平衡迟早可能移动,一方或另一方或许就会占据上风。

旧的离婚法是双轨制,是强势两方的一个僵局:道德主义者痛恨离婚,占据道德高地,想把离婚变得稀少且困难;用户——不幸福的夫妇——想要花费不多又容易的离婚,给自己一个重新开始的机会。根据 1970 年代开始的现代无过错离婚法,民众取得了胜利,这种离婚既容易又花费不多。传统主义者仍然不开心,认为容易的离婚是一个诅咒。这可能基于对离婚法影响的一个假设,认为严格的离婚法会拯救婚姻,强制人们解决问题。但这在经验上是可疑的。离婚法并不瓦解家庭。幸福的夫妇不在乎离婚的花费是多还是少、是容易还是困难。在一个没有离婚的社会里,仍然会有悲惨的、不正常的婚姻,这些婚姻会以非正式的方式破碎。家庭结构、性别关系和社会文化的变化,已经比正式法律更深刻地影响了婚姻和离婚。①

请求金字塔(Claims Pyramid)

现代生活充满了各种活动。人们每天都会发生各种可能让他们(至少在理论上)有权抱怨、不满甚至提起诉讼的事情,这是毫无疑问的。例如,一个女人买了一台家电,但这台家电是坏的;一个男人被毫无特别理由地开除;一个房东修补房顶漏洞的速度太慢;一个人在结冰的道路上滑倒并受伤。所有这些情形,我们都可以发问:有人要承担责任吗?以结冰道路为例:市政是否要负责?他们是否本应做些什么?在以上情况下的大多数时候,不会发生什么大事:那个女人退了家电(或者没退);那个被开除的男人提交了失业申请;房客搬了出去,找到了更好的住所;在道路上滑倒的人在家待了一天,吃了点阿司匹林。

人们多久会碰上一次至少可能在理论上给予他们法律请求权的

---

① 一些州试图扭转历史的潮流。在路易斯安那州,一对伴侣可以要么选择普通婚姻,要么选择"契约婚姻",La. Rev. Stats. 2011, Title 9, § 237。缔结契约婚姻的伴侣事实上承诺终身结合。他们可以离婚,但只在有理由的时候才可以。到目前为止,契约婚姻似乎没有特别流行。

经历?他们多久会采取一次行动?一些学者试图查明这些问题的答案。1990 年代,黑兹尔·吉恩(Hazel Genn)在英国抽样调查了一些人,发现大约有 40%的人“在过去五年内经历过一次以上具有可诉性的问题”。她也研究了他们对此所采取的行动:有些人什么也没做,有些人寻求了建议,有些人甚至提起了诉讼。[①] 但在很大程度上,这都取决于具体情况。以在结冰路上滑倒受伤的行人为例:比如说在 100 个遇到这种情况的人里面,有多少人会继续提出某种请求?

威斯康星州的一项著名研究调查了“争议的出现和转化”。这个过程的第一步涉及认知:这个人会用法律术语进行思考吗?有些人会。威斯康星州的研究团队称此步骤为“识别”(naming)。下一步是把这个概念转化为实际的不满——他们称之为“谴责”(blaming),也就是觉得某些人或机构可能对此负有责任,这是他们的过错。“转化”(transformation)发生于感到不满的人“把不满表达给他们认为负有责任的人员或实体,并向他们寻求救济”的时候。他们称之为“请求”(claiming)。甚至在识别、抱怨、请求后,也只有一些请求会转变为实际的争议或采取法律手段。

威斯康星州的研究画了一个金字塔形的图表,表示人们遇到潜在的法律经历时会发生的情况。金字塔的底部当然是最宽的,随着向塔尖移动,从识别到谴责到请求,越来越多的研究对象退出了这个过程。在一大批潜在诉讼当事人中,实际上只有一小撮会寻求律师

① Hazel Genn, *Paths to Justice: What People Do and Think about Going to Law* (1999), p. 23. 其结果与后来对苏格兰的研究大体类似,Hazel Genn and Alan Paterson, *Paths to Justice: Scotland: What People in Scotland Do and Think about Going to Law* (2001)。

或其他代理人的帮助并提出请求,最后走上法院的人就更少了。每种法律事件都会产生请求金字塔,虽然具体的形状会各有微小的不同。① 吉恩的研究展示了同样的金字塔结构:例如,在遇到劣质商品和服务的人中,只有76%的人与问题的"另一方"以口头或书面形式沟通过,30%的人就此问题寻求过建议,18%的人以法律诉讼威胁过对方,只有3%实际提起了诉讼。②

医疗事故也类似。每天都有数百万人看病寻求医生建议,数百万人接受治疗,从简单在膝盖上敲一下到重大手术都有。这一过程自然可能出错,而且如果问题够严重,病人就可能提出投诉或最终提起医疗事故诉讼。大多数病人在事实上从未识别、谴责或请求过,他们决定什么也不做("忍着")。有些人会做点什么,但看上去不像法律请求,比如他们可能会换个医生。医疗事故的金字塔有着宽阔的基底,但它会上升到又尖又窄的一点,③很少有人会走到提起诉讼那一步。④ 但损害越严重,诉讼就越可能产生。没有人会为手指头的倒刺而提起诉讼或咨询律师,然而一场最终导致瘫痪或死亡的拙劣手术,产生法律请求的可能性就大得多了。

---

① William L. F. Felstiner, Richard L. Abel, and Austin Sarat, "The Emergence and Transformation of Disputes: Naming, Blaming, Claiming," *Law & Society Review* 15:631 (1980).

② Genn, *Paths to Justice: What People Do and Think about Going to Law*, p. 39. 13%的人什么也没做。

③ 参见 Marlynn L. May and Daniel B. Stengel, "Who Sues Their Doctors? How Patients Handle Medical Grievances," *Law & Society Review* 24:105, 106 (1990)。

④ 只有很少一部分医生的过失行为会导致实际的索赔请求;参见 Michelle M. Mello and Troyen A. Brennan, "Deterrence of Medical Errors: Theory and Evidence for Malpractice Reform," *Texas Law Review* 80:1595, 1609 (2002)。

执法也可以用执法金字塔的形式进行分析。罗宾·费尔曼(Robyn Fairman)和夏洛特·亚普(Charlotte Yapp)研究了英国的食品安全监管,描述了这样一个金字塔:在基底有当局实施的544 840个检查,这些检查导向数量小得多的"书面警告"(165 696),在金字塔的顶端是对违法行为的"692个起诉"和"491个定罪"。①

在时间和金钱上,提起诉讼都是成本高昂的。在美国,至少在侵权案件(和一些其他类型案件)中,胜诉酬金(Contingent fee)*稍微减轻了这个因素,律师只有在客户胜诉时才会得到报酬,请求有力但没什么钱的人不会被拒于法律制度之外。律师当然会从赔偿金中得到很大的一份,1/3甚至更多,但当事人能得到2/3也比什么都没有强。胜诉酬金制度也给予律师过滤可疑或薄弱请求的动力:如果她接了一个没什么希望的案子,就会浪费时间和精力,最后什么也得不到,所以她只会接自己认为可以胜诉或得到妥善和解的案子。

换句话说,一般而言,律师在接近请求金字塔顶端的位置和争议过程中扮演着重要角色。他们把客户诉说的原始故事转化为法律请求,或反之说服客户不要继续努力。斯图尔特·麦考利(Stewart Macaulay)发现,律师经常会"冷却"那些带着某种可疑请求的客户。②另一方面,律师能扮演诉讼中介的角色,可以把几十个请求合并成单

---

① Robyn Fairman and Charlotte Yapp, "Enforced Self-Regulation, Prescription, and Conceptions of Compliance within Small Businesses: The Impact of Enforcement," *Law and Policy* 27:491, 499 (2005).

* 指律师只在胜诉或委托人获得有利庭外和解的情况下才收取报酬,报酬依据诉讼结果按比例收取。

② 参见Stewart Macaulay, "Lawyers and Consumer Protection Laws: An Empirical Study," *Law & Society Review* 14:115 (1979)。

一的集团诉讼。如果单个请求没能达到某种门槛要求,那么没人会据此提起诉讼乃至提出任何赔偿请求。耐心地组织集团诉讼的律师正做着某种可能不仅对客户有价值,也对社会有价值的工作。他们也会在这个过程中挣很多钱,并且到处惹是生非。因此,集团诉讼是非常有争议的。①

律师并不是唯一影响金字塔形状的代理人,警察也发挥着自己的作用。假设一个女人报了警:她醉酒的丈夫或情人正在施暴。当警察到达时,他们可能会逮捕这个丈夫,或反而尝试让这对夫妻"冷静",或采取某些其他策略。换句话说,潜在请求人并不是决定如何攀爬金字塔的唯一行动者,中介人和执法者也发挥了一定作用:为食品药品监督管理局、平等就业机会委员会或证券交易委员会和所有其他联邦、州和地方机构工作的公务员,当然还包括其他国家的相应官员和执法者。这些中间人对于法律对社会的影响有十分强烈的作用,就像一面棱镜,以显著方式扭曲了影响。家暴法不仅仅是纸面上的法,也不仅仅是受害人的回应,还是警察、亲朋、女性权利倡导者等人的回应。每个其他法律分支——侵权、证券监管、食品安全——都有自己的一套特点、自己的一套扭曲、塑造影响的因素,在每个司法管辖区和社会中都是如此。

成本当然是提起请求的巨大阻碍:金钱成本、时间成本、事态恶化成本。文化和传统也是重大阻碍或反向影响。有一些跨文化研究

① 参见 Deborah R. Hensler et al., *Class Action Dilemmas: Pursuing Public Goals for Private Gain* (2000)。

试图展示法律行动的相同与不同,包括提出请求的倾向:例如,英国和澳大利亚就与美国不同。[①] 道德和宗教同样有力影响了法律请求和对法律的使用。不论婚姻多么悲惨,虔诚的天主教徒都会避开离婚法庭。根据大卫·恩格尔和贾鲁旺·恩格尔(David and Jaruwan Engel)的研究,泰国清迈市的交通事故受害者出于宗教和文化的理由,往往都不追求其权利,不提出请求,不寻求赔偿。一个名叫普拉亚(Prayat)的农业推广人员在路上骑车时被汽车撞了,撞人司机"到医院看望了普拉亚并表示承担所有责任",但普拉亚"拒绝接受他的任何赔偿,甚至不提交可以得到撞人司机保险公司赔偿的文件",因为普拉亚"把他的重伤归结于自身的因果报应"。[②] 在其他的一些受害者中,恩格尔夫妇也发现了这种态度。佛教是一个因素,另一因素是对鬼魂和其他地方的强烈信念。一些人把他们的麻烦归罪于鬼魂而非直接的人类原因。马克·马苏德(Mark Massoud)的研究发现,苏丹人往往坚忍并消极地接受命运,发生的事情都是"上帝计划的一部分"。他们不会"鼓动"起来反对政府行为,政府"不被视为终极的负责者"。发生了就是发生了,它们基本上都是上帝的意志。[③]

美国或芬兰人不太可能援引报应、鬼魂甚至上帝意志作为不主

---

① 参见 Herbert M. Kritzer, "Propensity to Sue in England and the United States of America: Blaming and Claiming in Tort Cases," *J. of Law and Society* 18:400 (1991)。也参见 J. Fitzgerald, "Grievances, Disputes and Outcomes: A Comparison of Australia and the United States," *Law in Context* 1:31 (1983)。

② David M. Engel and Jaruwan S. Engel, *Tort, Custom, and Karma: Globalization and Legal Consciousness in Thailand* (2010), p. 89.

③ Mark Fathi Massoud, *Law's Fragile State: Colonial, Authoritarian, and Humanitarian Legacies in Sudan* (2013), pp. 177-178.

张其权利的理由。但这个潜在过程——"归因"——在任何地方都很重要。"遇到事情就责怪自己"的人不太可能起诉别人。[①] 一个在冰面上滑倒的人会认为市政本该解决这个问题,另一个人会认为自己是个咎由自取、笨手笨脚的傻瓜。受家暴之害的女性可能把她们的困境归咎于自己,或感到太过无助和害怕而不敢报警。她们也可能是宿命论者,还可能相信丈夫有权管教妻子。

金字塔概念在组织和指导研究方面十分重要。通过比较不同金字塔及其形状,我们就能找到比较不同法律与社会的一些基础。然而,凯瑟琳·阿尔比斯顿(Catherine Albiston)、劳伦·埃德尔曼(Lauren Edelman)和乔伊·米利甘(Joy Milligan)最近批评金字塔概念有点过于狭隘:它把"审判"放在塔尖并强调法律救济;它"暗示了争议发展(或不发展)的一条单线路径"。事实上,存在许多处理或解决争议的方法,存在"解决冲突的多个规范系统"。能代表它们的不是金字塔,而是有许多树枝的一棵树;在法律分支以外,还存在其他路径,例如ADR(替代性纠纷解决机制)。这棵树也生产"花"和"果":花是"正义的象征性标志,例如公开发表意见的机会",而果代表了"实质性救济,例如恢复工作或对损害的金钱赔偿"。[②] 树这个比喻让已经很复杂的主体更加复杂化了,但它确实打开了更宽广的研究法律影响的大门,比金字塔这个比喻所暗示的更好。

---

① Felstiner et al., "The Emergence and Transformation of Disputes," p. 641.

② Catherine R. Albiston, Lauren B. Edelman, and Joy Milligan, "The Dispute Tree and the Legal Forest," *Ann. Rev. Law. Soc. Sci.* 10:105, 109 (2014).

调适

不论在刑事还是民事领域,调适都是一个重要概念,对理解法律影响而言十分重要。我在前面讲过,在税法领域存在逃税(犯罪)与避税(合法)的区别。但逃税是个相当不确定的术语,逃税与避税之间的界限模糊且复杂。整个行业都致力于避税,避税方法就是各种形式的调适,也就是旨在使税负最小化的行为变化。它们可能非常精巧复杂:把钱存在开曼群岛,或从会计公司购买复杂的"规避"方案。其他调适则比较简单。实际上,有一些法律鼓励的行为可以避税:例如捐款给慈善机构或购买免税的市政债券。一些措施是对(可能的)惩罚的回应,另一些则是针对(可能的)激励。税务顾问和国家税务局进行着一场军备竞赛:顾问寻找税收"漏洞",或找到小漏洞然后扩大它们;国家税务局通过裁定和规制来反击。国会也可能通过修订税收法典,使其更紧或更松的方式来回应。

美国是一个联邦,各州有自己的法律体系,这为逃避法律创造了丰富的机会。在严格离婚法的时代,想要离婚的纽约富人会坐火车去内华达州,那儿的离婚法很宽松,要成为内华达州"居民"也很简单。人们也曾为了赌博而涌向内华达州,赌场在他们家乡是非法的。快速简单的结婚程序也是内华达州的一项专长。马萨诸塞这个小州的年轻女孩,曾经需要其父母或法院的同意才能堕胎,但邻近的新罕布什尔州和康涅狄格州可以帮到她们。1982 年,一家新罕布什尔州医疗机构在邻近边界地区的电话黄页上打广告提醒潜在客户,她们不需要取得家长同意就可以堕胎，由此获得了大量新业务。[①] 特拉华州，一个在宾夕法尼亚州边上的小州，于1990年左右制定了公司法，诱使各大企业至少在名义上把公司注册在特拉华州。数千公司乘此之便；它们可以在它们喜欢的任何地方做生意，但它们还是“特拉华州的公司”。包括其法院判决在内的特拉华州公司法所具有的影响，远远超过人们对这个微不足道的东部小州可能的期待。

在最近一项研究中，莎拉·莫兰朵·拉卡妮（Sarah Morando Lakhani）采访了申请所谓“U签证”的移民。这一签证是为帮助暴力犯罪受害者协助配合官方调查而设计的，他们需要具有良好道德品质。“洛杉矶平等正义”组织的律师为想要这种签证的客户服务，“调适客户的说法”，去除有害内容，重组客户语言，并在总体上塑造其客户的故事和形象，以符合法律要求。[②] 这是规避法律吗？得取决于特定案件、特定客户以及律师对事实的调适有多大。但这是律师经常干的事情，他们有义务把客户塑造成最佳形象——调适他们的案子，有时候也调适他们的行为。就此而言，律师也扮演着政府与公民之间的中间人。保险公司雇用理赔人，而律师就是社会的理赔人。

这些组成我们法律环境的法律、原则和实践好像一团乱麻，今天的个人和企业必须应对它们。应对（Coping）可能是一个比调适更合适的词。应对机制使法律起或不起作用：能使法律成功，能给予它应

① Virginia G. Cartoof and Lorraine V. Klerman, "Parental Consent for Abortion: Impact of the Massachusetts Law," *American J. of Public Health* 76:397, 399 (1986).

② Sarah Morando Lakhani, "Producing Immigrant Victims' 'Right' to Legal Status and the Management of Legal Uncertainty," *Law and Social Inquiry* 38:442 (2013).

有的影响,也能抵消或歪曲法律,以挫败其目标和法律精神的方式扭曲其运行。

这些事情发生的频率如何?在什么条件下发生?它们无疑经常发生,并且正反两面的事情都有。劳伦·埃德尔曼(Lauren Edelman)和肖因·泰尔什(Shauhin Talesh)研究了他们所谓“法律的内生性”。他们的基本观点是:企业塑造并重新解释了规章,以推进他们的目标而非规章的(表面)目标。在这个意义上,遵守与不遵守的两分法是具有误导性的;相反,“组织建构了遵守与法律的意义”。① 他们并非断然不服从法律的命令,而是重新制定、组织和解释法律,结果可能大大远离法律的精神或目标。但规制者往往会接受企业对守法的理解,特别是当规章很概括或很模糊时。

许多研究都展示了实际的内生性。② 例如,面对反歧视法要求的企业会雇用“人际关系”专家,增加法律顾问人数并设立特别申诉程序。其要点在于保护公司免受法律诉讼、负面新闻和工人骚动的不利影响。所有这些“合法化”和“制度化”都帮助了公司,使其免受相关法律问题的困扰,但它是否促进了“民权法律的目标”?在埃德尔

① Lauren B. Edelman and Shauhin A. Talesh, “To Comply or Not to Comply—That Isn't the Question: How Organizations Construct the Meaning of Compliance,” in Christine Parker and Vibeke Lehmann Nielsen, eds., *Explaining Compliance: Business Responses to Regulation* (2011), p. 103.

② 参见 Zahn Bozanic, Mark W. Dirsmith, and Steven Huddart, “The Social Constitution of Regulation: The Endogenization of Inside Trading Laws,” *Accounting, Organizations, and Society* 37:461 (2012),这篇文章讨论了有关内幕交易规则的发展过程;Catherine R. Albiston, “Bargaining in the Shadow of Social Institutions: Competing Discourses and Social Change in Workplace Mobilization of Civil Rights,” *Law & Society Review* 39:11 (2005)。

曼和泰尔什看来,很可能没有。[①]

内生性确实存在,但问题是:其频率和程度如何?规制包罗万象,它是个几乎涵盖了指向普通企业和民众成千上万的规则与规章的一般术语。不同规制者和规制对象之间取得平衡的方式差别极大。天平的一端接近战争状态,而另一端接近永久和平。两方(或许不止两方)经常达成某种交易或和解。这可能跟婚姻一样复杂多变——两方可能是伴侣、情人、朋友或两端之间的任何关系。一方可能更主导或顺从,更威权或民主,令人信服或不能服人。两方可能关系融洽,也可能关系恶劣,还可能兼而有之,这取决于具体时间和地点。

莎伦·吉拉德(Sharon Gilad)研究了英国金融公司对金融服务管理局(Financial Services Authority, FSA)的措施作出回应的方式,认为内生性理论不符合现实世界发生的情况,FSA在构建公司解释法律的方式上取得了一些成功。规制对象和规制者之间的关系就像某种合伙,她认为这种理论比内生性理论更能预测现实。[②] 简言之,内生性理论并非自然、商业或规制的铁律,而是一种倾向和趋势。内生性研究至少提醒我们:遵守的概念在现代商事规制的世界能有多复杂。告诉司机不要在残障人士专用车位停车是一回事,面对一个具有拜占庭式建筑那样复杂的结构、具有许多从事不同种类业务的分

---

① Edelman and Talesh, "To Comply or Not to Comply—That Isn't the Question: How Organizations Construct the Meaning of Compliance," pp. 103, 108.

② 该研究是 Sharon Gilad, "Beyond Endogeneity: How Firms and Regulators Co-Construct the Meaning of Regulation," *Law and Policy* 36:134 (2014)。

支、具有散布于全球的数万名员工的大型企业,要告诉它遵守大量关于环境、工人健康与安全、股票浮动、竞争与垄断的规则、法律和规章,就是另一回事了。内生性是应对法律的许多方式之一。股东、管理层、供货商和雇员都具有不同的目标、激励与动机,所有这些都会对影响产生作用。

规制并非大企业面对的唯一问题。想要新建一个浴室或砍掉后院树木的房主,可能会发现当地的房产法典或区划规则会拖延或阻碍她的想法。没人喜欢官僚作风,但现实中就是有这些繁文缛节。对个人和企业而言,也存在着不同程度的遵守。遵守可能是热切甚至是深思熟虑、十分配合的,有时候甚至展现出热情和主动性,也就是说,超出法律文本所要求的范围;也可能向反方向发展:勉强、固守仪式或彻底反叛。(对企业而言)行为是否属于遵守可能都不确定。对英国食品安全规制的研究显示:企业通常认为它们在遵守规制,然后检查员来了,指出他们事实上没有遵守。[①] 读者们可能会想到前几章讨论过的传播问题:企业收到了什么讯息,他们如何理解这些讯息。

像美国诉希尔顿酒店(*United States v. Hilton Hotels*, 1972)这样的案子,提出了有关大型组织中的法律遵守与调适的基本问题。[②] 希尔顿是一家巨型连锁酒店,被政府指控违反了《谢尔曼反托拉斯法》。因为在俄勒冈州的波特兰市,一家希尔顿酒店的经理(和其他酒店与

---

① Fairman and Yapp, "Enforced Self-Regulation, Prescription, and Conceptions of Compliance within Small Businesses," pp. 491, 514.

② 467 Fed. 2d 1000 (C. A. 9, 1972).

餐馆一起)加入了一个垄断计划:供应商被要求向这个酒店餐馆集团捐钱,而这个集团承诺不和没给钱的供应商做生意。法院认为这个计划显然违反了谢尔曼法,就此而言,不存在任何疑问。

但这是一起刑事诉讼,被告是希尔顿自己,而非俄勒冈州波特兰市希尔顿酒店经理。希尔顿主张这个经理违反了公司政策,实际上,管理层已经明确告知当地人员不要加入这个计划。但法院仍判决希尔顿承担法律责任,“一般政策声明”并“不是合理抗辩”,企业对其代理人的行为负有责任。这即使在州通常需要证明犯罪意图——希尔顿相当合理地主张其不具有这一意图——的刑事案件中也是如此。

在某些方面,这个结果似乎不那么公平。(当然,没人要坐牢,希尔顿只是交了个罚款。)但一个体量巨大、结构松散、分布广泛的公司并非通过简单发布“一般政策声明”来“遵守”法律规则。对遵守的要求要比这多得多,要求有一定的制度结构、程序与方法——确保公司政策渗透到运行层面的公司行为的核心之中。在该案中判决希尔顿负有法律责任,会迫使希尔顿改造这些结构、程序与方法。

并不是每个法院都遵循这个一般进路。2011年,最高法院判决的沃尔玛诉杜克斯案(*Wal-Mart Stores, Inc. v. Dukes*)①中,原告是以集团诉讼来起诉沃尔玛有对女性的性别歧视。沃尔玛是“全国最大的私人雇主”,有3400家分店和超过100万人的在职员工。例如,原告之一就在加州的一家分店工作,她向经理了解管理培训一事“却不

---

① 564 U. S., 131 S. Ct. 2541 (2011).

被理睬",于是主张"其晋升机会一直被否定,就因为她的性别"。公司辩称,当地经理具有"广泛的自由裁量权"来作出有关薪酬和晋升的决定,这一裁量权可以"以很大程度上主观的方式"来行使。公司也有"公开政策"反对"性别歧视",并且显然这个政策有时得到了执行。最高法院最后驳回了集团诉讼。每位女性不得不自行起诉。

或许从技术上讲,该案是合理甚至是正当的,有关集团诉讼的法律十分错综复杂。但该案确实再次展示了关于遵守的棘手问题,不仅在性别歧视法方面,也在这些巨头公司,特别是彻底去中心化的公司的一般方面。不过如果一家公司真想遵守反性别歧视法,那么它就得比发布一些一般政策声明做得更多,而不是仅仅告诉雇员请不要违法。它必须具有相应的制度结构来确保切实守法,管理层不能躲在某种温和的一般"政策"和去中心化后面。这至少是希尔顿案所传达出来的讯息,沃尔玛案则有所不同。

关于目标和目的的注解

以反入室盗窃法为例,我们似乎非常清楚为什么要通过这部法律,以及它的目标应当是什么。社会想要维护人们及其财产的安全,阻止窃贼并使他们为犯罪付出代价。在民事领域,法律目标可能主要并不在于鼓励或不鼓励某些行为,而在于引导行为遵守某些特定方式。你可以随心所欲地处理遗产,但必须遵守(有关遗嘱、遗嘱信托等)规则。法律并不会鼓励或不鼓励人们规划其房产,但它确实规定你必须以正确方式来规划,要不你就会白费工夫。婚姻法显然不是为了阻碍结婚而存在，如果它有任何目的，那也是要鼓励结婚，但它确实坚持某些形式性。离婚法当然也不是为了鼓励离婚，如果它有任何目的，反而是要阻却离婚，它同样坚持某些形式性。

至少在理论上，每部法律都有某种目的，也在理论上被期待对行为产生影响。在本书中，我们关注影响：谁得到了讯息，谁对讯息作出回应，如何回应，为何如此回应。但法律的意图、目标、希望达成的事态也极为重要。这个目标并不总能轻易弄明白。复杂的法律传递混杂或不一致的讯息，并以妥协互让的方式整合在一起，更像香肠而不是牛排。一部法律实现其目标时就是"有效的"。有时候了解并衡量其目标很容易，但当它的目标不明时，要说一部法律有效就困难多了。

人们为什么服从（或不服从）

人们不是机器或机器人。他们对法律的行为回应大多数时候是（虽然并非总是）或多或少的自由选择。布拉德利·坎农（Bradley Canon）和查尔斯·约翰逊（Charles Johnson）研究了司法判决的影响，描述了一个两步的过程：第一步是决定的接受，即"对司法政策的心理回应"，基于人们认为判决对他们的意义、这些判决意见说服力如何，以及他们对判决法官的看法；第二步行为是回应，也就是相应受众因此而实际做了什么。① 这个区分可以更一般适用于任何法律行为:一部条例、一条规则、一个规章,甚至警察的一个命令。

接受与否的决定显然取决于传播,取决于相应个人或机构如何理解对他们的要求。但这只是一个前提、一个起点,接下来会发生什么？什么时候会做出一个实际接受的决定？接受与否的决定只发生在心理层面,其行为回应可能因为懒惰、惯性、习惯或意识形态而从未发生。行为者必须做出一个有意识的服从、不服从、避免或调适决定。问题是:为什么会产生这个特定回应？是什么激励了这个人？指导其决定的是什么？

这些问题的答案经常是模糊的,甚至当我们认为有办法测算影响时,也不能确定该影响为什么会发生。试举一例:一些急于减少汽车事故的州设立了分级许可制度。新司机必须遵守特殊规则:例如不开夜车、不能酒驾、不高速开车。这些限制随驾龄增长而逐渐消失。分级许可制度似乎至少有点效果——事故变少了。这是个好消息,但为什么事故变少了？为什么这部法律好像有些影响？司机在想些什么或不想什么？如果我们不知道这些问题的答案,就很难从这个实验中有所收获,也很难制定进一步的措施。②

这样的例子还有很多。在本书写成时(2016 年),一个众所周知

---

① Bradley C. Canon and Charles A. Johnson, *Judicial Policies: Implementation and Impact*, 2d ed. (1999), pp. 24-25. 也参见 Bradley C. Canon, "Courts and Policy: Compliance, Implementation, and Impact," in John B. Gates and Charles A. Johnson, *The American Courts: A Critical Assessment* (1991), pp. 435, 438。

② Herb M. Simpson, "The Evolution and Effectiveness of Graduated Licensing," *J. Safety Research* 34:25 (2003); Michelle M. Mello and Kathryn Zeiler, "Empirical Health Law Scholarship: The State of the Field," *Georgetown L. Rev.* 96:649, 667-670 (2008).

的事实是:美国犯罪率创下了前所未有的新低。在21世纪的头几年,犯罪率好像几乎要清零了。没人知道这是为什么。更低的犯罪率意味着数千人(大多是年轻男性)做出了具体的决定:不闯进这间房子,不抢劫这个商店,等等。要搞清楚为什么,就得进入这些年轻男性和以其他方式作出回应的其他人的内心,然后把获得的数据集中起来。这不太可能办到,我们能做的全部研究只是谈谈一般的动机,并考察这些动机。这便是下一章要讨论的主题。

第 5 章

惩罚

人们会对法律、规则和命令作出回应。他们可以服从,也可以不服从,可以无视,也可以逃避,这对刑法而言最为明显。在讨论其他法律领域时,我们可以用使用、不使用或误用,也可以用规避、逃避或应对。所有这些术语当然都存在问题。服从法律的主体可以是个人、集体或机构,也可以是以上全部。此外,在大多数时候,法律指向两类不同的受众。就刑法而言,一类受众由应当服从、遵守法典规则的普通人组成,另一类受众则是执法者。比如《反入室盗窃法》对普通人与执法者都传达了讯息。使用与不使用这两个术语亦然:有关遗嘱的法律首先适用于思考去世后如何处置财产的有钱人;该法律也对遗产法庭的职员和官员下达指令;它还对帮助人们规划财产的律师给予指导。

所有这些把服从(或使用)问题大大复杂化了。但我和其他学者认为,还值得提出一些一般性评论。人们为什么这样对法律作出回应?其动机或理由是什么?对此显然没有简单、一般、普遍的答案。动机随时随地而变化,A受众与B受众彼此相同。但一般说来,可以把动机分为三种类型,或更准确地说是三种类型的集群。而法律、规则或法律原则的影响,取决于一种或一种以上的前述动机类型。

第一类是本章的主题:奖励和惩罚。它们在某种意义上是最明显的。强奸犯和持枪劫匪面临着长期的牢狱生涯,美国的许多州、中国、沙特阿拉伯、伊朗的杀人犯甚至可能被判死刑,而这一严刑峻法的意义在于威慑，在于给犯罪行为设置高昂的代价。刑事司法系统以外也存在惩罚——或许更好的表述是抑制，例如金钱赔偿。如果你实施了侵权行为，例如追尾邻居的车，这会花掉你一笔钱。如果你为农业部工作时又慢又敷衍，部里就不会给你升职加薪，在最坏的情况下可能还会让你走人。

从表面上看，奖励似乎不如惩罚明显。但它们在法律制度中无处不在，例如税收优惠或授予某个热切的投标人以丰厚的政府合同。如果侵权法把你定义为受害者（是你的车而非你邻居的车被追尾），你就会坚持从法律制度中获得赔偿。如果你为农业部工作时又快又有效率，就可以得到升职加薪。而对警察、海军队员和一般公务员而言，在他们职业生涯终点都有政府养老金。法国或波兰的大多数退休工人会得到社会保障金或与此相当的养老金。整个法律制度贯穿了激励因素，我会在第六章更详细地讨论。

威慑

激励可能在法律制度中无处不在，但学术研究往往聚焦于威慑。[①] 威慑是任何关于法律影响讨论的核心概念，学者区分一般威慑与特别威慑：如果你惩罚了扒窃的X先生，可能会驱使他停止扒窃，

① 参见 Franklin E. Zimring and Gordon J. Hawkins, *Deterrence: The Legal Threat in Crime Control* (1973)。对这一概念历史的一个很好的总结是 Raymond Paternoster, "How Much Do We Really Know about Criminal Deterrence?" *J. Criminal Law & Criminology* 100:765 (2010)。对刑事司法领域研究的概述，参见 Daniel S. Nagin, "Criminal Deterrence Research at the Outset of the Twenty-First Century," *Crime and Justice* 23:1 (1998)。

这就是特别威慑;但如果我们惩罚X先生时被Z先生、Y女士和许多其他人看到,他们因而决定不扒窃,这就是一般威慑(有时被称为"间接惩罚")。因欺诈或企业不法行为而声势浩大地惩罚一家公司,可能会对其他公司产生影响,传递"巨大的信息价值",告诉它们"哪种行为是被允许的,哪种是被禁止的",哪种又会受到惩罚。① 这个"信号"效应是一般威慑的重要内容。②

马克·斯塔福德(Mark Stafford)和马克·沃尔(Mark Warr)曾主张我们也可以谈论特别无威慑和一般无威慑:一个扒手逃脱了惩罚,他就更可能再犯,这是特别无威慑;如果其他人看到扒手很少被抓住受罚,结果可能就是一般无威慑。如果从未有人因为在榆树街超时停车而被开罚单的消息传开来,我就更可能在那儿停车并违反规则。斯塔福德和沃尔主张一般威慑和特别威慑可以同时影响人们。他们把一般威慑定义为"惩罚和避免惩罚的间接经验"效应,把特别威慑定义为"惩罚和避免惩罚的直接经验"效应。二者可以"在任何特定的个人或人群中发挥作用"。③

---

① Daphne W. Yiu, Yue Hua Xu, and William P. Wan, "The Deterrence Effects of Vicarious Punishments on Corporate Financial Fraud," *Organization Science* 25:1549 (2014).

② 关于这一点,参见 Dorothy Thornton, Neil A. Gunningham, and Robert A. Kagan, "General Deterrence and Corporate Environmental Behavior," *Law and Policy* 27:262 (2005),有很多关于商业环境中的威慑的研究。例如,Christopher Hodges, *Law and Corporate Behaviour* (2015), pp. 139–157; Sally S. Simpson et al., "An Empirical Assessment of Corporate Environmental Crime-Control Strategies," *J. of Crim. Law & Criminology* 103:231 (2013)。

③ Mark C. Stafford and Mark Warr, "A Reconceptualization of General and Specific Deterrence," *J. Research in Crime and Delinquency* 30:123, 127 (1993). Raymond Paternoster and Alex Piquero, "Reconceptualizing Deterrence: An Empirical Test of Personal and Vicarious Experiences," *J. Research in Crime and Delinquency* 33:251 (1995).

学者也谈论剥夺犯罪能力(Incapacitation)。[①] 因其犯下谋杀而绞死X先生,完全确保了他不再杀人,这是特别威慑的终极表现。[②] 把窃贼关进监狱则是防止他们继续入室行窃的最佳办法,只要他们没被释放出来。把犯罪的外国公民遣送回国也能剥夺他们的犯罪能力,至少在美国剥夺。在某种意义上,脚环和类似设备也会剥夺人的犯罪能力。对剥夺犯罪能力实际效果的论证和研究为数不少,[③]问题之一是罪犯的数量是否具有弹性。狱中的毒贩不能贩毒(我们希望如此),但某人可能轻松取代了他在狱外世界的地位。但另一方面,这个取代的论点并不适用于强奸犯,也不适用于杀人犯,虽然可能有职业杀手的例外。剥夺犯罪能力对不同犯罪的效果有差别。此外,把人关起来对他们的家庭、孩子甚至社区都有副作用,这些副作用可能在事实上抵消任何把这些人抓起来的收益。

剥夺犯罪能力的效果有多显著?一些学者认为把人关起来对犯罪率有真实且显著的影响,另一些学者则发现只有微弱影响或没有影响。1970年代一个对"危险罪犯"的研究表明:剥夺犯罪能力没有或几乎没有成效。一个原因是大多数被捕的人是初犯,剥夺犯罪能力不可能提前避免他们犯罪。而且,典型罪犯"很少"犯下暴力罪行,

---

① 对此问题的全面讨论和这类文献(至少到1990年代中期)的评论,参见 Franklin E. Zimring and Gordon Hawkins, *Incapacitation: Penal Confinement and the Restraint of Crime* (1995)。

② 死刑当然可以"剥夺犯罪能力",它是不是一个重大的一般威慑,将会是我在本章后面要解决的一个疑难问题。

③ 例如,Jacqueline Cohen, "Selective Incapacitation: An Assessment," *University of Illinois Law Review* 253 (1984); Don Weatherburn, Jiuzhao Hua, and Steve Moffatt, "How Much Crime Does Prison Stop? The Incapacitation Effect of Prison on Burglary," *Int'l J. of Punishment and Sentencing* 2:8 (2006)。

至少“很少被捕”。因为这些因素,他们认为:剥夺犯罪能力是打击犯罪的无效工具。[①] 但这绝非学者的共识,比如斯蒂文 · 列维特就认为,监狱人口暴增对 1990 年代犯罪率的急剧下降至少有些贡献。[②]

还有一点:我们谈论惩罚和奖励时,似乎假定政府实施的不是奖励就是惩罚。入狱一年当然是惩罚,诺贝尔奖当然是奖励。但假设强制酒驾司机参加某种培训项目,这是惩罚还是一般性的康复项目?在罪犯通常并非自愿选择的意义上,可以说是“惩罚”,他们是被迫参加的;但教育培训相比于监狱刑期、高额罚金或吊销驾照,几乎不算“惩罚”。引导性项目是惩罚吗?在加拿大安大略省,根据 1998 年的一部法律,希望要回驾照的酒驾司机必须参加被称为“回归正轨”的项目。[③] 这个项目相当成功,一些参与者完全戒掉了饮酒。是不是项目本身产生了这些好结果,并不清楚。我们的问题则是:“回归正轨”是一种惩罚形式,还是一些别的——某种奖惩之间的东西?

惯犯(Criminal Careers)

惩罚——特别威慑——在理论上应当会阻却人们再犯相同的错误。在实践中,在一定程度上它确实如此。但依然存在惯犯,也就是

---

① Stephan Van Dine, Simon Dinitz, and John Conrad, “The Incapacitation of the Dangerous Offender: A Statistical Experiment,” *J. Research in Crime and Delinquency* 14:22, 32 (1977).

② Steven D. Levitt, “Understanding Why Crime Fell in the 1990s: Four Factors that Explain the Decline and Six that Do Not,” *J. of Economic Perspectives* 18:163, 177-179 (2004).

③ Gina Stoduto et al., “Impact of Ontario's Remedial Program for Drivers Convicted of Drinking and Driving on Substance Use and Problems,” *Canadian J. of Criminology and Criminal Justice* 56:201 (2014).

一而再再而三犯罪的人。他们中有许多人也一而再,再而三地受到惩罚:被捕后还反复酒驾的司机,坐了一次、两次或三次牢后还继续入室盗窃的窃贼。为什么会发生这种情况?为什么存在惯犯?为什么惩罚不起作用?

可能的原因有很多。一个次要原因可能是:对某些人而言,惩罚或真实威慑的措施似乎没有或几乎没有作用。并非每个人都把坐牢看作可怕的事情。约翰·克罗斯(John Cross)研究了毒品交易,认为许多"吸毒者和低层贩毒者"过着悲惨而失序的生活。他们"完全无家可归,没有稳定的家庭网络"。他们可失去的如此之少,以至于"不把拘留所或监狱看成什么重大威胁"。实际上,这些地方会给他们提供"稳定的三餐和……温暖而干燥的床铺"。一个毒贩说他在监狱里"更放松",另一个毒贩声称,坐牢比他当建筑工人时的工作更安全,而且,"监狱里的毒品比外面更多,挣钱很容易。"[①]年轻人特别有可能不把监狱当回事。正如一个惯犯在很久以后所说,"哥们,我当时很年轻,头脑简单。你懂的,我不在乎……坐牢对我来说完全算不了什么。"[②]一些罪犯也痴迷于犯罪的兴奋或刺激,那种热血上涌、兴奋陶醉,或屈服于来钱快的诱惑。还有少部分人出于各种原因就是不能控制住自己。我会在后文再回到这个话题。

另一个影响惯犯的可能因素被称为重置(Resetting)或"赌徒谬误"。例如,一个窃贼一旦被捕受罚,就会"重置"其观念中再次被捕

---

① John C. Cross, "Passing the Buck: Risk Avoidance and Risk Management in the Illegal/Informal Drug Trade," *International Journal of Sociology and Social Policy* 20:68, 87-88 (2000).

② Neil Shover, *Great Pretenders: Pursuits and Careers of Persistent Thieves* (1996), p. 178.

的概率。“就像玩牌的人有时会在输掉后提高赌注一样”,这些罪犯也可能认为雷不会在同一个地方劈两次,他们会转运,他们比之前有更大的机会逃脱惩罚,所以继续犯罪。有一些微弱证据证明:这类心理至少可以解释一些罪犯的行为。① 另一方面,正如俗话所说,挨过烫的孩子最怕火。一个对宾夕法尼亚州学生扒手的研究发现:被抓过的学生更可能觉得他们会再次被捕(然而,这不是一个非常“强大的”效应)。②

惯犯(硬核罪犯)有时似乎对风险很健忘,也似乎相当非理性地行动。但这些罪犯也确会调适其行为以适应环境。他们甚至经常在长期牢狱生涯以后决定放弃犯罪,或从重罪转到轻罪。正如一个持枪劫匪所说,服刑十年以后,“我不想再用枪指着任何人……我不想再打任何人……我不想再闯进任何人的房子。”援引一个窃贼的话:他打算放弃入室盗窃,转向商店行窃;如果你因为“顺手牵羊”(商店行窃)被捕,“通常就是被罚款。如果再糟糕一点,你就必须坐一年牢。”③而入室盗窃的刑罚就严重得多。

剖析惩罚

从理论上说,惩罚或惩罚的威胁性是有力的威慑手段。对此存

---

① Greg Pogarsky and Alex R.Piquero, “Can Punishment Encourage Offending? Investigating the ‘Resetting’ Effect,” *Journal of Research in Crime and Delinquency* 40:95 (2003).

② Robert E. Kraut, “Deterrent and Definitional Influences on Shoplifting,” *Social Problems* 23: 358, 362 (1976).

③ Shover, *Great Pretenders*, pp. 122-123.

在一些怀疑,但并不是很多。威慑理论背后的基本假定是有道理的,包括在经验上的感觉。总体而言,人们会调适其行为以趋利避害,避开昂贵或痛苦的东西:这似乎是正确的。威慑理论对经济学家特别有吸引力,他们往往对人类行为抱有非常愤世嫉俗或机械的理解。当预期收益超过预期损失时,罪犯就会犯罪:犯罪的经济学就像其他经济学一样,以这个观念为基础。

要嘲讽这个想法很容易。必须承认,就窃贼为何盗窃、人们为何对激励做出或不作出回应而言,它几乎没告诉我们什么有用的东西。但这个理论解释了大量的犯罪行为。没有人在警车出现时以每小时100英里的速度冲过公路。甚至,入室窃贼也至少会粗略计算一下:如果他在附近看到警察和坐在邻近门廊上的爱管闲事的邻居,就会认为太容易被捕而放过这间房子。显然,窃贼不会拿出纸笔计算风险与收益,但他会运用常识。如果这间房子看起来容易上手且满是珠宝、现金和其他好东西,预期收益就可能超过预期风险。[①] 荷兰抢劫犯"选择他们预期目标地点钱最多的时候",例如银行的"夜间保险箱被清空时"。小偷在冬天更活跃,因为冬天的夜晚更长。他们会问自己:目标是否有人保护?[②] 换言之,窃贼和其他小偷确实受风险与奖励、成本与收益的影响而调整其行为。

显然,如果犯罪完全或几乎没有收益,犯罪的数量就会少得多。

---

① 在 Alex Piquero and George F. Rengert, "Studying Deterrence with Active Residential Burglars," *Justice Quarterly* 16:451 (1999) 中有这样的线索。

② Peter J. Van Koppen and Robert W. J. Jansen, "The Time to Rob: Variations in Time of Number of Commercial Robberies," *Journal of Research in Crime and Delinquency* 36:7, 25 (1999).

对许多社会底层的人而言,犯罪似乎要比在麦当劳做汉堡包挣得更多。此外,诸如获益、损失、成本、收益等概念,对不同的人有不同的意义。“惩罚”也是一个复杂概念。当我们用这个词时,通常会想到罚款、坐牢甚至死刑。其实也存在其他形式的惩罚:例如放逐和回避,或者驱逐、递解出境。还有丧失特权,例如没收驾照。还有鞭刑、酷刑、致残,后者曾被普遍运用:割掉耳朵、铁烙印迹,等等。

惩罚的历史源远流长且丰富多彩。在美国殖民时期,惩罚总在公开场合施行。鞭刑是惩罚的一种普遍形式,在公共广场当着所有人的面执行。殖民者也使用污名和耻辱刑:把人锁在足枷上,或给淫妇画上纳撒尼尔·霍桑(Nathaniel Hawthorne)笔下闻名的“猩红 A 字母”。铁烙印迹或割掉耳朵是给罪犯留下永久标志的惩罚形式。①终极惩罚是绞刑,也是在公开场合实施。或许整个城镇的人都会聚在一起,观看罪犯在吊索下悬着挣扎的样子。到 19 世纪,至少官方有着对肉刑的厌恶,于是监禁取代鞭刑(在某种程度上也取代绞刑)而成为惩罚的主要形式。监狱则在 19 世纪上半叶产生:一种大型的、有围墙、严峻的建筑,由重兵把守。曾经要在公开场合受惩罚的牢犯,现在则在完全隔离于社会其他人的情况下受苦。

刑法典可以被解读为一种惩罚目录,是确定每类犯罪代价的文本。但惩罚不只是语词,还是一个系统。例如,想象一个司机被警察拦下来,被控酒驾并被带上法庭。逮捕、传讯和整个诉讼程序,所有这些都是不愉快、有破坏性、很可能有羞辱性,或许在心理上有害。

---

① Lawrence M. Friedman, *Crime and Punishment in American History* (1993), pp. 37-41.

即使这个司机最后被释放,他也受了不少苦。马尔科姆·菲利(Malcolm Feeley)对下级法院的著名研究就起了一个很有煽动性的名字:《过程就是惩罚》(*The Process Is the Punishment*)。[①] 这个名字能引起很大共鸣。此外,惩罚并不随释放而结束。例如有人被控一项重罪,在监狱里服了一段刑期,然后出来了。正如俗话所说,他已经向社会偿还了债务。但他真的已经还完债了吗?在许多方面,他还要继续偿债。乔安·彼得希里亚(Joan Petersilia)指出,重刑犯"丧失了许多公民基本权利",在某些州,他们不再享有投票权。一个有前科的人要找到工作相当困难,他的生活前景通常很黯淡,家庭关系可能也会受损。他遭受了所谓的"附加成本",这几乎是一种必然。[②] 可以肯定的是,他在美国的处境比在法国之类的国家要糟糕。对社会的债务似乎从来不可能完全还清。社会是个严厉的债权人,一大堆"看不见的惩罚"仍然有效。[③]

再想象一个商人被捕并被控白领犯罪,例如内幕交易。假设他受审后被陪审团宣告无罪:这当然是个好结果。但到那时,他已经在律师身上花了一大笔钱,也可能遭受了夜里失眠的痛苦,名字上了报纸,声誉一落千丈。不论结果如何,他都经受了一次可怕的折磨。无罪释放当然比定罪好,但这是一个漫长、艰苦且具有惩罚性过程的终

---

① Malcolm Feeley, *The Process Is the Punishment: Handling Cases in a Lower Criminal Court* (1992).

② Daniel S. Nagin and Raymond Paternoster, "The Preventive Effects of the Perceived Risk of Arrest: Testing an Expanded Conception of Deterrence," *Criminology* 29:561, 563 (1991).

③ Joan Petersilia, *When Prisoners Come Home: Parole and Prisoner Reentry* (2003), p. 105; Devah Pager and Bruce Western, *Race at Work: Realities of Race and Criminal Record in the NYC Job Market*, Report of the NYC Commission on Human Rights (December 2005).

结。他的职业生涯可能再也不会恢复,声誉亦然。许多人会认为:苍蝇不叮无缝的蛋,陪审团是放了他,但他真的那么无辜吗?另一方面,比如说对百万富翁而言,1000 美元罚款的影响是九牛一毛,对穷人来说则是毁灭性打击。间接惩罚对不同个人和企业的影响差别极大,这一影响取决于惩罚的对象、内容和形式。

所有这些间接形式的惩罚形塑了威慑系统的一部分。对无罪者而言肯定没什么好威慑的,但其实还有一般威慑存在。潜在违法者或许会在采取行动前多考虑一下,甚至被捕及其相应后果的可能性就可以威慑住他们。然而"过程"性惩罚也可能会给无罪甚至对社会有用的行为泼冷水(如果这个行为接近非法的边缘)。一个中产人士从过程性惩罚中失去的(社会价格和其他价值)或许比黑帮成员更多。类似的,坐牢对不同人的效果不同。对一些惯犯而言,坐一阵牢虽然不尽如人意,但近乎是他正常职业生涯的一部分了。

此外,当我们说"五年有期徒刑"时,并没有完整描述实际刑罚。在哪种监狱服刑?条件如何?是否危险?是否充满黑帮分子?会不会被狱警或其他罪犯打?会不会被强奸?是不是个"最高戒备"监狱,每天有 23 个小时都被关着?是不是个当地监狱,一到夏天就酷热难耐?是不是个"乡村俱乐部",一个相对温和的监狱?如果怕坐牢的想法构成威慑,那么真实的威慑效果当然取决于监狱的状况(或者人们认为监狱是什么样)。在佛罗里达州的一个有趣研究中,研究者试图测算逮捕被控家暴的男性有何影响。[1] 这些男性被拘留、取指纹、关一阵子,然后要么被释放要么被审判。这些——例如说因打老婆而被捕的——男人可不可能再次犯这种罪?还是说在刑事司法之网中纠缠的经历可以构成一种有效威慑?有工作的人会受到这种经历的威慑,但无业者就不会。简言之,威慑效应对有更多东西可失去的人的作用更大。这是因为他们更受制于污名与耻辱吗?——我会在后文详述。

威慑理论至少假定了某种理性计算,但典型罪犯或潜在罪犯没办法准确进行计算。盯上一间公寓的窃贼对他可能从中偷到什么真没太多线索。如果收益很小,就不值得冒被捕的风险。但所得与所失并不是只能用货币来衡量。对许多窃贼而言,入室盗窃是他们唯一的本领。他们别无选择,至少他们看不到有其他出路。入室盗窃是他们的工作、职业和生活方式。一些犯罪存在某种惊险刺激的要素,例如飙车或入室盗窃。在一项对英国窃贼的研究中,他们主要受金钱激励,但一些人表示自己"在无聊、无所事事时"或"纯粹出于乐趣"会去入室行窃。[2] 在某些情况下,把某种行为确定为犯罪,可能在实际上激励而非威慑了该行为:即所谓"禁果"现象。之前我们提到过,波士顿的严厉审查制度把禁书变成了畅销书。[3] 一部法律也可以在另一种(很明显的)意义上提高犯罪率:确定任何新的罪行,除非

---

① Anthony M. Pate and Edwin E. Hamilton, "Formal and Informal Deterrents to Domestic Violence: The Dade County Spouse Assault Experiment," *American Sociological Review* 57:691 (1992).

② Trevor Bennett and Richard Wright, *Burglars on Burglary: Prevention and the Offender* (1984), p. 37.

③ 参见 Neil Miller, *Banned in Boston* (2010)。

能够把法律禁止的行为完全消除(这从来没有发生过),否则在某种意义上都会提高犯罪率。行为越被界定为非法,就会有越多的非法行为。

威慑曲线

一般而言,惩罚越重或激励越强,影响就可能越大。这在直觉上似乎是对的,也是经济学家最喜欢的那种命题:产品价格越高,在同等条件下,人们买得就越少。但惩罚严厉程度与实际威慑效果之间的关系虽然真实且显著,但却并非线性。具有讽刺意味的是,犯罪越严重,增加惩罚会产生重大影响的概率就越低。这是因为对非常严重的犯罪(例如谋杀)而言,惩罚的威胁不是主要威慑,道德的考量才是。

大量关于死刑的研究讨论死刑是否具有威慑效果。死刑是终极惩罚、最严厉的惩罚、惩罚中的惩罚。但为什么这些研究如此自相矛盾、如此不一致?为什么结论总是出尔反尔?为什么要回答"死刑是否发挥和发挥了多少威慑作用"这些问题如此困难?

可以用我喜欢称为"威慑曲线"的工具来分析这个问题。假设入室盗窃的刑罚是五年有期徒刑,然后把它提高到十年有期徒刑,且执法水平保持不变。更严厉的刑罚可能会产生某些影响,但几乎可以肯定,刑罚翻倍不会导致影响翻倍(也就是入室盗窃的犯罪率减半)。威慑曲线是描述刑罚严重性及其影响之间实际关系的曲线,可能在轻罪中最容易看出其意义。假设在主街上超时停车的罚款是 1 美元,十个违法者中有两个会被抓到。于是许多人在匆忙中就会愿意承担罚款的风险,毕竟1美元并不多,而停车位可能很难找。如果罚款被提高到100美元(被抓到的概率还是1/5),大多数司机就会在超时停车前斟酌一下,但一些人出于绝望或其他原因仍会冒险。如果再把罚款提高到200美元,这可能会有某些影响,但如果除了剩不下几个违法者以外没有其他理由的话,这肯定不会把违法者的人数减半。(没有专用车标而占用残障人士专用车位的罚款数额巨大,所以大多数人都小心翼翼地避开这些地方。)回到城市主街停车问题,除了罚款以外,市政管理部门现在还开始无情拖走乱停的汽车。这可能会产生某种小的影响,但不会导致大的变化。大多数人已经受到威慑了,威慑曲线已趋于平缓。①

毫无疑问,每种犯罪都有自己的威慑曲线。举谋杀为例,大多数人不是潜在的杀人者,道德因素足以抑制他们谋杀;对少数潜在的杀人者而言,严厉的惩罚已经确定,例如终身监禁或长期徒刑。现在假定把死刑的可能性加入其中,这会增加多少威慑效果呢?不会很多。不是因为威慑理论错了,而是因为威慑曲线已趋于平缓。我猜或许不是完全平缓,但也足以使死刑能够提供的威慑力量消失或几近消失。

对大多数重罪而言,威慑曲线无疑也变平了。肯尼斯·D. 滕内

① Lawrence M. Friedman, *The Legal System: A Social Science Perspective* (1975), p. 76.

尔（Kenneth D. Tunnell）访谈了犯入室盗窃或持枪抢劫罪的牢犯，[1]发现他们完全没有考虑风险问题。正如其中一人所说："我从没有真的想过被抓，直到，砰！你进监狱了。"滕内尔认为，严厉的刑罚对惯犯的影响是"可疑"的。[2] 换句话说，这些犯罪的威慑曲线已变平缓。剩下一小撮惯犯，他们出于这样那样的原因没能对威胁作出回应，就像少数愿意冒车被拖走的风险的超时停车者一样。

是什么使威慑曲线变平缓？首先是道德考量——反谋杀、强奸和持枪抢劫的强劲道德规范，还可能有其他原因。我们说过，每种犯罪都有自己的威慑曲线，要确定例如入室盗窃、强奸、挪用公款、赌博或制造庞氏骗局这些犯罪的威慑曲线形状，是一个经验问题。商店行窃或酒驾亦然，很可能没有哪两条曲线是相同的。威慑曲线取决于各种因素：既包括惩罚类型、其严重性、执法水平，也包括地方文化、违法者与守法者的个性，以及被禁行为是否非常让人向往。

谁是幸存者——也就是不可威慑者——当威慑曲线变平缓以后还留下来的少数人？这会随不同情况而变化。或许幸存者没什么可失去的，处于绝对有必要违反规则的境地。面对行刑队的人就在这种处境之下：他会做任何事情、冒任何风险、尝试任何机会，尽管所有的抵抗都是被禁止的。在某些极权主义社会中，社会氛围可能如此令人受苦、如此肆意危险，以至于人们纯粹出于绝望而违反规则——

① Kenneth D. Tunnell, "Choosing Crime: Close Your Eyes and Take Your Chances," in Barry W. Hancock and Paul M. Sharp, *Criminal Justice in America: Theory, Practice, and Policy*, 2d ed. (2000), p. 38.

② 同上，第 43、48 页。

他们的威慑曲线已经变平了。纳粹集中营比但丁笔下的地狱还恐怖，是个“合法的无人生还之地”，囚犯在这里被剥夺了所有权利和人道。① 当生与死操之于施虐狂与暴君之手时，革命比屈从的风险更小。华沙犹太区的犹太人知道他们难逃一死，他们之所以抗争在某种程度上是因为他们别无选择。在一项经典的监狱研究中，格雷沙姆·赛克斯（Gresham Sykes）提出了类似论点。② 狱警和其他监狱官员与叛逆无序的囚犯持续进行着斗争。赛克斯认为，这是因为这些官员“已危险地靠近合法惩罚库存枯竭的临界点”，剩下的惩罚“已失去了它们的效力”。在这个监狱里，威慑曲线不仅已经变平，或许还开始向下走了，至少走了一些。

或者考虑一下 2011 年 9 月 11 日美联航 93 号航班的乘客。他们意识到飞机已经被劫持了，也知道劫机者在执行一项自杀式任务，他们都会死。那么劫机者的任何威胁都不能阻止乘客尝试任何事情来孤注一掷地自救，不论这有多么大的风险。他们最后失败了，但至少挫败了劫机者的计划。

要威慑听天由命、满不在乎或无法规划未来的人是很困难的。你得想想制造庞氏骗局的那些人：他们肯定知道这种把戏迟早要败露，也确实会败露。伯纳德·马多夫（Bernard Madoff）曾经制造了一

① Rüdiger Lautman, "Körperzwang im Konzentrationslager," *Z. für Rechtssoziologie* 28: 3 (2007).

② Gresham Sykes, *The Society of Captives: A Study of a Maximum Security Prison* (1958), pp. 42, 51.

个规模巨大的庞氏骗局,他的余生都要在监狱度过。[①] 但当他还没倒时,他有权有势,受人尊敬,过着高人一等的生活。他想过这种生活会持续多久吗?他有退出策略吗?他或许认为这些都是值得的,这趟旅程不虚此行,不论后面会发生什么?对马多夫而言,威慑曲线显然没有变平。

威廉·钱布利斯(William Chambliss)在一篇著名的文章中区分了"表现性"和"工具性"犯罪。[②] 如果犯罪目的在于自身,犯罪行为本身令人愉悦,那么它就是表现性的,比如强奸和毒瘾;另一方面,工具性犯罪,例如挪用公款或逃所得税,只是其他目的的手段。钱布利斯主张工具性犯罪比表现性犯罪更易于威慑,表现性犯罪的心理驱动比工具性犯罪更强、更难抵挡。因此,两种犯罪具有相当不同的威慑曲线。

但这并不必然正确。假设我在安静的草地上看到一朵美丽的花,我想摘下它做成花束。摘花是一个表现性行为,但如果这朵花很稀少且濒危,这就也可能是一项犯罪。我认为,大多数人如果知道他们摘花会招来大麻烦就不会摘。挪用公款者、骗子和其他犯工具性罪行的罪犯,可能好赌博或有毒瘾。挪用公款者也可能被看上去的快钱所迷惑,以至于一次又一次管不住自己的手。我们还提到过,制造庞氏骗局的人肯定知道快活的日子总会结束。对这些人而言,犯

---

① Diana B. Henriques, "Madoff Is Sentenced to 150 Years for Ponzi Scheme," *New York Times*, June 29, 2009.

② William J. Chambliss, "Types of Deviance and the Effectiveness of Legal Sanctions," 1967, *Wisconsin Law Review* 703.

罪这个事情肯定是值得的。人们活在当下而非未来,花钱比存钱容易,吃薯片比节食容易。在许多情况下,决定威慑的理性计算是许多人不会做或做不了的。以区分表现性与工具性犯罪作为理解最佳威慑效果的条件,并不是一个很好的办法。

举另一个例子:很难想象比性更具表现性的事情。性不是犯罪,但社会总是规制或试图规制性行为,而且规制相当多。青少年性行为似乎特别"发自内心或情绪性",几乎没有"理性与计算"。假设一部法律要求年轻女孩在堕胎前征得家长同意,它会导致"风险性行为"(所谓风险是在女孩容易怀孕的意义上)减少吗?当然会。一组接受研究的青少年中得淋病的概率也大大降低了。[1] 许多青少年自然还会不顾一切地沉溺于风险性行为,但至少他们中的一部分要么收手,要么采取更多保护措施。

另一个学者约翰·加罗(John Gallo)在"白领"犯罪与暴力犯罪之间做了区分。他主张白领犯罪容易威慑,而暴力犯罪难以威慑。[2] 白领罪犯比暴力罪犯更理性,惩罚讯息往往会奏效。通过对比,他要我们想想毒骡,也就是把可卡因交付给买家然后收钱的中间人。这

---

① Jonathan Klick and Thomas Stratmann, "Abortion Access and Risky Sex among Teens: Parental Involvement Laws and Sexually Transmitted Diseases," *J. Law & Economic Organization* 24:2 (2007). 这一效果似乎在西班牙裔和白人之中最为显著,对非裔美国人而言就很小或无效。德州曾通过一部法律,要求医生在实施堕胎至少 48 小时前告知想堕胎的未成年人的家长,之后堕胎率下降了——例如,在 15 岁未成年人之中下降了 11%。Theodore Joyce, Robert Kaestner, and Silvie Colman, "Changes in Abortions and Births and the Texas Parental Notification Law," New England J. of Medicine 354:1031 (2006).

② John N. Gallo, "Effective Law-Enforcement Techniques for Reducing Crime," *J. Criminal Law & Criminology* 88:1475 (1998).

些中间人挣得不多,如果被抓就要面临可怕的惩罚——一大笔罚款以及年复一年的牢狱生涯。没有“理性的行动者会……冒着这么严重的刑罚风险,而只图这么一点微薄的报酬。”[①]结论当然是:毒骡的行为并不理性。另一方面,白领罪犯“一般是理性知情的个体”,执法会对他们产生强烈的威慑作用。相比之下,暴力罪犯“行为不理性”,他们经常“意识不到其行为会受到的惩罚”。[②] 但我们必须再次发问:白领罪犯是否真的那么理性?他们中某些人似乎恰恰相反是狂热的冒险者、毫无道理的独断专行者。总有像伯纳德·马多夫一样的人。

职业罪犯与业余罪犯的思维和行动都可能不同,例如偷车团伙的成员就跟偷车开着玩的孩子不一样。职业罪犯是“控制或最小化风险的专家”,也知道如何操纵法律制度,如何接触买卖赃物的人,获得业余罪犯没有的其他信息。商业盗窃很可能是提前计划好的,持枪抢劫的计划性则差一些。有经验的罪犯有不同且更好的方式来评估犯罪机会,也有更多“有关策略与行动的信息”。[③]

但总体而言,犯罪类型确实也会对威慑效果产生不同影响。从理论上说,阻止乱穿马路比让人戒酒要简单得多。但人们确实会戒酒,而要他们不再乱穿马路则十分困难。他们认为这样做没有任何

---

① John N. Gallo, “Effective Law - Enforcement Techniques for Reducing Crime,” p. 1483 (1998)。加罗认为,一些“毒骡”(错误地)认为“如果他们没有亲自持有可卡因,或如果他们在交付可卡因的同时没有收钱,他们就不能被起诉”。

② 同上,第1475—1476页。

③ John Carroll and Frances Weaver, “Shoplifters’ Perceptions of Crime Opportunities: A Process -Tracing Study,” in Derek B. Cornish and Ronald V. Clarke, eds., *The Reasoning Criminal: Rational Choice Perspectives on Offending* (1986), pp. 19, 22-23.

(道德上的)过失,对此的执法则非常薄弱。如果对吸毒的惩罚变得非常严厉,而执法十分紧密严格,许多毒瘾者都会强迫自己戒毒,一些人会自愿参加戒毒项目并付出极大努力来摆脱毒瘾。瑞典在1998年通过一部法律将嫖客们入罪化。根据这部法律,买淫成为犯罪。其目的在于根除使女性成为受害者的卖淫。你可能会认为,买淫正是表现性行为的缩影。但这部瑞典法律(肯定伴随着一个大型的教育运动)似乎产生了某种影响,卖淫显然减少了。①

再重复一遍:每种犯罪无疑有不同的威慑曲线。或许每个社会的每种犯罪都是如此。在瑞典管用的办法,在其他地方可能就没用,在过去的瑞典或将来的瑞典也可能没用。一般而言,表现性与工具性犯罪可能具有不同的威慑曲线,但这个论点不能过分延伸。挪用公款罪(白领犯罪)的威慑曲线很可能与强奸罪不同,强奸罪的威慑曲线可能又与持枪抢劫罪不同,毕竟持枪抢劫图的是钱,而强奸不是。一项研究显示,强奸犯是出于"绝望和情绪混乱"而犯罪,把强奸当作"绝望的最后尝试,以解决他感到的如果不发泄就会毁灭自己的压力;他经常怕自己失去控制、可能发疯"。② 这项研究描绘了一幅压抑的强奸犯画像——这种压抑不仅因为强奸犯对受害者产生的可怕影响,也因为它把强奸犯描述成带有暴力和无脑冲动、显然不易威慑(或治愈)的人。

---

① Iris Yen, "Of Vice and Men: A New Approach to Eradicating Sex Trafficking by Reducing Male Demand through Educational Programs and Abolitionist Legislation," *J. Criminal Law & Criminology* 98:653, 678–679 (2008).

② A. Nicholas Groth, *Men Who Rape: The Psychology of the Offender* (1979), p. 6.

但威慑曲线的形状永远是一个经验问题。可以肯定的是,一些强奸犯不可能被任何程度的惩罚所威慑。这对残忍且针对陌生人的强奸犯而言尤其如此。约会强奸和发生在醉醺醺的联谊聚会上的那种强奸,更可能对惩罚、教育以及坚持"不要就是不要"(no means no)的宣传运动作出回应。各个大学正在努力解决校园中针对女性的暴力问题,并且当然可以做出一些改变,某种教育与制裁的结合可能奏效。① 改变校园中的年轻男性文化,特别是兄弟会文化和(男性)运动员文化固然不简单,但值得一试且可能成功。

1992 年发表的一项研究罕见地尝试检验"威慑/理性选择"理论能否对性犯罪者奏效。② 研究对象是在新英格兰州一所州立大学上社会科学课程的 49 名男性大学生,其中大部分人是年轻的一年级生。研究者给了他们不同的"场景",但都包含 20 岁的女性洛丽和 22 岁的男性汤姆。在这些场景中,汤姆与洛丽发生了性关系,但这是违背洛丽意愿的。不同场景的事实不同,比如:汤姆是不是洛丽正在约会的对象? 洛丽直接拒绝了吗? 她推开他并叫他停下了吗? 他威胁要打她了吗? 她有没有尖叫或者大喊? 她受到身体或心理上的伤害了吗? 研究者问这些学生能不能想象自己做出汤姆所做的任何事情,也问他们是否认为自己会受惩罚,惩罚可能是被学校开除或被逮捕。他们还被问到是否认为汤姆的行为是错的,可以在"没有错误"

---

① 参见 Kate B. Carey et al., "Incapacitated and Forcible Rape of College Women: Prevalence across the First Year," *J. Adolescent Health* 16:678 (2015)。

② Ronet Bachman, Raymond Paternoster, and Sally Ward, "The Rationality of Sexual Offending: Treating a Deterrence/Rational Choice Conception of Sexual Assault," *Law & Society Review* 26:343 (1992).

(0)到“大错特错”(10)之间选择打分。结果显示:认为汤姆大错特错的学生不太可能受到任何惩罚威胁的影响,但他们(自然)是一些往往会首先说他们绝不会像汤姆那样做的人。但对其他人而言,“可认知的正式惩罚的风险确实会产生显著的威慑效应”。①

然而,就我们所知,这些男学生并不是真的强奸犯。只有少于半数的人可以想象自己像汤姆一样残暴(虽然不必然处于最暴力的水平)。研究者要求他们对自己未来的行为做出预测,并主张这种预测是可信的,但这可能为真,也可能为假。而且,这是针对一小群人对一小撮场景的回应所做的小型案例研究。在某种程度上,它是对(潜在)性犯罪者的威慑曲线所做的研究。它似乎显示:大多数人既受对惩罚的畏惧、也受自身内在的价值标准的威慑。威慑曲线对极端案例——对陌生人犯暴力强奸罪——迅速趋于平缓,对不那么极端的案例而言,威慑曲线需要更多时间才会变平。我们这个时代的强奸法变革与女性声音的兴起,可能会对不那么暴力的性侵犯——对那些迟迟不理会女性拒绝,但如果约会对象尖叫或反抗就很可能立即收手的男性(例如一些场景中的浪荡公子)——的威慑曲线产生影响。当然,还存在纸上谈兵是否真的能帮助我们认识现实世界行动的问题。比如抽烟就像毒瘾一样,是表现性的。实际上,它也是一种成瘾形式。政府用各种办法使人们戒烟:民法和刑法,广告限制,重税,禁止在餐馆、机场和许多其他地方禁止吸烟的规则,政府内外的教育运动。总体而言,禁烟运动取得了实际成果,吸烟在发达国家已

① 同上,第365页。

经大幅减少(然而在某些欠发达国家,吸烟反而增加了)。但在某一点,吸烟的威慑曲线变平缓了:大多数人已经戒烟,把税加倍或施加更多限制,可能不再会产生很大影响,要让剩下的吸烟者戒烟变得越来越困难。在美国,“成人吸烟人数在 2006 和 2008 年间保持稳定”,在欧洲,已经达到一个没有重大举措就“很难再有更进一步减少”的临界点。①

威慑理论:严厉性 vs 确定性

在有关威慑的海量研究中,对威慑的两个主要组成部分——严厉性与确定性——存在着相当大的争议。严厉性是实际、正式的刑罚,例如犯入室盗窃罪被判五年有期徒刑;确定性是一个窃贼被捕的概率,例如六分之一。一些研究主张确定性比严厉性更重要,②这类发现可以从某些研究中摘引出来。③ 然而,格雷格 · 波加斯基(Greg Pogarsky)研究了通常的研究对象(大学生)以后对这些发现表示质疑,认为它们所基于的调查太过宽泛,包含了无论如何都不会违法的人,如果排除掉这些人,严厉性就会产生影响。他给予他研究的学生一个场景:想象你去一个大概离你家十英里远的酒吧,在那儿喝醉

① Eric A. Feldman and Ronald Bayer, “The Triumph and Tragedy of Tobacco Control: A Tale of Nine Nations,” *Ann. Rev. Law Soc. Sci.* 7:79, 88 (2011).

② 关于这方面的讨论,参见 Silvia M. Mendes, “Certainty, Severity, and Their Relative Deterrent Effects: Questioning the Implications of the Role of Risk in Criminal Deterrence Policy,” *Policy Studies Journal* 32:59 (2004)。

③ 参见 Harold G. Grasmick and George J. Bryjak, “The Deterrent Effect of Perceived Severity of Punishment,” *Social Forces* 59:471 (1980) 中的讨论。

了,但你第二天早上必须上班。你会酒驾,还是试着找找别的办法回家?把车留在那儿会很尴尬、很麻烦。如果你把那些绝对不会酒驾的人从研究中排除,只观察“可威慑”的对象(可能会也可能不会酒驾的人),确定性就不再能支配严厉性。①

波加斯基十分谨慎。通常来说,这是对一类行为主体的一类特定犯罪的研究。我认为另一种怀疑主义也是存在的:我不知道怎么对确定性与严厉性进行比较。这两个因素总是纠缠在一起,如何能够区分它们?任一术语离开对方都没有任何意义。对酒驾的惩罚在法律的纸面上可能相当严厉,但(假设)只有千分之一的酒驾司机会被抓住(并且司机们知道这一点)。如果你要用数学的方式来表达真正的严厉性,它就不会是法定的惩罚(比如说六个月有期徒刑),而是打了很大折扣的六个月。简言之,严厉性的整个概念包含且必须包含某种确定性的概念,也就是说严厉的惩罚在现实中多久才被实际执行一次。惩罚的影响可以用数学的方式表达为严厉性与确定性的产物,概率为1/10的100美元罚款不同于概率为1/20的。但这种关系并不是线性的,实际上我们没办法把严厉性与确定性相乘以后得出一个有意义的数字。不过有一件事是很清楚的:如果法律没人执行,并且人们知道这一点,不论字面上的口号喊得有多响,法律都没有影响。零乘以任何其他数都是零。如果严厉性是零(不存在实际的惩罚),没人被抓这件事就几乎不重要了。

---

① Greg Pogarsky, "Identifying 'Deterrable' Offenders: Implications for Research on Deterrence," *Justice Quarterly* 19:431 (2002).

大多数人很可能都做过严格说来是非法的事情,因为确定自己不会被抓,例如在警车不太可能出现时非法掉头。就我们所知,确定性是零,于是严厉性几乎就不重要了。但确定性很少真的是零,例如大多数酒驾司机从没被抓到过,但他们中的一小部分曾被抓过,还有一些非法掉头的司机也被抓到过。然而确定性可能微乎其微,被抓概率就好像彩票中奖的概率。乱穿马路或乱丢垃圾,通常可以被划入这个范畴。

确定性与严厉性以外的第三个因素是迅速性:惩罚何时可能到来?是快是慢?

迅速性对威慑的作用,就像许多其他影响问题一样并不非常明显。[1] 对该问题所做的研究比较少,例外之一是姜宇(Jiang Yu)对纽约酒驾司机所做的研究。[2] 酒驾司机可能被罚款,可能被吊销驾照,也可能两者皆有;惩罚可能来得快,也可能来得慢。姜宇的数据显示:“迅速的惩罚”可能“威慑普通民众与初犯,但不太可能威慑惯犯”。[3] 顺便一提,吊销驾照似乎少有或几乎没有影响,酒驾司机有没有驾照都会继续上路。通常认为,吊销驾照比罚款的威慑效力更强,但姜宇的研究显示正好相反。一些人对酒精上瘾,他们有自己无法控制的饮酒问题,更准确地说,是有他们不能或不去控制的酒驾问题。对这些“顽固者”而言,威慑曲线已经变平了。但罚款为什么会

① Raymond Paternoster, “How Much Do We Really Know about Criminal Deterrence?” *J. Crim. Law & Criminology* 100:765, 811 (2010).

② Jiang Yu, “Punishment Celerity and Severity: Testing a Specific Deterrence Model on Drunk Driving Recidivism,” *J. of Criminal Justice* 22:355 (1994).

③ 同上,第361页。

发挥作用呢？因为一笔沉重的罚款“总能制造经济负担”。你可以无照驾驶，但没了钱却活不下去。另一项对葡萄牙糟糕司机的研究也关注迅速性：葡萄牙不仅提高了惩罚，还采用“现场”估算罚款的政策。但这项政策似乎没有给其他执法措施增加很多影响，或许威慑曲线在此也变平了。①

死刑有威慑力吗？考虑时间因素

理论上，刑罚是快是慢会有不同影响，并且我提到过，至少还有一些对迅速性因素的研究。② 在某些情况下，就某些惩罚形式而言，一个人可能会想“快点把它搞定”。在这种案件中，迅速性就会使刑罚变得不那么有效。相比于在监狱待一段时间，一个人可能更喜欢在背上挨十下鞭子（但现代法律不会给你这个选择）。事实上，一些死刑犯期盼着快点执行，他们不喜欢在死囚牢房一年年腐朽下去。例如，因在俄克拉荷马州联邦建筑制造爆炸而被判死刑的蒂莫西·麦克维（Timothy McVeigh），在某一刻放弃了上诉。他说自己更喜欢快点受刑。③

对谋杀的惩罚相对确定，是在这样一种意义上的确定：相比于强

---

① Antonio F. Tavares, Silvia M. Mendes, and Claudia S. Costa, "The Impact of Deterrence Policies on Reckless Driving: The Case of Portugal," *European J. of Criminal Policy* 14:417 (2008).

② Daniel S. Nagin and Greg Pogarsky, "Integrating Celerity, Impulsivity, and Extralegal Sanction Threats into a Model of General Deterrence: Theory and Evidence," *Criminology* 29:865 (2001).

③ Jo Thomas, "McVeigh Ends Appeal of His Death Sentence," *New York Times*, Dec. 13, 2000. 关于该审判及其后果，参见 Jody L. Madeira, *Killing McVeigh: The Death Penalty and the Myth of Closure* (2012)。

奸、扒窃或酒驾而言,谋杀犯更少能逍遥法外。在美国的许多州中,死刑适用于一级谋杀,但不是所有州,而且确实存在某种反对死刑的趋势。19 个州现在没有死刑:一些州从没有过(威斯康星、密歇根),一些州最近废止了(纽约、新墨西哥),康涅狄格最近发生了转变。许多州很少使用,例如加州;然而,一些州(大多在南部,其中最重要者是德克萨斯)更频繁地使用死刑。2014 年的 35 例死刑执行中,10 例在德克萨斯:以一州之力承担了全美近 1/3 的死刑,但这也算不上特别多。①

甚至在德克萨斯,死刑判决与执行之间也相隔数年,甚至数十年。迅速或即刻的惩罚相比于发生(如果会发生的话)在遥远未来的事件,可能是更好的威慑。死刑判决与执行之间的时间差曾经相当短。1933 年 2 月 15 日,杰赛普·赞加拉(Giuseppe Zangara)试图刺杀时任总统富兰克林·德拉诺·罗斯福,但却射死了芝加哥市长安东·瑟马克。赞加拉一个月后就被处死了,时间为 1933 年 3 月 20 日。② 这种事情再也不可能发生了。

现代死刑法可以追溯到 1970 年代。1972 年,最高法院在弗曼诉佐治亚州案(*Furman v. Georgia*)中废除了当时所有的死刑条例。这是一个相当接近的五比四判决,③多数意见基于宪法第八修正案(禁止残忍与不寻常的惩罚):两名大法官认为,死刑本身就是残忍且不寻常的;另外三名多数意见大法官没有走这么远,但同意所有现存法

① Death Penalty Information Center, www. deathpenaltyinfo. org.

② *New York Times*, February 26, 1933; March 21, 1933.

③ 408 U. S. 238 (1972).

律都是有缺陷的;四名大法官表示反对。该判决并没有彻底终结关于死刑的辩论,想要保留死刑的州试图重塑法律以满足最高法院的要求。实际上,四年以后,1976年,最高法院确实认可了一部新法,还是佐治亚州的,①于是大多数州也都修订了自己的法律,或多或少遵循了佐治亚州受认可的标准。死刑案件现在要经过两个阶段:首先是定罪,然后是量刑。陪审团必须排除合理怀疑,认定至少一个加重情节(例如杀死一人以上),并且加重情节必须超过任何减轻情节。佐治亚州法律也要求对死刑判决进行自动复核。② 所有这些都在实行死刑的州中成为标准做法。

有关死刑问题的公共意见似乎摇摆不定。总体而言,人们更支持死刑,但如果观察死刑制度实际运行的方式,就可能得出更微妙的结论。其程序罕见、缓慢,并受制于特殊、复杂且烦琐的规则。这个运行中的制度显示出我们这个国家深刻的分裂:一些人支持它,一些人不支持;但即使那些支持的人,似乎也对它不常被使用且受制于各种程序与例外的事实感到满意。③

死刑执行数量的漫长、缓慢但稳定的下降支持这一观点。公开绞刑已成历史,电椅也不复存在。今天的执行方法是注射处死。④ 欧盟成员国没有一个实行死刑。死刑在日本也存在,但使用率不高。

---

① *Gregg v. Georgia*, 428 U. S. 1953 (1976).

② 在一些州,特别是亚拉巴马州,法官可以推翻陪审团的判决——要么在陪审团否决时判处死刑,要么在陪审团同意时拒绝死刑。Ala. Code § 13A-5-47(e).

③ 关于死刑案件,参见 Evan J. Mandery, *A Wild Justice: The Death and Resurrection of Capital Punishment in America* (2013); Robert Weisberg, "Deregulating Death," *Supreme Court Review* 1983: 305。

④ Stuart Banner, *The Death Penalty in American History* (2002), pp. 169-207.

它在并不羞于使用死刑的威权主义国家(例如伊朗)繁荣昌盛。印度尼西亚对毒贩处以死刑。民调显示,美国对死刑的支持率略有下降。民众知道了 DNA 证据与洗冤工程,也了解到错误定罪的案例。① 这一最终刑罚的未来是非常不确定的。

死刑有效吗?有没有威慑作用?对此问题的研究少说也有数百个。我已经提出死刑可能几乎不产生实际影响的原因(不论其理论影响如何),因为威慑曲线几乎完全变平。但要计算影响,你还要打上一个巨大的时间折扣。1993 年被迅速处死的赞加拉,在今天会年复一年地蹲在死囚牢房里。今天的死刑程序似乎在时间上可以无限延伸:程序从强制上诉开始,上诉法院很有可能会撤销原判并发回重审;但即使没有发生这个,各种各样的令状、流程和诉讼也会耗费大量时间。这部分是因为案子非常复杂,部分是因为死刑上诉案中的优秀律师数量很少,但不论是什么原因,总归是旷日持久。一个囚犯在执行死刑之前要至少等上 10 年,一些人甚至在死囚牢房待了 20 年,相当一部分人待的时间还要更长。2014 年 1 月,当 62 岁的阿斯卡里·穆罕默德(Askari Muhammad)在佛罗里达州被处以死刑时,距离他被判决之时已经过去 30 年。还有 11 个囚犯在那年被执行死刑,他们也等了 20 年以上。② 每年会发生数千起谋杀案,但判决死刑的数量只是其中很小的一部分,实际执行的死刑就更少了。自 1976

① 关于洗冤工程,参见 www. innocenceproject.org/causes. wrongful-conviction。

② 数字来自死刑信息中心,www. deathpenaltyinfo. org/execution-list-2014,2015 年 3 月 19 日访问。那年处决的犯人中只有一个人,丽莎·科尔曼(Lisa Coleman),在死囚牢房待的时间少于 10 年(她待了 8 年)。她也是 2014 年被处决的犯人中仅有的两个女人(33 个男人被处死)。

年死刑恢复以来,一年执行的最高数量是98人,2014年只有35人。但那年发生了超过16 000起凶杀案,其中相当一部分(具体数目无法得知)至少可以适用死刑。在写作本书时,加州有750名囚犯待在死囚牢房中,但加州已经好几年没有处死任何人了。

那么我们就要发出疑问了:相对于终身监禁,死刑增加了多少威慑效果?毕竟待决死囚已经在经受惩罚了,但最后走向行刑室却是很久很久以后的事情。受审的杀人犯或许知道自己有可能被判死刑,但这从来都不是确定的。不是每个杀人犯都会被判死刑,即使真的被判死刑,上诉推翻机会很大的案件数量会让你吃惊。行刑可能不会发生,如果真的发生,也会在很久以后。(当然,杀人犯是否会算计这些机会或做任何计算,就完全是另一个问题了。)

在上一段中,我有意把死刑作为一种附加威慑进行讨论。如果你问死刑是否具有威慑效果,答案显然是肯定的,它当然有威慑效果。但真正的问题是死刑相比于什么来说具有威慑效果?相比于逍遥法外,死刑当然有威慑。正如迈克尔·汤瑞(Michael Tonry)所说,因为我们有刑罚而非没有刑罚,社会才更安全,但问题并不在于此。问题在于边际变化:死刑是否产生了边际影响?我们的共识是没有。[①] 这不是要否定死刑在国家手中可以极有力量。暴君用死刑来镇压异见、打击敌人、使人就范:残暴是很有用的。伊恩·克肖(Ian Kershaw)试图揭示:为什么在所有人,包括德国人自己都很明白德国

① Michael Tonry, "The Mostly Unintended Effects of Mandatory Penalties: Two Centuries of Consistent Findings," in Michael Tonry, ed., *Crime and Justice: A Review of Research* 38:65, 91 (2009).

已经完全输掉“二战”后很久，德国还要负隅顽抗。但德国对异见者和逃亡者是绝对无情的，很乐意迅速且残酷处决任何显示出哪怕一点政治不满的人。在战争期间，德国因逃亡或其他犯罪处决了 20 000 名士兵，英国则只处决了 40 人。虽然克肖认为德国的顽强抵抗会有其他或许更有力的原因，但恐惧肯定发挥了很大作用。①

如此可见，残暴固然有用。但在我们的社会中，死刑相比于不许假释的终身监禁，甚至普通的终身监禁而言，并不会严厉多少，特别是自死刑不那么经常执行以后。即使真的执行，也会发生在判决的 10 年、20 年甚至更多年以后。

死刑与威慑：研究结果

虽然上文提到了那么多使威慑问题复杂化的考虑因素，学者们还是花费或浪费了数量惊人的时间、金钱和精力，试图查明美国死刑制度是否具有威慑效果。

这些研究表明了什么？实话实说，其结果都不是定论。一些研究没能找到任何威慑效果，②一些研究的主张正好相反。特别是经济学家被死刑有效的观念所吸引，这个观念符合他们的一般思维模式。毕竟，惩罚越严厉，它就越应该有威慑效果；当某一产品价格上涨且其他方面保持不变时，销量就应该下降。死刑是最严厉的惩罚，应该

---

① Ian Kershaw, *The End: The Defiance and Destruction of Hitler's Germany*, 1944 - 1945 (2011), p. 220.

② Scott W. Decker and Carol W. Kohfeld, "The Deterrent Effect of Capital Punishment in the Five Most Active Execution States: A Time Series Analysis," *Criminal Justice Review* 15:173 (1990).

产生最大的威慑效果。从政治上来说,经济学家往往也是保守的。不论出于什么原因,保守主义者都比自由主义者更青睐死刑。①

艾萨克·埃利希(Isaac Ehrlich)发表于1972年的论文主张:每次死刑执行都会威慑大约八次谋杀行为。死刑支持者把这篇论文当作死刑有效的科学证据。② 其他学者研究这一领域后提出了反驳,猛烈批评埃利希的方法和数据。他们相当有效地展示了埃利希轻率的结论是某种统计上的混淆视听。③ 后来出现了一大批切实的研究,其中用了一些具有令人印象深刻的计量经济与统计方法。他们的进路各有不同。约翰·多诺霍和贾斯汀·沃尔夫斯(Justin Wolfer)的详细综述大胆地尝试把所有研究总结起来。他们得出结论:"死刑有威慑效果的证据弱得惊人。"美国的死刑顶多具有非常微小的影响,甚至这一影响是积极还是消极都不清楚。他们还认为,"现有数据要解决这一不确定性"也不太可能。④

一些经济学家和许多政治人物并不这么认为,更别提普通民众了。他们认为死刑有效。或许更重要的是,很多人似乎认为死刑应

---

① 意识形态也在非公开携带枪支法的争议中起作用。他们是通过吓跑罪犯的方式阻却了犯罪?制造了更多枪支犯罪?还是什么作用也没有?这个和其他问题在 Steven Levitt and Thomas J. Miles, "Economic Contributions to the Understanding of Crime," *Ann. Rev. Law Soc. Sci.* 2:147 (2006) 中有所讨论。

② Isaac Ehrlich, "The Deterrent Effect of Criminal Law Enforcement," *J. Legal Studies* 1:259 (1972).

③ 关于这一点,参见 John J. Donohue III, "Empirical Evaluation of Law: The Dream and the Nightmare,"(《法律的实证评估:好梦与噩梦》) *American Law Econ. Rev.* 17, issue 2 (Fall 2015), first published online May 25, 2015, doi:10.1093/aler/ahv007。埃利希绝对是噩梦的一部分。

④ John J. Donohue and Justin Wolfers, "Uses and Abuses of Empirical Evidence in the Death Penalty Debate," *Stanford Law Review* 58:791, 794 (2005).

该有效。他们认为在死囚牢房的犯人大都应该去死。一些犯罪是如此恐怖,以至于他们要求只能判处死刑。一些人主张死刑有利于受害者家属:它给了他们一个“了结”(closure)。[①] 社会学家和一些民众则不喜欢死刑,他们参考的研究主张死刑成本太高或弊大于利——死刑在实际上提高了杀人犯罪率。为什么会这样呢?他们认为是因为死刑的残酷因素,其论证如下:死刑是一种残酷且野蛮的行为,它贬低了人的生命,从而正当化了杀人、复仇等行为。一项发表于 1980 年的研究声称找到了残酷效应的证据:对死刑执行的前后对比研究显示,行刑后的谋杀数量高于行刑前。研究者因此提出一个非常夸张的主张:如果国家打算处死所有死囚,就会有上百个无辜之人丧命。[②]

1994 年发表的一项研究试图一并测定威慑效应与残酷效应。[③] 俄克拉荷马州 1990 年执行了查尔斯·特洛伊·科尔曼(Charles Troy Coleman)的死刑。这是该州 25 年来执行的第一起死刑。学者们使用他们能够掌握的最成熟的统计工具,研究了该州在行刑前后的谋杀犯罪情况。他们区分了重罪谋杀(例如在持枪抢劫过程中杀害一名店员)和其他很少被判死刑的谋杀(家庭内谋杀或酒吧斗殴致死)。他们完全没有发现威慑效应,而且数据显示正好相反:俄克拉

---

① 关于这一概念及其在具体情况下的应用,参见 Madeira, *Killing McVeigh*, pp. 38 – 60; Franklin E. Zimring, *The Contradictions of American Capital Punishment* (2003), p. 61。

② William J. Bowers and Glenn L. Pierce, "Deterrence or Brutalization: What Is the Effect of Executions?" *Crime and Delinquency* 20:453 (1980).

③ John K. Cochran, Mitchell B. Chamlin, and Mark Seth, "Deterrence or Brutalization? An Impact Assessment of Oklahoma's Return to Capital Punishment," *Criminology* 32:107 (1994).

荷马州的谋杀犯罪率出现了“一波突然且持久的增长”。但如果你认为增长发生在可以被判死刑的谋杀中,例如残忍杀害商店店员,那就错了。增长发生于其他情况下的谋杀,特别是那些“罪犯认为自己受了委屈”的情况,典型的是发生在酒吧斗殴中的杀人。① 研究者们认为自己的研究支持了残酷效应,可能的死刑执行充当了某种催化剂的角色,至少在某些人身上释放了阴暗且危险的冲动。

争议双方都使用了最有力的统计工具。然而,在这个广阔的社会中,谋杀是少见之事,任何一方的假设似乎都不令人信服。对我而言,死刑在道德上令人不快,残酷效应更有吸引力——但说实话,并不特别合理。或许美国更多的州会加入文明世界和19个废止死刑的州,一劳永逸地摆脱死刑。出于上文提到的所有原因,如果你把死刑与非常严厉的替代措施(例如不许假释的终身监禁)进行比较,无论如何都很难相信现行美国死刑制度具有很大影响,不论是威慑还是残酷效应。现行死刑制度也是“昂贵且低效”的,浪费了“可以用于其他打击犯罪之手段的资源”,例如雇用更多警察。② 慢得惊人的死刑执行减少了任何可能的威慑效果,或许已经到了无意义的程度。最重要的是,死刑似乎没有什么影响,谋杀的威慑曲线已经基本变平了。

① John K. Cochran, Mitchell B. Chamlin, and Mark Seth, "Deterrence or Brutalization? An Impact Assessment of Oklahoma's Return to Capital Punishment," pp. 129-130.

② Donohue, "Empirical Evaluation of Law: The Dream and the Nightmare."

认知的作用

到目前为止,我们在谈论威慑(和激励)时都是假定,重要的是法律实际规定的内容:入室盗窃要判多少年,报警会得到什么赏金或奖励,等等。但实际上,威慑人们或给其激励的不是被捕受罚的实际风险,或得到某种奖励的实际机会,而是人们认知到的风险与收益。比如说,如果认知到的风险与实际风险相同,那自然没什么关系,但这种情况可能从来都不会发生,某种或大或小的差距总会把二者分开。① 回忆一下有关法律知识的讨论——其实主要是有关缺乏法律知识的讨论:人们(包括我在内)只是不知道有多少纳税申报单要被审计,如果作假的话会产生什么后果;扒手可能不了解有多少扒手被抓坐牢;医生对病人提起医疗事故诉讼的频率、胜诉或败诉的概率以及会得到何种赔偿,几乎或完全一无所知(或有错误认知)。而且不同的人无疑有不同的风险认知:相比于守法民众,即将或打算犯罪的人更可能认为他们可以逍遥法外。而且事实上,他们可能是对的。

许多人酒驾,只有一小部分被抓,酒驾司机知道这一点吗?他们或许知道。一项针对大学生的研究显示:研究对象认为他们被抓捕的概率非常小。② 另一方面,他们知道法律是如何定义“醉酒”的吗?在加州,血液酒精浓度达到 0.08 就会在法律上被认定为饮酒。当

---

① Maynard L.Erickson and Jack P. Gibbs, "Objective and Perception Properties of Legal Punishment and the Deterrence Doctrine," *Social Problems* 25:253 (1978).

② Lonn Lanza-Kaduce, "Perceptual Deterrence and Drinking and Driving among College Students," *Criminology* 26:321 (1988).

然,没有人会随身带着测量血液酒精浓度的设备,但如果一个人醉得厉害,醉酒这一事实对他和其他人而言肯定是显而易见的。

认知可以被改变或操纵。当一个城市大肆宣传要打击酒驾或贩毒时,该运动通常一开始会产生一些效果。这些宣传工作告诉司机和毒贩:犯罪风险已经升高了。但相关研究也显示:在一段时间以后,这些效果会逐渐消失。[①] 部分原因是打击运动耗尽了动力,司机和毒贩开始意识到运动基本上结束了,他们便重新调整其风险认知。如果运动的停止不像运动开始那样明显,就还可能存在残留效应,也就是风险认知的长期改变,而这会带来长期的威慑效果。[②]

酒驾是一种很普遍的罪行,也是业余犯罪。会有职业窃贼和职业抢匪,但没有人靠酒驾来谋生(虽然有人反复酒驾)。职业者和业余者对风险往往有不同认知:职业罪犯可能会忽略、低估或无视被捕的风险,而初次犯罪的商店行窃者可能害怕被捕,到处都能闻到危险气息。职业罪犯对风险的认知可能更为现实,但业余罪犯也并非都是胆小鬼:重度吸烟者无视或低估肺癌、肺气肿与心脏病的风险,青少年经常忽略或无视怀孕或性病的风险,也可能是对(吸烟、性行为)收益的认知超过了任何对风险的认知。这种对收益的认知与对风险的认知同样重要,而且也会发生系统性变化。书呆子和冒失鬼可能都会非常清楚地看到悬挂式滑翔或攀登珠峰的风险,但他们对收益

---

① H. Laurence Ross, *Deterring the Drinking Driver: Legal Policy and Social Control* (1982), p. 111.

② Lawrence W. Sherman, "Police Crackdowns: Initial and Residual Deterrence," *Crime and Justice* 12:1 (1990).

的认知非常不同。

风险与不确定性是不一样的,不确定性的威慑作用大于风险。例如,窃贼A了解闯进主街房子的风险,窃贼B则不了解个中风险何在,于是窃贼A相比于B更愿意采取行动。在许多情况下,人们面对的是完全的不确定性,而非某种正常风险。反酒驾运动可能会提高对风险或总体不确定性的认知,或兼而有之:司机们意识到严厉整治运动正在进行,但进行到什么程度?有多少警察在街上巡逻?有多少司机会被抓住?他们并不了解这些。

无论如何,认知在确定影响方面都是关键因素:对风险的认知、对收益的认知。这可以适用于窃贼、想骗取所得税的人、在派对上考虑再喝一杯威士忌的司机,以及考虑是否要跨过边界进入非法地带的所有人。“惩罚的客观性质与主观性质”之间的关系是“威慑过程中最关键的环节之一”,因为它很难把握,“它是我们知之最少的东西”。事实上,有关认知(大多是罪犯认知)的研究数量正在逐渐增长且略为使人眼花缭乱,[①]显示了大量的不确定性与错误信息。例如,在加州,“民众对不同犯罪的最高刑与最低刑了解不多”,囚犯比普通民众“了解只多一点点”。[②] 在一项研究中,佛罗里达州的大学生被问到:他们是否认为吸食大麻者应该被抓,相应的刑罚是什么;

---

① 对这方面的概述,参见 Robert Apel, “Sanctions, Perceptions, and Crime: Implications for Criminal Deterrence,” *J. Quant. Criminology* 29:67 (2013)。

② Raymond Paternoster, “How Much Do We Really Know about Criminal Deterrence?” *J. Criminal Law & Criminology* 100:765, 805 (2010). 有关这方面测算的一个例子,参见 Lanza-Kaduce, “Perceptual Deterrence and Drinking and Driving Among College Students.”。

也被问到他们自己是否吸食大麻。不吸食者所认为的风险高于吸食者。[1] 大卫·A. 安德森(David A. Anderson)访谈了北卡罗来纳州和肯塔基州1997到1999年之间的囚犯,结果令人震惊:63%的人"要么不认为自己会被抓,要么压根没想到过被抓",53%的人"要么不知道被定罪以后的刑罚是什么,要么也压根没想到过刑罚"。如果把两组数据合并就会得出:76%的人缺乏"至少一个对刑罚做出理性回应的必要条件",而且这还不包括那些行为由于"药物、暴怒、精神病或一时冲动"而变得不理性的人。[2]

肯尼斯·D. 滕内尔访谈了服刑的窃贼和持枪抢匪。这些人也对被捕机会或刑罚轻重一无所知,而且不花什么时间来思考这些问题。60%的青少年和56.7%的年轻成年人"从来没有或只是偶尔担心被捕"(年长的成年人更谙熟此道)。研究对象对刑罚的理解同样天真。当一个窃贼被问到:"你知道自己会作为青少年窃贼而坐一阵牢吗?"他回答:"每个人都告诉我……'嘿,他们只会给你判缓刑。'"[3]对这种罪犯而言,加强纸面上(甚至实际上)的刑罚没有多大用处,因为他们要么不知道,要么不在乎。一项研究发现"在对刑罚水平的认知与刑罚实际水平之间不存在显著关联"。结论还是:加强

---

① Gordon P. Waldo and Theodore G. Chiricos, "Perceived Penal Sanction and Self-Reported Criminality: A Neglected Approach to Deterrence Research," *Social Problems* 19:522 (1972).

② David A. Anderson, "The Deterrence Hypothesis and Picking Pockets at the Pickpocket's Hanging," *American Law and Economics Review* 4:295, 304 (2002).

③ Tunnell, "Choosing Crime: Close Your Eyes and Take Your Chances," in Hancock and Sharp, *Criminal Justice in America: Theory, Practice, and Policy*, 2d ed., pp. 38, 44, 45.

或减轻(纸面上)刑罚对行为没有或几乎没有影响。[①] 但记住这一点很重要:真正的窃贼、持枪抢劫犯和多次酒驾的司机(也就是这些研究的研究对象)是某种残余;威慑曲线已经变平,剩下的就是他们。

当然,不是所有罪犯都不可矫正,也不是所有罪犯都像某些研究所主张的那样无知。被逮捕、审判、定罪并送进监狱的人会经历某种学习过程,例如,他们了解到某些犯罪的"行情"是多少。尼尔·肖夫尔(Neal Shover)研究了职业罪犯,发现他们从经验中了解到很多"处于刑法典核心的定义与刑罚表"。正如一个囚犯所说,在监狱里"你会学到很多东西"。囚犯们相互告知法律可以对你做些什么,以及法律已经对他们做了什么。[②]

加拿大两位犯罪学家对大约1900名安大略省人进行了电话调查,[③]相当大胆地询问他们有关违反税法的问题:例如,是否曾经未申报租金收入,是否不当扣除了家庭办公费用,相当多人——略少于1/5——承认自己有过至少一种逃税行为。于是研究者继续发问:他们是否认为逃税者有可能被抓?亲身逃过税(或至少承认)的人对被捕概率比较乐观,比自称清白者估计的风险更低。没逃过税的人也更可能认为自己被捕后会受到实际惩罚。

我们并不容易知道从这类研究中能得出什么结论。例如,你可

---

① Gary Kleck et al., "The Missing Link in General Deterrence Research," *Criminology* 43:623 (2005).

② Shover, *Great Pretenders*, pp. 164-165.

③ Kimberly N. Varma and Anthony N. Doob, "Deterring Economic Crimes: The Case of Tax Evasion," *Canadian J. of Criminology* 40:165 (1998).

以总结说:对刑罚确定性与严厉性的认知方式会影响违法的可能性。但因果关系的箭头究竟指向哪边? 这些认知可能只是逃税者安慰自己(没人会抓住我)的故事,也就是说,是行为塑造认知,而非相反。这对未逃税者亦然,他们认为自己可能被抓住并受罚。这是威慑他们的东西吗? 还是说这些认知是他们解释自己如此清白守法的方式? 1970年代对宾夕法尼亚州学生进行的有关商店行窃的研究显示:承认商店行窃(并实际未被抓到)的学生也认为"商店行窃风险最低",也就是说,被捕的概率最低且受重刑的危险最小。① 这与加拿大的研究不谋而合,但有人还是会怀疑因果箭头的指向。

无论如何,究竟什么是对风险的"认知"? 人们真的会系统思考风险吗? 真的会做成本收益计算吗? 真实的窃贼和持枪抢劫犯脑子里想的都是什么? 理查德·赖特(Richard Wright)和斯科特·德克尔(Scott Decker)研究了圣路易斯市的持枪抢匪。这些抢匪知道他们有被捕受罚的风险,但大都有能力"把这些风险从脑中赶走"。一些人是宿命论者,例如其中一人说道:"好吧,如果我进了监狱,那就进呗。"其他人认为自己或多或少是安全的:"十有八九不会被抓。"但还有一些人感到自己陷入了困境,他们看不到其他出路。一些人会用喝醉和嗑药的方式来避免思考被捕的问题,避免"令人不安的高度精神痛苦"的最佳方式就是"忘记风险,听天由命"。② 一个抢匪说自

① Kraut, "Deterrent and Definitional Influences," p. 360. 但如果一个商店窃贼确实被捕了,他就会"重置"对风险的认知,参见第362页。

② Richard T. Wright and Scott H. Decker, *Armed Robbers in Action: Stickups and Street Culture* (1997), pp. 120-125.

已不会“细想”将来:对他而言,重要的是现在“把握当下”,毕竟“总有一天我会死去”。①

风险认知也会随罪犯“职业”的不同而不同。在大卫·安德森(David Anderson)对囚犯的研究中,他发现:犯下易于重复之罪——例如入室盗窃——的人,相比于暴力罪犯、杀人犯、强奸犯等其犯罪行为,在任何意义上都不是一项职业的罪犯更有风险意识。② 或者这样说,犯罪越不“理性”,罪犯就越可能不了解、不在乎或低估风险。这些犯罪的威慑曲线已经平缓到一个很大的程度了。这意味着大多数人已经被威慑住了,或更可能的是大多数人从没有想过成为一名窃贼、纵火犯或强奸犯,因此风险认知能够产生的影响很小很小。它可能只对乱穿马路或拽掉床垫标签这样的轻微不法有意义,对重大犯罪没有意义。即使国家决定不惩罚持枪抢劫,大多数人也不会拿把枪冲出去洗劫最近一个便利店的收银机,我希望如此。

风险认知从何而来?对有犯罪记录的人而言,它们来源于痛苦的经验。对许多人而言,我们读到的或在电视、网络上看到的东西可能是一个来源。在某种程度上,这有点不幸,因为前文指出过,媒体对有关法律制度的新闻进行了系统性扭曲。就威慑和风险认知而言,我们很难知道这一扭曲的结果如何。媒体报道夸大了医疗事故案件(包括请求和诉讼)的数量和结果,吹捧着少数几个重大判决,而

---

① Bruce A. Jacobs and Richard Wright, "Stick-Up, Street Culture, and Offender Motivation," *Criminology* 37:149, 155 (1999).

② Anderson, "The Deterrence Hypothesis and Picking Pockets at the Pickpocket's Hanging," p. 305.

这可能对医生的认知产生实际的影响。一项研究显示:只有4%的损害会产生医疗事故请求,医生却认为有45%。这一认知可能导致医生采取“防御性医疗”,或避开高风险手术或高风险病人。① 然而,错误的认知确实帮助催生了“侵权法改革”运动,在州立法中取得了某些显著成功。② 新闻报道可能导致人们认为有更多罪犯被抓受罚,虽然实际情况并非如此。也可能导致相反的认知:许多罪犯逃脱惩罚,因为法律缓慢且低效,或因为刑事被告人有太多“权利”,等等。

风险认知也会随时间而改变,既有一般改变,也有特定个体或群体的改变。它们可能被更新,亦即前述重置的过程。③ 相比于“有经验的罪犯”“在犯罪方面很天真的个人”会高估他们被捕的概率。如果这些“天真的个人”进一步走上“职业犯罪”,他们就会调整其认知,或往高或往低:如果被捕就往高,如果发现被捕概率“低于其起始预期”就往低。于是,认知就会产生震荡,上下摆动,而这取决于其犯罪生活的实际遭遇。④

---

① 这一切的证据都不那么坚实。对这方面文献的一个评论,参见 Michelle M. Mello, “Medical Malpractice: Impact of the Crisis and Effect of State Tort Reforms,” Robert Wood Johnson Foundation, Research Synthesis Report No. 10 (May 2006);对医疗事故索赔请求的扭曲看法,参见 Mello and Brennan, “Deterrence of Medical Errors: Theory and Evidence for Malpractice Reform,” at p. 1609;对中国台湾地区“防御性医疗”的经验研究发现了某些实验室检测增加的证据等,参见 Brian K. Chen and Chun-Yuh Yang, “Increased Perception of Malpractice Liability and the Practice of Defensive Medicine,” *Journal of Empirical Legal Studies* 11:446 (2014)。

② 然而,这些改革的实际影响参差不齐。参见 Joan T. Schmit, Mark J. Browne, and Han Duck Lee, “The Effect of State Tort Reforms on Claim Filings,” *Risk Management & Insurance Rev.* 1:1 (1997)。

③ Kraut, “Deterrent and Definitional Influences,” p. 362.

④ Apel, “Sanctions, Perceptions, and Crime,” p. 85.

幻影威慑

上文已述,威慑是一个认知问题,实际威胁不如认识到的威胁重要。在1970年代,纽约试图通过分派更多警力的方式来减少地铁上的犯罪行为。对这一运动的研究发现了“幻影效应”,就是“并非因实际在场的警察活动所产生的威慑”。即使增派的警力不在场,犯罪也减少了,这是因为人们认为他们在场,从而对“被捕威胁产生了错误认知”。[①] 房主有时会试图利用幻影效应,对外显示自己配备有防盗警报装置(或家犬),并且希望窃贼不会费心去测试其标识是否属实。

幻影效应很可能比你想得要普遍。毕竟,大多数人——事实上几乎所有人——对酒驾司机的被捕概率、扒手的被抓概率、每年审计的报税数量都一无所知。正如我们所见,人们对被捕受罚概率的认知极其多变,不知道的东西太多。国家税务局有时大张旗鼓地打击一些纳税人,给其他人留下了关于其力量与审计频率的夸张印象。在塞内加尔反对女性割礼的斗争中,幻影效应也发挥了作用:受访者举不出任何实际执行的例子,但“对执行的传言或想象让他们产生了对被起诉的恐惧”。[②] 幻影效应很可能是相对不稳定的,当真相大白之时(如果有这一天),其效果往往就会消失。

---

① Jan M. Chaiken, Michael W. Lawless, and Keith A. Stevenson, *The Impact of Police Activity on Crime: Robberies on the New York City Subway System* (1974), p. 23.

② Bettina Shell-Duncan et al., "Legislating Change? Responses to Criminalizing Female Genital Cutting in Senegal," *Law & Society Review* 47:823 (2013).

简单平常的虚张声势就可以产生某种幻影效应。基思·霍金斯(Keith Hawkins)在对英国污染管控的研究中发现:现场检查员面对不合作的污染者,可以威胁使用"他们实际并不想用的程序或制裁"或"法律上他们不能用的手段"。这种虚张声势也很管用,因为污染者确实不知道或不理解法律或实际刑罚的内容,于是发展出了"社会制造的威慑形式"。[①] 这些现场检查员当然不是唯一利用其对象的法律无知的监管者,这种无知提供了丰富的虚张声势的机会。

惩罚:执行系统

执行技术显然会对打击犯罪与商事规制产生重大影响。法律执行非常依赖于制度安排:当我们想到影响时,就会想到执行;想到执行时,就会想到警察、侦探、监狱、审判以及刑事司法的整套庞大的机器;在民事领域,我们会想到诉讼、行政机构及其检查员、审计员、现场工作人员,等等。法律不会自动执行,但这句话需要再稍加澄清。在某种意义上,法律的确会自动执行——只要人们自愿服从法律的束缚。我谈到过三种调节并作用于影响的动机:一是奖励和惩罚,二是同侪群体的压力,三是关于对错的内在感觉。"自愿服从"在第二或第三种动机之下会发生,后文我会详述。这些因素——同侪群体和道德感——极其重要,没有一个现代社会可以完全甚至大部分依靠强力使人们服从规则。但出于同样的原因,也没有一个现代社会

① Keith Hawkins, "Bargain and Bluff: Compliance Strategy and Deterrence in the Enforcement of Regulation," *Law & Policy Quarterly* 5:35 (1983).

可以不借助某种警察机关或类似机构,或者检查员和至少做些抽查的方式来确保企业行为合规。

事实上,每个现代社会都有一大批检查员,他们涌进所有法律领域,监督并执行着一个巨大的监管机器:食品与药品法,清洁水与清洁空气法,职业安全与健康法,建筑法典,证券法,运输安全法,医生、律师、建筑师、会计师以及许多其他职业的执业许可。每部主要的规制法律都有其刑事内容,故意或公然的违法者会受到惩罚。虽然主要的执行动力是通过非刑事手段,但刑事程序的威胁仍然可能存在。

今天的刑事司法也非常依赖法医技术:指纹、血液和纤维分析、弹道科学、雷达、呼吸测试、DNA,等等。① 在某些案件中,这些可能是决定性的,比如刑事案件或亲子鉴定中的DNA。社会决定了对执法的投资力度:可以雇用更多警察或设法应付警力较少的情况,可以选择是否投资法医实验室,可以招募数千名税务审计员或削减这项投资。私人投资的规模也十分庞大,其中许多手段具有威慑性与预防性:锁、防盗报警器、明亮的灯光、密码;到处都是私人保安,他们通常都膀大腰圆,站在珠宝店或其他他们认为需要保护的地方;还有封闭社区、有门卫的建筑,更不用提银行、办公楼、机场和法院中的金属探测器了。但公共和私人的投资水平都不是静止不变的。在1950年代,对暴力犯罪的恐惧导致公共和私人部门投资于执法的资金大幅增长,大把大把的钱涌进警察预算与私人保安的口袋,曾有一个时期

① Nigel McCrery, *Silent Witness: The Often Gruesome and Always Fascinating History of Forensic Science* (2013).

是在疯狂建设监狱。在当代,政府花费数十亿美元打击恐怖分子与恐怖主义,光是在机场就花了几十亿来防止恐怖分子劫机。[①]

想知道所有这些执法投资对犯罪率的影响是非常困难的,或许是根本不可能的。众所周知,犯罪率就像股票市场一样起起落落。在美国,从1950年代到1990年代出现了暴力犯罪的突增,但近几年来犯罪率一直在下降,特别剧烈地下降,在纽约和其他地方都是如此。[②] 这当中的准确原因完全无人知晓,但20世纪下半叶暴力犯罪激增的原因同样令人不可思议。

相比于其他发达国家(如欧洲、日本、澳大利亚和新西兰),美国刑事司法系统相当严厉。欧洲没有一个国家保留死刑。甚至废除死刑的美国州也对罪犯施加了长期且严厉的刑罚。美国许多监狱的条件非常糟糕,美国罪犯所受待遇一般要差于瑞典或德国的囚犯。[③] 而且惩罚在罪犯出狱以后仍在继续:有前科的人失去了某些特权(例如投票),回归体面的社会也十分艰难。

但还是有很多美国人相信(如果他们相信什么的话),这个系统太温和,惯坏了囚犯,因为有技术规则、有关正当程序的观念、像米兰达法则这样的法律原则,等等。但它们的影响其实没那么大(就人们对此的了解而言)。最高法院不明智的判决和没有威慑力的执法受

---

① 在2001年对世贸中心的袭击以后,美国还建立了运输安全管理局。其2013年的预算超过了800亿美元。

② Franklin E. Zimring, *The City that Became Safe: New York's Lessons for Urban Crime and Its Control* (2012).

③ James Q. Whitman, *Harsh Justice: The Widening Divide between America and Europe* (2003).

到一些人的责备,他们认为各种重罪的蔓延都与此有关。[①] 比如说,实际上米兰达法则的影响极难测算,而且该影响几乎必定小于大多数人的假定,在以下两个方面都是这样:它是否打开了更多犯罪的大门并让警察无计可施,或是否产生了更好、更人性的审问方法。或许它几乎没有或完全没有影响。[②] 正如任何一位阅读至此的读者能够想到的,要测算像米兰达法则这类规则的直接影响已经够困难了,至于间接影响更是几乎不可能。

米兰达法则仍略有争议,但一般的警察行为亦然,特别是对少数族裔的处理,尤其是非裔美国人。这是"拦截搜身"技术手段——也就是 2002 年起源于纽约市,但显然更古老更广泛的"充满争议的拦截、盘问并搜身的实践"——的争议焦点。[③] 近几年来接连发生数起丑闻,都是有关对非裔美国人过度使用武力(有时是致命武力)的,但这些非裔美国人并没有对警察造成实际威胁。非裔美国人社区的暴怒引发许多城市的"黑命贵"(Black Lives Matter)运动和对变革的诉求,导致下列事实变得清楚起来:许多城市的警察都干过种族形象定

---

① William J. Stuntz, *The Collapse of American Criminal Justice* (2011).

② 参见 Richard A. Leo and George C. Thomas III, *The Miranda Debate: Law, Justice, and Policing* (1998) 中收集的论文。测算该案影响的一个早期尝试的例子,参见 Richard H. Seeburger and R. Stanton Wettick Jr., "*Miranda* in Pittsburgh—A Statistical Study," *Univ. Pittsburgh L. Rev.* 29:1 (1967)。

③ Ryan Devereaux, "Scrutiny Mounts as NYPD 'Stop-and-Frisk Searches' Hit Record High," *Guardian*, February 12, 2012. 根据 Devereaux 的统计,在 2001 年,警察在该城市拦下并盘问了 684 330 人:其中 92%是男性,87%是非裔美国人或拉丁裔。也参见 Tracy Meares, "The Law and Social Science of Stop and Frisk," *Ann. Rev. Law Soc. Sci.* 10:335 (2014)。

性(racial profiling)*和不公平地针对少数族裔成员的事情,而且过度使用武力。警察往往自成一帮、抱团结伙、痛恨外部干涉,对不管来自法院、政治家、独立审查委员会还是来自民众的批评都持保留态度。他们在执法过程中无疑扮演了关键角色,但美国和其他国家警察的行为不端会产生成本和副作用。

近来,监控技术的水平已经得到了显著的——有人会认为是灾难性的——提高。现实生活中可以做到且已经做到的事情,比一些科幻小说中最坏的噩梦还要糟糕。但总体而言,尽管规范隐私与自治的力量正在增长,但甚至在坚定的民主社会中,人们也可以忍受监控了。人们接受法院和政府建筑中的金属探测器、机场的安检,但这些只是全景的一小部分。他们也接受晶亮的摄像探头在街角、银行和公寓的大堂东张西望,甚至接受——虽然这更有争议——对电子邮件、通话记录和网络流量的检视和追踪。所有这些都打着反对恐怖和犯罪的——特别是反恐——"战争"旗号。2001 年对世界贸易中心的袭击是某种转折点。自那以后,可见的恐怖主义威胁已经减少并消逝了,但它就像难闻的气味一样弥散在空气中。这当然不只是,甚至主要不是美国的问题。巴黎、马德里、伦敦、孟买和其他地方都发生过恐怖袭击,最近的发生在巴黎(2015 年 11 月)和布鲁塞尔(2016 年 3 月)。英国对监控摄像头的热情甚至超过了美国。每个发达国家都在进行自己的反恐战争,许多欠发达国家也是,例如尼日

* 种族形象定性,又称种族归纳、种族脸谱化,指执法机关在判断某一特定犯罪或违法行为的犯罪嫌疑人时,将种族作为推测犯罪嫌疑人身份的参考因素。这可能会导致在案件侦破过程中更多地怀疑某一种族人的作案嫌疑。

利亚和肯尼亚。

技术是一只不眠不休的眼睛,可以记录蝴蝶翅膀的每一次振动。我们有微小的局部窃听器和微型摄像头,还有卫星在天上巡逻。或许在将来,摄像头会追踪每辆汽车在街道和公路上行驶的过程,会发现并记录所有的超速和酒驾,会拍摄每个车牌并将录像与电脑记录进行比对。然后电脑会发出通知,自动处以罚款,并把通知邮寄到该司机的地址。所有这些或许都不需要人的参与。其他摄像或设备可能记录司机每一次在停车收费表超时停车哪怕只有一分钟的违规。技术会使某些以前想不到的事情实现,可能使某些规则的执行率达到100%。

人们是否愿意生活在这种社会中,就是另一个问题了。我们习惯于法律影响并不完美的世界,在这个世界的大多数时间里,我们可以逃脱轻微违规行为的惩罚。技术可以给我们一个完全实现法律影响的制度,一个将不遵守某些规则变得完全不可能的时代。我想,大多数人不会把这样一个社会想象成乌托邦。

人格与影响

此前我们提到了威廉·钱布利斯的研究,他区分了表现性与工具性犯罪。他的研究关注犯罪的性质,但也会关注行为者,即罪犯本身。一些违法者似乎极其非理性,一些犯罪是一时冲动犯下的。例如,突然发生一场酒吧斗殴,双方或多或少都喝醉了,有人掏出一把枪或一把刀,结果某个人无辜身亡。愤怒是能够在人身上激发最坏一面的情绪,“在高度情绪唤起之下,对未来结果的考虑消失了”。[①] 酒精和毒品也是任何“对未来结果之考虑”的死敌。然而,另一些违法者:冷血杀手、职业打手、小心掩盖其罪行的狡猾贪污犯会精心谋划其行为,甚至包括跟踪看上去好下手的对象的持枪抢劫犯。

犯罪学家经常强调人格类型与犯罪行为之间的相关关系。这个思路甚至意外出现在加里·贝克尔(Gary Becker)的研究中。他1968年的文章是犯罪经济学的经典之作,其中谈到了“风险偏好者”与“风险回避者”。[②] 迈克尔·古特福利森(Michael Gottfredson)和崔维斯·赫胥(Travis Hirschi)在一本重要的著作中主张:[③]总体而言,罪犯是冲动的人,他们自控能力低下,只看眼前,不是理性计算者(至少不会考虑任何超出当下的事情)。犯罪行为为他们提供了“欲望的即时满足”,因为许多犯罪是危险刺激的,几乎不需要规划技巧,提供的“长期收益很少或很微薄”。[④] 符合这一描述的人——冲动、自控能力低下——显然比三思而后行、谨慎有防备的人更难以威慑。甚至在威慑曲线已经大大平缓时,这些冲动的男男女女仍然会违法。

古特福利森和赫胥的理论引起了其他学者的大量讨论(有时候是强烈的批判)。这些观点具有某种吸引力。从心理学上说,人们是

---

① Alex R.Piquero et al., "Elaborating the Individual Difference Component in Deterrence Theory," *Ann. Rev. Law Soc. Sci.* 2011:335, 346.

② Gary Becker, "Crime and Punishment: An Economic Approach," *J. Political Economy* 76:169, 179 (1968). 但贝克尔的基本假定是:“如果犯罪对一个人的预期效用超过了他利用其他活动的时间和资源可以得到的效用,那么他就会犯罪。”这意味着一些人成为罪犯“不是因为他们的基本动机异于他人,而是因为他们的收益和成本有所不同。”见第176页。

③ Michael R.Gottfredson and Travis Hirschi, *A General Theory of Crime* (1990).

④ 同上,第89页。

各式各样的。规则、法律、指令的影响，随人格、时间、地点和文化的不同而变化，这个观点似乎太显而易见了。但问题是如何应用这个观点，以及应用程度多深。古特福利森和赫胥把他们的书称为《犯罪的一般理论》(*A General Theory of Crime*)。但事实上，低下的自控能力并不能解释所有事情。梅-奥洛夫·威克斯托洛姆(Per-Olof Wikström)和凯·特赖贝尔(Kye Treiber)主张："行使自我控制的能力"仅仅与思考是否犯罪的人有关。大多数人从没想过违反法律，其他人"出于习惯(没有深思熟虑)而犯下某些罪行"。[①] 这就像如果一个人吃不了茄子，她就不需要自我控制来避免吃茄子，只有当面对冰淇淋时，她才需要自控。道德考量(我们的第三类遵守动机)而非自我控制，相比于冲动、自控、不能延迟享乐，具有更强的解释力。古特福利森和赫胥也将同侪压力排除出青少年犯罪的原因，但有证据证明同侪是一个显著因素。[②] 古特福利森和赫胥坚持其理论是"一般性的"，但这个理论能在多大程度上解释白领罪犯呢？[③]

莎莉·辛普森(Sally Simpson)和妮可·利普尔·皮克罗(Nicole Leeper Piquer)在一项对 MBA 学生和参加 MBA 项目的高管的研究

---

① Per-Olof H. Wikström and Kye Treiber, "The Role of Self-Control in Crime Causation: Beyond Gottfredson and Hirschi's *General Theory of Crime*," *European J. of Criminology* 4:237, 238 (2007).

② 可参见 Ann Marie Sorenson and David Brownfield, "Adolescent Drug Use and a General Theory of Crime: An Analysis of a Theoretical Integration," *Canadian J. of Criminology* 37:19 (1995)。

③ Michael L.Benson and Elizabeth Moore, "Are White-Collar and Common Offenders the Same? An Empirical and Theoretical Critique of a Recently Proposed General Theory of Crime," *J. Research in Crime and Delinquency* 29:251, 267 (1992). 他们主张，中产阶级白领罪犯"在大多数时间具有充分的自控力来克制自己不去犯罪和违法"。但然后"发生了一些事情"——例如，一场自身的财政危机，他们"出于避免失败的愿望"和保护其"生活中的相对位置"的目的而违法。

中,试图检验古特福利森和赫胥的理论是否适用于商业罪犯。他们的结论(基于对情景模拟的回应)并不是“企业罪犯是冲动、冒险、短视的”。相反,他们是“理性计算者”,其犯罪是为“取得个人或组织收益”并意识到了风险。此外,组织是一个“社会化”的地点,人们在这里学习如何“融入、相处并取得成功”。[1] 这听起来挺合理,但不是对实际行为的研究。

古特福利森-赫胥理论是关于人格的。你可以问:有关人格作用的主张如何与有关“文化”作用的主张保持一致。文化是个麻烦的词,它有很多意思,其中一些很有争议。我在此使用这个术语的意思是:一套古老、根深蒂固、像刻入肌肤的文身那样标识了一个特别社会或群体的特质。例如,人们声称美国人好讼,日本人避免冲突、爱好和谐与调解。这种断言不只是关于文化,也是关于特定社会中的法律影响。如果出于“文化”原因,人们会或不会“坚持他们的权利”,这就会对创造这些权利的法律的影响产生重要作用。我们非常清楚:文化确实彼此不同,在许多方面,法国人不像英国人或日本人(虽然在其他方面类似)。但文化的主张也很容易被延伸得太远。日本人真的是因为其文化才回避诉讼、偏好调解、妥协、和解吗?或许是,但一些学者对此嗤之以鼻。他们主张:日本的诉讼率是被法律结

① Sally S. Simpson and Nicole Leeper Piquero, "Low Self-Control, Organizational Theory, and Corporate Crime," *Law & Society Review* 36:509, 537 (2002).

构和制度所人为调低的,而非受到任何以文化之名的因素的影响。[①]美国人是否真的"好讼"(不论这意味着什么)也非常可疑。

现实也很重要,就是说,法律机构(例如法院)是否诚实且有效率。一个"好讼"者也会避开她认为可能会做出对其不利判决的腐败法院。凯瑟琳·亨得利(Kathryn Hendley)使用焦点小组*来研究面临不同问题的俄罗斯市民,例如,邻居家的水漏进他们的公寓。[①]显然,有许多方法来回应这个问题:可以不管它,也可以尝试与邻居沟通解决(一种自助形式),还可以通过律师、法院和房管部门。在俄罗斯,人们不信任法院(很可能有道理),但他们也时不时利用法院。人们同样知道政治上的势力很重要——你认识什么人,他们的影响力何在。一些人会试图积极解决这个问题,使用他们手头能用的任何手段,其他人则用放弃,随它去。回应没有一个单一的模式,制度结构、文化和人格决定了回应方式,你在社会阶层上处于什么地位也很重要。所有这些因素在分析上虽然是独立的,但实际相互关联。毕竟,一个社会的结构(政治和法律体制)深受社会文化的影响,反之亦然。

---

① John O. Haley, "The Myth of the Reluctant Litigant," *J. Japanese Studies* 4:359 (1978). 在后来的一篇文章中,Haley 写道:"当前的共识……挑战了日本例外论。"日本诉讼率很低,但"普遍适用的因素"大概可以解释这一诉讼率,不需要某种独特的日本文化的概念;John O. Haley, "Litigation in Japan: A New Look at Old Problems," *Willamette J. Int'l L. & Dispute Resolution* 10:121, 140 (2002)。

* 又称小组座谈法,是指采用小型座谈的方式,挑选一组相关人员,由一个经过训练的主持人以无结构的方式,与被调查者交谈,从而了解相关问题。

① Kathryn Hendley, "Resolving Problems among Neighbors in Post-Soviet Russia: Uncovering the Norms of the Pod"ezd," *Law and Social Inquiry* 36:388 (2011).

古特福利森和赫胥的理论,并非主张低下的自控能力能解释一切,他们也强调犯罪机会的重要性。例如,一个粗心的人把车钥匙落在车里,外人可以看得一清二楚。自控能力低下的人路过此车,从车窗往里一看,然后就决定偷这辆车。又例如,开着窗的空房子吸引了当地窃贼。这些都是低悬的果实,但不是每个人都会从邻居的树上把它们摘下。然而总体而言,古特福利森和赫胥把他们的赌注押在一类特别的心理特质上。人的心理当然会产生影响:一些人胆小,一些人激进;一些人消极,一些人积极;一些人厌恶风险,一些人与之相反;一些人行事冲动,一些人与之相反;一些人做长期打算,计划未来,一些人(特别是年轻人)只活在当下。弗洛伊德·菲尼(Floyd Feeney)对加州抢匪的研究发现:超过半数的抢匪在抢劫前"都没有做过任何规划",他们的犯罪是"冲动、一时脑热"的行为。① 人格在民事案件中可能也很重要。尼尔·魏德马(Neil Vidmar)和雷吉纳·舒勒(Regina Schuller)在加拿大做了一系列研究,试图测定一组心理特质(例如进攻性和对风险的感受),将其综合成一个"索赔倾向"(Claim Propensity)的分数。"索赔倾向"分数较高的人实际上比没有这些特质的人提出了更多索赔。②

格雷格·波加斯基和其他学者讨论威慑问题时,把人们排列在一个序列上:序列一端是"极端守序者",是无论如何都会遵守法律的

① Floyd Feeney, "Robbers as Decision-Makers," in Derek B. Cornish and Ronald V. Clarke, eds., *The Reasoning Criminal: Rational Choice Perspectives on Offending* (1986), pp. 53, 59-60.

② Neil Vidmar and Regina A. Schuller, "Individual Differences and the Pursuit of Legal Rights: A Preliminary Inquiry," *Law and Human Behavior* 11:299 (1987).

人;另一端是“无可救药者”,是不管愿不愿意都会违反法律的人;中间是“可被威慑者”,可以偏向任意一边。正如我们所主张的,威慑只对中间群体有效,①诀窍是找到每个群体都有些什么人。你可能会问:使“极端守序者”如此守法的原因何在?不是对惩罚的恐惧——至少不只是对惩罚的恐惧。关键因素可能是同侪压力或内心挣扎,也就是我们会分别处理的第二和第三类因素。

我们可以把古特福利森和赫胥的理论或任何其他有关犯罪行为来源的理论做多远的延伸?一个一般的、普遍的犯罪行为理论是否合理,是没有答案的问题。无论如何,任何一般理论都必须能够解决四个难题:第一个难题是为什么犯罪是男性会做,而女性总体而言不做的事情。在当今发达国家,女性上大学已经赶上了男性,她们可以成为医生、律师、国会议员,女性总统也呼之欲出。但一般而言女贼却很少见。为什么女性在犯罪方面如此落后?第二个难题是为什么总体而言犯罪是年轻人的游戏。大多数犯罪并不要求体力或年轻活力。许多职业罪犯甚至随着年龄增长而放弃犯罪,但为什么?第三个是历史难题:为什么犯罪率(就能测算的而言)随时间变化如此之大。暴力犯罪在19世纪有所减少,在20世纪缓慢增加,从1950年代到1990年代急剧增加,然后又开始减少,为什么?这个规律似乎在许多国家都能成立——例如瑞典——不只是美国。② 第四个是地理

① Greg Pogarsky, “Identifying ‘Deterrable’ Offenders: Implications for Research on Deterrence,” *Justice Quarterly* 19:431 (2002).

② 参见 Ted R. Gurr, Peter N. Grabosky, and Richard C. Hula, *The Politics of Crime and Conflict: A Comparative History of Four Cities* (1977)。美国的发展很可能是大致一样的,但相当复杂。关于美国的情况,参见 Randolph Roth, *American Homicide* (2009)。

难题,或称为文化难题:为什么有些国家(例如芬兰)的暴力犯罪比美国少得多。

有哪个现有理论解决了上述四个难题?就年龄而言,问题并不在于"衰老的生物过程"(除非你想争论睾酮水平),而在于"伴随着衰老的、由社会建构并调节的态度转变。"①罪犯经常随年龄的增长而决定放弃犯罪,这是个"由某种震惊而引发的"决定。一个受访的前科犯表示:当警察在枪林弹雨中杀死他的同伴时,他放弃了犯罪生活。妻子和工作能够解释这些决定的一部分,给了前科犯在情感和经济上的犯罪替代品。一些人单纯是意识到"他们在浪费时间和生命"。② 一些罪犯皈依了宗教。一些人的生活每况愈下,但他们的状况恶化不再包括犯罪。马克·弗莱舍(Mark Fleisher)研究过的一些街头分子已完全沉迷于毒品和酒精,或多或少放弃了生活。对无家可归的酒鬼而言,进监狱是一个"严厉威慑",他们不能"冒失去酒精和毒品的风险"。③

有人尝试根据古特福利森和赫胥的理论来解决性别差距的问题。许多社会中的女性(出于各种原因)相比于男性而言更不冲动、更能自控;此外,男性经常竭力控制女性,所以女性犯错的机会更少。沙特阿拉伯的女性几乎不能对犯罪率有多大贡献,她们甚至不能开

---

① Neil Shover, "The Later Stages of Ordinary Property Offense Careers," *Social Problems* 31: 208, 210 (1983).

② Maurice Cusson and Pierre Pinsonneault, "The Decision to Give Up Crime," in Derek B. Cornish and Ronald V. Clarke, eds. *The Reasoning Criminal: Rational Choice Perspectives on Offending* (1986), pp. 72-73, 76.

③ Mark S. Fleisher, *Beggars and Thieves: Lives of Urban Street Criminals* (1995), p. 218.

车。特蕾莎·拉格朗日(Teresa LaGrange)和罗伯特·西尔弗曼(Robert Silverman)研究了加拿大埃德蒙顿市的年轻人。他们可以用测算自控、机会和这些因素之间的相互作用的变量,来解释男性的违法倾向和女性倾向之间的许多差别,是许多差别,但并非全部。研究者认为:“存在某种男性或女性的特质,可以用来预测行为中真实且实质性的差异。”①虽然我怀疑起作用的差别是文化上的,而不是基因或生物的,但这很可能是对的。

我认为另外几个难题更难解决。美国是一个相对暴力的国家。你可能也听到过这是因为边疆拓荒的传统。但我很难理解为什么堪萨斯州的道奇城和亚利桑那州的墓碑镇*能对今天密歇根州底特律市的犯罪率具有很大的影响。再举两例:英国和日本曾经是非常暴力的社会,但这种暴力在某个时间点就停止了。历史难题先讲这么多,文化难题同样难以解决。一些人认为男性天生更为暴力是因为Y染色体,但这个解释不论有什么优点,都经不起国家文化的挑战。毕竟,赫尔辛基、纽约或加拉加斯(Caracas)的男性体内都有相同的染色体。我们很难主张:一些个性特质属于如此根本的犯因,竟可以适用于所有社会和文化,这站不住脚。①

① Teresa C. LaGrange and Robert A. Silverman, "Low Self-Control and Opportunity: Testing the General Theory of Crime as an Explanation for Gender Differences in Delinquency," *Criminology* 37:41, 62 (1999).

* 道奇城和墓碑镇都是美国西部大开发时期犯罪率极高、法治状况恶劣的西部城镇。

① 然而,对古特福利森和赫胥理论(基本上就是低自控力)的一些研究主张发现了大量跨文化的证据。参见 Cesar J. Rebellon, Murray A. Strauss, and Rose Medeiros, "Self-Control in Global Perspective: An Empirical Assessment of Gottfredson and Hirschi's General Theory within and across 32 National Settings," *European J. of Criminology* 5:331 (2008)。

很可能没有哪个现有理论可以解决这四个谜题。犯罪率如此复杂,难以预测。我们或许可以对犯罪为什么发生在某些时间、某些地点或刑事司法系统在此地彼地的影响提出一些意见,或许可以解释为什么当今洪都拉斯如此暴力,为什么现代日本虽然有着武士的历史却如此非暴力。但更进一步就有点像预测明年的天气或下一场大地震,也就是说,超出了我们现有的能力。

威慑:一些总结性思考

从大量威慑研究中,我们学到了什么?基本理论似乎十分坚实,符合经济理论,更不用说符合常识:提高惩罚水平,就有更多人守法;提高激励水平,就有更佳回应。但证据却比理论更薄弱。丹尼尔·S. 纳金(Daniel S. Nagin)在2013年发表的一篇长而博学的文章中总结了相关研究,其结论是:威慑是真实存在的,但效果却非常多变,“从似乎无效到非常有效都存在”。现有研究经常在统计或其他方面有不足,虽然已经进行了大量工作,但在理论与研究上都还存在重大缺陷。①

我们可能会问:为什么经过这么多努力却只取得了这么点共识?这些分歧从何而来?答案之一是威慑曲线。我曾经用超时停车来描述这一曲线。这是一种纯粹的威慑形式,毕竟没有人认为超时停车是道德败坏的犯罪,也没有值得一提的同侪群体效应。

① Daniel S. Nagin, "Deterrence in the Twenty-First Century," *Crime and Justice* 42:199, 262-263 (2013).

我们说过,每种犯罪或违法都有一条威慑曲线。强奸的威慑曲线与超时停车的截然不同。(我们希望)现代社会中的大多数男性都是“极端守序者”,不会强奸女性,会把强奸当成一种难以启齿的犯罪,因此对强奸的惩罚与大多数人基本无关,除了(或许)作为社会十分重视强奸犯罪的一个声明。[①] 谋杀、纵火、持枪抢劫亦然:对大多数人而言,这些犯罪不可原谅、令人害怕,也因此难以置信。即使在我们修正惩罚的实际水平之前,威慑曲线已经变得相当平缓,至少在美国社会和大多数发达国家是这样的。

于是这就是第二个一般结论:威慑是有效的,但只对可以想见的犯某些特定罪行的人有效。这些人是“可威慑者”,即在不可威慑者和完全守序者之间处于序列中段的人。事实上,大多数人“克制自己不去犯罪……并非因为他们害怕犯罪的后果,而是因为他们不把犯罪视为……一种‘行为选项’”。人们开始行动时都有一张“行为选项”菜单,到后来才“作出决定”。[②] 对大多数人而言,犯罪可能不是一个“行为选项”。周六晚上要做什么呢?或许是看电影、看电视。但抢劫便利店?不,这不是一个可行的“行为选项”。

上一段所引用的文字来自试图实际检验这一序列的一项研究,其研究对象是(英国)彼得伯勒市(Peterborough)的年轻人。研究者要他们“自行讲述犯罪经历”(例如他们去年是否“打、刺、踢或头撞

① 然而,在有些情况下,强奸要么是被允许的,要么是常见的(这令人感到不安)。出征的军队可能把强奸作为胜利的额外收益之一来考虑;监狱可能是另一个强奸普遍存在的场所。

② Per-Olof H. Wikström, Andromachi Tseloni, and Dimitris Karlis, “Do People Comply with the Law Because They Fear Getting Caught?” *European J. of Criminology* 8:401, 402, 404 (2011).

过某人”),也问他们是否很想做这些事情或其他犯罪行为。研究对象中有一部分是“易于犯罪者”,一部分是“反对犯罪者”。威慑与那些“反对犯罪者”没有关系,如果有效,也只对那些“易于犯罪者”有效。对这些“易于犯罪者”而言,如果他们认为被捕受罚的风险很高,那么它就有效。

所有这些似乎显而易见,事实就是如此。对最坏最严重的犯罪而言,威慑曲线迅速变平,大多数人一开始都是“反对犯罪者”。同时,这些恒定的犯罪是最容易威慑的,同时也是最难威慑的:之所以说最容易,是因为社会规范和道德法则已经完成了大部分的威慑工作,之所以说最困难,是因为改变仍然不受威慑的少数人是一项艰巨的任务。谋杀犯很少见,恐怖袭击者就更少见了,劫机者可能是所有人中最少见的:少见,但很难识别、接触、威慑,或许是不可能威慑的。

这并不意味着谋杀率是平缓的,从不改变。谋杀率的变化非常大,时升时降。现在在美国,谋杀率下降了,在某些城市急剧下降。另一方面,在洪都拉斯或委内瑞拉,谋杀率却在飞涨。但无论是升还是降,其原因和效果都是复杂的,有时是不可知的。

第6章

奖励

从表面上看,奖惩机制中的奖励,在法律中的表现似乎不如惩罚明显。但这很可能是错觉。谈及威慑的罪刑研究数以千计,可一比起非刑事领域的法律研究就相形见绌了。但我的印象是:后一领域的研究很少谈到奖励与惩罚,至少谈得不太明确,而且对激励的讨论最少。但激励无处不在,形式各样。最明显的激励是金钱——冷冰冰、硬邦邦的现金。例如在19世纪,科罗拉多州悬赏奖励任何杀死一头狼的人,赏金1.25美元。要获得这笔赏金,你需要提交保持耳朵完好无损的狼头皮。[①] 这是糟糕的旧时代的事情了,当时还没有濒危物种保护法(今天,杀死一头狼通常很可能是一项犯罪)。金钱奖励在法典中随处可见,但并非所有激励都是金钱:士兵可以因勇敢而赢得勋章;科学家可以获得诺贝尔奖;努力工作的药店员工可以享有"月度最佳员工"之名,把自己的照片高挂在墙上;表现出色的公务员可以晋升,可能得到位于角落的高级办公室,窗外能欣赏到美景。

省钱或至少不花钱经常成为一个激励。税收抵免是常见的政策工具。例如在美国、加拿大和英国,慈善捐赠经常带来税收减免。美国纳税人可以将这些捐赠从其应税收入中扣除,其慈善捐赠也免收遗产税。所有这些几乎都鼓励了慈善捐赠。又例如,一个房主可以把抵押贷款从其纳税申报单中扣除(不同于租金),这一补贴对房主、

① General Stats. Colo. 1883, § 3652, p. 1063.

建房者、买房者而言价值巨大,更不用提对木匠、石匠、水管工的间接利益了。再例如,健康是另一项重大收益,安全规则可以救人性命,于是人们系紧安全带、戒烟以保护其健康。

法律制度中的任何规则基本上都可以用激励或抑制来分析。就激励而言,美国公司必须负担职工的工伤保险。他们所能避免的事故越多,保险费就越低。安全带规则和一般的交通规则鼓励了谨慎驾驶并(有望)减少事故。另一方面,侵权案中的原告如果要走上法庭,就要面对各种技术障碍和成本,这些是真实的抑制。它们是侵权金字塔顶端那么尖的原因之一。城市的区划条例阻止土地所有者通过向制革厂卖地的方式大赚一笔,但也有助于保持土地所有者邻居的土地价值。无过错离婚规则使离婚更容易实现,但毕竟这不是完全自由的。对某些人而言,即使一小笔费用也超出了他们的支付能力。

一般而言,法治引导行为遵循某些规则。如果你想把钱留给你最喜欢的外甥、慈善机构或朋友,就必须制定遗嘱(或使用某种功能等价物)。法律规定了如何制定遗嘱的具体细节——需要遵循什么形式。这对离婚、买房、申请专利而言亦然,你要遵守这些规则。但它们是否实际发挥了激励或抑制的作用总是一个经验性问题:医疗事故规则导致医生过度使用“防御性”医疗和CAT扫描了吗?① 便利

① Michelle M. Mello and Troyen A. Brennan, "Deterrence of Medical Errors: Theory and Evidence for Malpractice Reform," *Texas L. Rev.* 80:1595 (2002); Brian K. Chen and Chun-Yuh Yang, "Increased Perception of Malpractice Liability and the Practice of Defensive Medicine," *J. Empirical Legal Studies* 11:446 (2014).

的离婚法损害家庭结构了吗?(很可能没有)专利法实际上鼓励创新了吗?版权法阻碍还是促进了创作呢?

关于字面意义上的激励已经有了一些研究。一些研究者试图通过实验来查明:学校中的激励能否使学生更努力学习或取得更好成绩。至少在短期之内,给学生发钱似乎会产生一些效果。[①] 但激励老师是否比激励学生要更有效果?女生对激励的回应是否不同于男生?没人质疑激励的力量,特别是重大激励。为了 100 万美元,我们可能会做各种自己本不会做的事情。政府当然可以花钱取得更高的法律遵守水平,但要花多少?遵守的又是什么法律?一项心理学实验中的学生,可能会对一两美元的诱惑作出回应,但要人们要么戒烟、要么罚款 50 美元,就是另一回事了。

激励也被用于鼓励揭发:揭发并举报不法行为,就可以获得金钱奖励。根据联邦《虚假申报法》(False Claims Act),如果某人揭发了提出虚假申报的政府承包商,就可以获得政府从承包商处追回款项的一小部分。[②] 国家税务局为揭发者设立了赏金项目。大约一个世纪以来,这笔赏金都相当吝啬,几乎没有人愿意干。该法律于 2006 年被修改,现在揭发者可以获得追回款项的 15%到 30%,至少对(超过 200 万美元的)大笔资金追回而言是如此,小型资金追回的赏金由

---

① 对奖学金的讨论参见 Uri Gneezy, Stephan Meier, and Pedro ReyBiel, "When and Why Incentives (Don't) Work to Modify Behavior," *Journal of Economic Perspectives* 25: 191, 195 - 199 (2010)。

② David Freeman Engstrom, "Whither Whistleblowing? Bounty Regimes, Regulatory Context, and the Challenge of Optimal Design," *Theoretical Inquiries in Law* 15: 605 (2014).

税务局自由裁量。[①] 揭发者可能是公司或机构的员工或普通民众，为避免抑制作用，赏金法努力保护揭发者免受其上司报复。

即便如此，揭发者的日子也并不总是好过：他的工作可能变得不稳定，同事可能把他看作告密者。揭发者是否具有某种文化倾向呢？尤维尔·费尔德曼(Yuval Feldman)和奥利·洛贝尔(Orly Lobel)曾提出：美国人比以色列人更愿意揭发非法行为。他们认为这可能是因为美国的民族精神更为"个人主义"。性别也是他们研究中的一个因素。[②] 在组织严密的团体——例如运动队或青少年黑帮——中，"叛徒的污名……比做正确之事的本能更强大。"[③]"离群"是被人深恶痛绝的。这也适用于例如阿米什人(Amish)、纽约的极端正统派犹太人社区或天主教会的统治集团。

揭发可能是有争议的，有时甚至是危险的。可以肯定，在专制或腐败的社会揭发尤为危险。但危险不仅限于那些社会。爱德华·斯诺登(Edward Snowden)在2013年6月揭发他所认为的美国政府的不当行为，例如非法监听。一些人把他当作英雄，政府则坚持他违反法律，把他定为叛徒并控告他叛国。他现在是逃犯，生活在俄罗斯。[④]

---

① Yuval Feldman and Orly Lobel, "The Incentives Matrix: The Comparative Effectiveness of Rewards, Liabilities, Duties, and Protections for Reporting Illegality," *Texas L. Rev.* 88:1151 (2010).

② Yuval Feldman and Orly Lobel, "Individuals as Enforcers: The Design of Employee Reporting Systems," in Christine Parker and Vibeke Nielsen, eds., *Explaining Compliance: Business Responses to Regulation* (2011), pp. 263, 273; Feldman and Lobel, "The Incentives Matrix," p. 1196.

③ Selena Roberts, "When Peer Pressure, Not a Conscience, Is Your Guide," *New York Times*, March 31, 2006, p. D1.

④ Peter Baker and Ellen Barry, "U. S. Traces Path as N. S. A. Leaker Flees Hong Kong," *New York Times*, June 24, 2013, p. A1.

此外,通过所谓"挤出"效应,揭发的奖励有时甚至可能适得其反,我将在后文讨论。[①] 当然,在许多情况下也存在强有力的反"告密"社会规范。这一规范无疑在社会地位平等的人之间最为强力:告发班上的另一个孩子,会使告密者的生活变得困难。在监狱里,告密者受人厌恶,告发别人的囚犯不太可能活得很久。而且我提到过,企业中的同事可能不会欣赏告密者,特别是在被告发的丑闻可能威胁其饭碗时。

为告发提供奖励,也会诱使人们说谎以获取奖励。这个问题给刑事司法系统中对线人的使用增添了麻烦和损害。检察官经常给一个嫌犯提供交易来让他做不利于另一个嫌犯的证词——这笔交易可能是无罪释放或更轻的指控。[②] 检察官由此受益,他们能够定更多的罪,但成本是什么呢?这种监狱里的告密可能导致错误定罪。但执法严重依赖于告发,也就是揭发罪犯并帮助控诉的人。他们的不可靠是臭名昭著的,但可以因此获得丰厚奖励,包括大幅减刑。[③]

虽然有这些问题,社会还是会利用奖赏来鼓励公民对企业或政府进行投诉。例如在执法力量薄弱的国家,强有力的商业利益可以践踏食品安全法、有关空气与水污染的法律,等等。一些地方当局开始奖励举报污染者的当地公民。奖励计划似乎非常成功,甚至在全国铺开,还设立了"热线"系统。中央政府为提出"有效投诉和批评"

---

① 参见第九章。

② Alexandra Natapoff, Snitching: Criminal Informants and the Erosion of American Justice (2009), p. 3.

③ Ethan Brown, Snitch: Informants, Cooperators, and the Corruption of Justice (2007).

的公民“设立了全面的奖励制度”。①

2014年4月的一份报纸，报道了斯洛伐克改善增值税执行规则的计划。政府利用消费者的参与来促进商人遵守规则。② 它请求普通公民收集其购买商品的收据，并向政府登记。登记相当于买彩票，登记收据的公民有机会赢得一辆车、一大笔钱(每个月奖励10 000欧元)，或在流行电视节目中登场一次。于是公民们登记了数百万个收据。这一做法的目的在于查明进行税务欺诈的商家。而且，斯洛伐克的税收切实增加了，或许就是因为这个彩票机制。其他国家如葡萄牙也计划或使用相似手段。

行为经济学的研究表明：人们对损失风险的回应不同于对收益机会的回应。人们“厌恶损失……粗略地说，失去某物给你带来的痛苦，是得到同一事物所带来快乐的两倍”，这已经得到了实验证实。③这一观点表明：激励和抑制以不同的方式作用于影响。另一个对影响的有力作用是所谓的默认规则。比如说一个雇主提供的牙科福利要求每个月交30美元。如果雇员什么也不做，她就自动加入。如果她想退出，就必须填张表格。于是大多数员工都加入了。另一个雇主正好相反：加入者必须填表，否则就不能得到福利。这种情况下，加入的员工更少。理查德·泰勒(Richard Thaler)和凯斯·桑斯坦

---

① Benjamin van Rooij, "The People's Regulation: Citizens and Implementation of Law in China," *Columbia J. of Asian Law* 25:116, 145-146 (2012).

② Suzanne Daley and Raphael Minder, "In Slovakia, Real Lottery Prize Goesto Tax Man," *New York Times*, April 20, 2014, p. 1.

③ Richard H. Thaler and Cass R. Sunstein, *Nudge: Improving Decisions about Health, Wealth, and Happiness* (2008), p. 33.

(Cass Sunstein)在其“助推”研究中用订阅杂志的例子说明了这一点。如果续订是“自动的,那么许多人都会订阅……他们并不读的杂志”。①

你的器官在你死后可以被摘取吗?这取决于你,但默认规则能够产生巨大的影响。如果法律规定你的身体器官可以在你死后被摘取,除非你选择不允许摘取,那么相比于选择摘取的规则,就可以获得更多肾脏和角膜。② 商店可以使用含税价格,也可以使用税前价格,之后再加上税。如果税“不那么显眼”(销售以后再加上),那么人们就会更少注意到它;如果税上涨了,他们也不会改变其购物习惯。“太过显眼”会产生反面效果。③ “显眼”与否对税后价格没有影响,但它能够影响消费者行为。

事实上,默认规则在法律中无处不在。以处理遗产为例。遗嘱检验法指导人们如何制定遗嘱。它也包含无遗嘱继承规则:这是该法律的默认规则。如果你没能制定遗嘱(或某种法律等价物),你的遗产就会根据这一规则进行分配。于是,每个制定有效遗嘱的人都是在选择使用法律并拒绝默认规则。每个执行契约或开出支票的人也是在选择遵循法律规定的形式。申请结婚证的夫妇或申请离婚的个人也是在绕开默认规则。默认规则强烈影响人们作出决定。

你当然可以用惩罚(或抑制)术语来分析默认规则。除非你获得

---

① 同上,第85页。

② Lorenz Kähler, “Zur Durchsetzungskraft abdingbaren Rechts,” in Michelle Cottier, Josef Estermann, and Michael Wrase, eds., *Wie Wirkt Recht?* (2008), pp. 431, 433.

③ Jacob Golden, “Sales Tax Not Included: Designing Commodity Taxes for Inattentive Consumers,” *Yale L. Journal* 122:1 (2012).

结婚证并办理所有手续,否则你就不能享有婚姻的法律收益。这对遗嘱收益、小说版权或天才新发明的专利而言同样适用。你也可以用引导行为的方式或使用/不使用的术语来进行讨论。但无论如何,结果都是一样:默认规则是作用于影响的有力工具。毕竟,人们是粗心、健忘且受制于惰性的。一个没有遗嘱的富人可能是不知为何"从没有时间去制定遗嘱"或一直想着自己不久以后一定会做的人。但那个明天从不会到来。

胡萝卜加大棒

一个复杂的现代法律制度,有一整套胡萝卜加大棒的菜单任其选用。例如,在《国内税收法典》的上千页内容中有数十种税收优惠、税收漏洞、税收例外和税收例外之例外。政府把合同授予低价投标人(或其偏好的企业),也授予他们奖牌和奖金。公务员和退役老兵可以领取养老金,福利国家提供各种福利:失业金、养老金、教育补贴、医疗补贴,破产法给人第二次机会。要主张现代法律制度使用的大棒多于胡萝卜是很困难的。现代国家也提供重要福利,例如公共教育、医疗和失业补偿。

当然,民事法律并不只提供激励。它也造成损害——不妨称其为惩罚。惩罚提高了行为成本。民事法律充满了有意或无意阻碍某些行为的抑制、规则和法律原则。所谓庇古税,就是通过提高成本的方式来减少对不良产品的需求。对香烟或威士忌征收重税(有望)减少吸烟者或饮酒者的数量。污染税可能会对污染行为产生类似效果。也可以通过使之变得缓慢且困难的方式,在某种意义上来“惩罚”行为。繁文缛节和官僚主义是有力的抑制剂,不论这是不是其实际的目的。

要区别胡萝卜和大棒,并不总是容易的事情。事实上,其差别可能只是源于筹划或措辞的方式。假设某国有条规则规定,所有生活在该国的非公民都必须在 4 月 1 日之前或当天到国家办公室进行登记,晚登记者必须支付 100 美元费用。但该命令也可以用这种方式来表达:非公民必须进行登记并支付 100 美元费用,在 4 月 1 日之前或当天登记者可以免除这笔费用。从经济学角度来看,这两个安排完全一样:一个用了胡萝卜,一个用了大棒。事实上,这两个安排给人的感觉可能不一样,相比于费用而言,人们对折扣的感觉可能更亲切。

我们提到过,有研究强有力地表明:人们对表述规则的不同方式可能有不同的回应。这并不只是“架构”问题。经常有人说,惩罚的效果比不上“正向强化”,后者不一定是钱。但这只是一个趋势,并不是自然铁律。非常严厉的惩罚可能压倒贫乏的激励,并产生某些影响。然而奖惩给人的感受是决定影响的重要因素。一个受虐狂可能会享受抽在他背上的 12 下鞭刑,但大多数人可不喜欢。进监狱不是奖赏,虽然在明尼苏达州寒冷的日子里,无家可归的人可能更喜欢坐牢而不是流落街头。1998 年对德克萨斯州男性重罪犯的研究发现:

有2/3的人选择1年有期徒刑而不是10年缓刑，这有点让人意外。[①]我本以为任何牢狱生涯都会比缓刑更差，不论缓刑要持续多久，但事实显然并非如此。我也猜测，如果研究对象是白领贪污者，而不是少年黑帮成员，结果可能会有所不同。对百万富翁而言，500美元罚款可能算不上什么，但对穷人而言就是致命性打击。相比于刑事案件中相同数额的罚金而言，侵权案件中的赔偿可能在社会和心理上都没那么有惩罚的感觉。当然，这并不只是因为钱：一条刑事犯罪记录可能会损害一个人的生活和事业。另一方面，输了一场侵权官司（如医疗事故），也会带来超出金钱损害的非常糟糕的后果。

小数定律

在讨论传播问题时，我提到过所谓的小数定律：你需要影响的人越少，就越可能把讯息传播给他们。小数定律也适用于法律的影响本身：看守10个人所需的警卫少于看守1万个人的。法律制度的设计同样十分重要。例如，想想监狱的建筑结构。通常，囚犯的人数比看守更多。但一些看守配有武器，而囚犯则没有。囚犯被锁在牢房里、关在监狱里，而看守则没有。美国第一所真正的监狱建于19世纪上半叶，设立了禁止犯人相互交谈的制度。囚犯被关在单人牢房，

① Ben M. Crouch, "Is Incarceration Really Worse? Analyses of Offenders' Preference for Prison over Probation," *Justice Quarterly* 10:67, 79, 84 (1993). 其中25%的人更令人惊讶，他们说自己宁愿要一个3年有期徒刑而不想要一个10年缓刑。对监狱的偏好"在非裔美国人、老年人、未婚人士……以及具有缓刑已变得更严格的信念的犯罪者之间更有可能。"也参见Joan Petersilia, "When Probation Becomes More Dreaded Than Prison," *Federal Probation* 54:23 (1990)，Petersilia主张：对倾向于监狱的人而言，短期徒刑有时候比高强度的监督程序更受欢迎。

不得说话。在这个沉默的空间里，基本上不可能组织、发起暴动、反叛或计划越狱。①

对决策者而言，要诀在于建立一个使规避或逃避规则的行为变得十分困难的制度。必须发现瓶颈处，寻找需要尽可能少的人来遵守的手段。假设我们的目标是减少街上发生的事故：乱穿马路十分危险但很难控制：每个行人都是潜在的乱穿马路者，数百万行人是实际的乱穿马路者；把差司机变成好司机也十分困难：可以尝试司机培训、教育运动、设置更多交警等办法，但还是有数百万差司机，而且永远都会有；减少酒驾同样困难，实际上，要改变任何具有持久影响的事情都很困难。我们看到，至少在短期之内，严打、运动等手段确实有效，但甚至在严打期间也只有一小部分酒驾司机会被抓到（至少在当前技术条件下是如此）。

因此，小数定律表明：对汽车本身做出改变，把它们变得更安全可能更有意义。只有少数几家公司造汽车，这些公司庞大且有权势，很有政治影响力，一旦安全措施被写入制定法，政府就可以集中监管这少数几个实际玩家。要求制造商安装气囊（至少在短期之内）会比说服数百万司机系好安全带要更有效。类似地，在包装厂一级进行肉类监管，相比于在肉店或超市一级进行监管要更有效。当然，这不是在反对监管这些商店。

对其他两类动机——同侪压力和良心或道德的内在呼唤——也

① 关于监狱制度，参见 Lawrence M. Friedman, *Crime and Punishment in American History* (1993), pp. 77–82; Adam J. Hirsch, *The Rise of the Penitentiary: Prisons and Punishment in Early America* (1992)。

能给出大体相同的论断。假设你想认真地规制企业中的性别歧视问题。以零售业巨头沃尔玛为例,相比于要求个体商店及其经理与员工,要求高管采取有效措施更能产生效果。不过,反对性别歧视的战争胜负最终还是体现在较低层级上。

四叶草效应(The Cloverleaf Effect)

卡尔·卢埃林(Karl Llewellyn),20世纪最杰出的法律学者之一,过去常常谈论他所谓的四叶草效应。[①] 司机在高速公路上开得很快,但我们希望他们在离开高速公路时减速;出口匝道的设计,就是为了强制他们减速的。这些匝道的形状就像四叶草,有急坡和急弯。

于是,四叶草就是一种迫使行为符合某种可欲模式的手段。理论上,你可以通过处以罚款甚至给司机分发免费糖果和饼干的方式,使他们在离开高速公路时减速。你也可以发起一项教育运动。但四叶草原理有所不同:它或多或少地强迫司机服从规则。简言之,四叶草使遵守比不遵守更容易。一个相当鲁莽但技术高超的司机,可以无视四叶草匝道并全速驶离高速公路,但这十分危险。大多数司机会对四叶草匝道做出符合预期的回应,也就是减速。[②]

法律制度充满了四叶草:强制守法或使违法更加困难的安排和手段。税法中的代扣代缴制度就是一种强大有力的四叶草。雇员在

---

① 马克·格兰特(Marc Galanter)教授认为这一概念来自卢埃林;格兰特是卢埃林在芝加哥大学法学院担任教职时的学生。

② Stewart Macaulay, Lawrence M. Friedman, and John Stookey, eds., *Law and Society: Readings on the Social Study of Law* (1995), p. 444.

得到工资时,其所得税已经被扣减了。虽然人们仍然会骗取税款,但相比于取消代扣代缴制度,转而一年一次付清纳税总额,他们在当前制度下能够骗取的税款当然更少。相比于收工资条的人,得到现金工资的人(收小费的服务员、兼职油漆工和水管工、保洁阿姨)骗税的概率很可能更高。

众所周知,美国年轻人、穷人和少数族裔往往会投票给民主党;同样众所周知的是,这些群体的投票率不如年长的白人。一个州可以通过例如允许人们在大选日才进行登记、增加投票点数量或允许提前通过邮件进行投票的方式,使选民登记和投票变得更容易。但由共和党控制的州立法机构往往采取正好相反的措施。他们使登记和投票变得更困难。他们要摆脱四叶草。比如说他们要求要有某种身份证照片才能进行登记。他们说这样做是为了消除选民身份欺诈。许多人怀疑,其真实理由是抑制可能的民主党支持者进行投票。

默认规则可以成为一种形式的四叶草。当规则主体什么也不做时,默认规则就开始发挥作用。我之前提到过,改变默认规则经常会对法律的影响产生巨大影响。类似地,假设你想剥夺孩子的继承权,根据美国法可以在遗嘱或生前信托中这样做,否则他们就可以主张其继承的份额。但在大陆法系国家,剥夺孩子的继承权要困难得多。法律文件的标准格式显然就是一种四叶草。支票就是常见例子,其形式完全固定,且印在票据上面。制定法充满了标准格式与标准合同,所有这些都是四叶草。

税法充满了四叶草。营业税可能包含在我们购买的商品价格里。我提到过,代扣代缴制度是一种四叶草。在餐馆里,我们的习惯是用餐后留下小费,几乎每个人都这样做。但总是有一些人留的小费很少或完全不留小费。对他们而言,如果餐馆加收"服务费"会更好。确有某些餐馆这样做,经常针对6人及以上的团体用餐,偶尔也有餐馆对所有人都加收服务费。四叶草、默认规则和各种各样的"助推",在其他因素足够有力时并不会压倒这些因素。但在大多数时候,默认规则和四叶草对法律的影响会产生巨大作用。①

威慑曲线:民事问题

之前,我介绍了威慑曲线的概念:刑罚越严厉、越确定,受到威慑的人就越多;然后曲线变得平缓,累积更多刑罚能取得的效果变少。这一概念可被用于分析死刑是否具有威慑效果。

民法中也存在威慑曲线。在减少吸烟的运动中,可以提高烟草税。随着香烟价格升高,吸烟曲线可能变得平缓。如果威士忌足够昂贵,就只有富人喝得起。更多的医疗事故诉讼和更高的赔偿数额会让医生变得更小心吗?可不一定。大多数医生都想做一份安全、专业的工作,他们遵循个人与医学伦理的准则,服从职业标准——或许这条曲线已经变平了。我提到过,无过错离婚法降低了离婚成本,使离婚变得更简单易行。这增加了离婚数量吗?或许。(我希望)大多数人想要维持婚姻,告诉一对蜜月中的新婚伴侣现在离婚是完全自由的,我估计这可能毫无影响。学生们在经济学入门课中学到:降低价格可以促使更多人购买商品,但这只有当他们想要这件商品时

① Thaler and Sunstein, *Nudge: Improving Decisions about Health, Wealth, and Happiness*.

才会奏效。对恩爱的夫妇而言,离婚方便与否对他们毫无影响。在当今的无过错规则下,离婚已经相当简单易行。更低的价格可能会卖出更多汽车或洗衣机,但不会导致更多离婚。[1] 离婚曲线已经变平了。

侵权法规则是否威慑了人们,使其免做鲁莽或粗心的事情?一项使用情景模拟(这一方法总是带点风险)的研究没能发现很多影响(包括比如说在车里打手机这些情景)。研究者一口气列出一大堆可能的解释:例如侵权责任"在经验上是不确定的"。[2] 但或许侵权规则(至少其中一些)没有或几乎没有影响是因为其曲线已经变平了。人们有不去鲁莽行事的激励——鲁莽的司机可能导致自己和其他人的死亡——更不用提道德的考量。如果鲁莽的司机已经变少,这就会削弱侵权法规则的影响。

在激励一侧,提供更多金钱会产生影响,但这种做法也有局限性。一家几乎供不应求、利润很高的公司如果主动降价,当然是愚蠢的。更大的减税优惠会提高慈善捐赠的数量吗?可能会,甚至可能会提高很多。但如果人们已经给出他们认为自己能够负担的全部了,就不会有什么改变。当然,实际的影响还是个经验问题。

自我规制

在现代发达社会中,对商业的规制十分普遍。此外,许多商业集

---

① 也参见第 9 章关于"挤出效应"的部分。

② W. Jonathan Cardi, Randall D. Penfield, and Albert H. Yoon, "Does Tort Law Deter Individuals? A Behavioral Science Study," *J. Empirical Legal Studies* 3:567, 593 (2012).

团还进行自我规制,也就是制定并发布他们自己的规范。自我规制有时是为了抵御更多或更不利的外部规制。它是(向政府传递的)一个信号:看,没必要搞一大堆限制性法律,我们能管好自己的业务。这些行业的做法可以称为预防性遵守,他们采取行动是为了避开不想要的法律和规章。行业规范也是规制,但以行业自己的方式进行。许多行业的"自我规制"都可以归入这一范畴。例如,对公立学校中高糖饮料的普遍抱怨(以及可能的一系列立法)导致美国饮料协会的大公司同意进行自我规制,承诺逐步淘汰这些学校中的软性饮料。[①]

约翰·布雷斯维特(John Braithwaite)指出了一种他称为"强制性自我规制"的实践。[②] 这既不是自上而下的规制("命令与控制"),也不是政府不发挥(明显)作用的纯粹自我规制。在"强制性自我规制"中,规制者给出政策目标,其余的留给公司去做。公司制定规则和程序以使自己达成目标,也负责实施这些规则和程序。[③]

自我规制管用吗?得看情况。总体而言,自我规制、行业规范等往往不如正式法律(或者说让人担忧的正式法律)那么严格,要不然为什么还要进行自我规制呢?但有时让人担心的不是太过严厉的规制,而是方向错误的规制、无视行业需求的规制。对行业而言,努力

---

① Michelle M. Mello, Jennifer Pomeranz, and Patricia Moran, "The Interplay of Public Health Law and Industry Self-Regulation: The Case of Sugar-Sweetened Beverage Sales in Schools," *American J. Public Health* 98:595 (2008).

② John Braithwaite, "Enforced Self-Regulation: A New Strategy for Corporate Crime Control," *Michigan L. Rev.* 80:1466 (1982).

③ Robyn Fairman and Charlotte Yapp, "Enforced Self-Regulation, Prescription, and Conceptions of Compliance within Small Businesses: The Impact of Enforcement," *Law & Policy* 27:491 (2005).

表现得像个好公民是有价值的,有时还有非常好的竞争方面的理由。大型饮料公司可能会愿意从学校撤回含糖饮料,因为他们可以推出同样由自己生产并销售的其他饮料(瓶装水、减肥饮料、运动饮料)。[①] 自我规制有时可能比政府规制更为有效,行业可能会更好更快地执行规则。自我规制也能经营良好的公共关系。例如,旅游是个敏感行业,不满意或受困的顾客可能让整个行业蒙羞。为避免问题,英国旅行社协会制定了一套行为准则,并设立一个委员会来实施这些规则。它有权惩罚违反这些规则的成员。[②]

美国的核能行业是有效进行自我规制的突出例子。严重的三里岛(宾夕法尼亚州的一个核电站)事故发生时,核能行业感到非常害怕。作为回应,他们成立了一个组织,即核能运营协会(Institute of Nuclear Power Operations, INPO)。INPO 在保持高水平安全标准并促进良好管理方面取得了巨大成功。它也团结了核能行业的不同单位,创造了一个组织严密的“共同体”。在这个行业中,正如约瑟夫·里斯(Joseph V. Rees)所指出的那样,核电站是“彼此的人质”。[③] 一家肥皂厂或水泥厂的问题不会威胁其他肥皂厂或水泥厂,但一家核电站的重大事故却可能使民众反对整个行业。

当然,核能行业是相当特别的,但还有其他敏感行业使用保护性的自我规制。一个著名的例子来自电影行业的历史。从 1930 年代

---

① Mello, Pomeranz, and Moran, “The Interplay of Public Health Law,” p. 601.

② Christopher Hodges, *Law and Corporate Behaviour* (2015), pp. 479–480.

③ Joseph V. Rees, *Hostages of Each Other: The Transformation of Nuclear Safety since Three Mile Island* (1994).

到 1950 年代,好莱坞的电影工作室给自己制定了一套精密且严格的生产法典,并强加给美国生产的所有电影。[①] 电影里不能有裸体,不能爆粗口,不能有明显的性行为;甚至结婚的夫妇也必须睡在两张床上;不能有犯罪逍遥法外;不能鼓励通奸行为;不能批评有组织的宗教——电影工作室自己穿上了这件紧身衣。好莱坞电影宽松的道德标准已经引起了一大波批评(当然,批评并非来自广大观众),一些州和城市已经采纳了审核法规。电影大亨对电影的联邦规制与控制怕得要死。于是,这个行业强迫自己遵循从未成为法律(或许永远也不会成为法律)的规制。

① Lee Grieveson, *Policing Cinema: Movies and Censorship in Early Twentieth-Century America* (2004).

第7章

同侪压力

奖惩可以解释人们的很多行为,但显然不是所有行为。人们为什么交税?对一些经济学家来说,这是个谜。税法的执行水平低下、马虎松懈、缓慢昂贵且无效率,惩罚通常也不严厉。简言之,经济学家认为逃税虽然普遍,但应该比其实际情况更普遍。四叶草效应(例如代扣代缴)可以部分解释这一问题,但显然还有其他因素在起作用,不只是害怕被捕受罚。当人们预期不会被捕受罚时,为什么他们还守法呢?

答案是相当显而易见的。一个影响因素是我们常说的同侪压力。就像奖惩一样,这不是单一的因素,而是一组因素。其大意很简单:人们想从他们的朋友、家人、团体那里获得认可,想避免闲话、丑闻和耻辱。朋友、家人、宗族、团体、社团,还有我们所在的单位、教会、学校:所有这些都对我们十分重要,有力影响着我们的思考和行动。如果同侪希望我们服从法律,我们就会服从。如果同侪说不要服从,这也可能改变我们的行为。

如前所述,我们有各种各样的同侪:他们可能是父母、亲戚、密友、团体、帮派、部落、职业团体,或者就是普通人。约翰内斯·费斯特(Johannes Feest)研究了加利福尼亚州北部司机的行为。他藏在道路的一侧，观察接近停车标志(stop sign)*的车辆。当时在附近没有警察，一些人完全停了下来，一些人做了所谓的滑行停车，还有一些人径直开了过去。有一件事给费斯特留下了很深的印象：独自一人开车的司机比载人开车的司机更经常违反停车规则。② 纽约的行人——另一研究的对象——在看到“禁止通行”标志时还会穿过街道吗？如果一个人(实际上是实验者雇用的人)站在街角并遵守规则，那么这个行人就更不可能这样做。另一方面，如果被雇用的那个人违反了规则并且非法穿过街道，那么其他人往往也会这样做。③

同侪压力可以是一种极其强大的力量。习俗、习惯和传统决定了我们的很多行为。无论经济学家会怎么想，我们的日常行为大多不是理性计算的结果，没有人是在脑子里装着一个巨大的成本收益计算器在生活。习俗和习惯由父母、老师、宗教领袖、朋友和邻居传递给我们。人是社会的动物，需要社会关系，完全的隔离是不正常状态——就像所有其他形式的行为一样，合法行为反映了这一基本事实。可以肯定的是，社会关系有可能强也可能弱。教会成员的身份对某些人而言可能就是全部，对其他人而言，可能几乎或完全没有意义。这甚至同样适用于家庭关系。

社会，尤其现代社会是复杂的有机体。所有的主要社会都是多

---

* 美国一些州所使用的一种交通信号标志，一般出现在比较小的路口。司机在有停车标志的路口必须完全停车，观察 3 秒以上，确认没有风险才能通过。如果只是放慢速度，而没有完全停止车辆，就是滑行停车(rolling stop)，会被处罚。

② Johannes Feest, "Compliance with Legal Regulation," *Law & Society Review* 2:447 (1968).

③ Lionel I. Danick, "Influence of an Anonymous Stranger on a Routine Decision to Act or Not to Act: An Experiment in Conformity," *Sociological Q.* 14:127 (1973).

元化的,从来不是道德统一体。它们都有亚文化。亚文化有自己的规范和同侪压力的存在形式。其压力可能会、也可能不会融入主流文化的压力和规范。主流规范当然是法律的主要来源,但这些规范可能也确实与亚文化规范相冲突。这些冲突在法律制度中无处不在:帮派成员回应帮派领袖的要求,甚至当这些要求是违法时也一样;宗教团体的虔诚信徒是因深刻的确信而遵从其信仰,但其他持相同信仰的人服从规则,只是因为他们感到自己应该服从,因为违反规则可能导致社会性的反对、排斥、放逐甚至更糟。

家庭关系是所有"同侪"压力中最强有力的之一:父母、兄弟姐妹、妻子、丈夫或长期伴侣。俄勒冈州的一项研究考察了有犯罪前科的男人:相比于独身男人而言,结婚的男人更不可能重操犯罪旧业(至少从被逮捕的数量来看是这样)。[①] 这是由于伴侣公开或者通过某种无声信号而施加的压力吗?很有可能。而且,结了婚或处于坚定恋爱关系中的男人往往很忙,需要处理家庭事务,犯罪就不知不觉地被放在一旁了。但因果关系链或许正好相反。相比于其他人而言,一些前科犯人更可能结婚或形成某种羁绊;或许这些人是无论如何都不会回归犯罪生活的那类。然而,没有理由怀疑特殊、亲密的同侪对一个人的所思所为具有巨大影响力。

我们说过,同侪压力可能产生方向相反的不同效果。在前述俄勒冈州的研究中,如果妻子或爱人自己就是"反社会的",也就是自己

---

① Deborah M. Capaldi, Hyoun K. Kim, and Lee D. Owen, "Romantic Partners' Influence on Men's Likelihood of Arrest in Early Adulthood," *Criminology* 46:267 (2008).

就是违法者,那么这段关系就失去了其“保护”的性质。① 这可能同样适用于友人的影响。他们可能具有“保护”功能,但在帮派里,朋友可能鼓励(甚至强迫)新成员去违法或赞同违法者。有关不良行为的学术研究非常关注帮派生活的这个特点。有暴力友人,以及那些亲见并体验过暴力的年轻人,更有可能被卷入暴力文化。② 在此,同侪是偏离常规行为的直接来源。对年轻人的一项研究试图(通过实验性地使用一种叫作“胆小鬼”的电子游戏)评估其冒险行为。该研究发现,相比于独自一人冒险,在有人一起时,年轻人“在冒险游戏中会冒更多险”。③

但我也提到过,你可以质疑这些研究中什么是原因、什么是结果。物以类聚,人以群分。一个性格可能使他倾向于违法的青春期男生可能会和类似男生聚在一起,于是他们就互相影响。加入帮派的年轻男子可能与没加入者存在系统性差别。唱诗班男生和电脑极客会尽可能避开这些帮派。性格会产生类似的效果,家庭结构也会,社会情境同样如此。

帮派在贫困地区繁荣发展,那里没有唱诗班男生和电脑极客。加入帮派的压力几乎是不可抵挡的,一旦加入就有压力去追随帮派

---

① 同上。

② Stacey Nofziger and Don Kurtz, "Violent Lives: A Lifestyle Model Linking Exposure to Violence to Juvenile Violent Offending," *Journal of Research in Crime and Delinquency* 42:1 (2005).

③ Margo Gardner and Laurence Steinberg, "Peer Influence on Risk Taking, Risk Preference, and Risky Decision Making in Adolescence and Adulthood: An Experimental Study," *Developmental Psychology* 41:625, 629 (2005).

的行为。① 大城市的帮派滋生暴力是显而易见的事实,帮派的吸引力亦然。马克·弗莱舍采访过年轻的违法者,发现其研究对象“有动机去与其他被排斥和忽略的孩子抱团”。他们的抑郁与“心理健康状况低下的痛苦感,被违法行为的仪式过程所激发的暂时性刺激……和毒品与酒精的麻痹性高潮所缓和”。② 对吸毒的一项研究也得出结论说:朋友把年轻人带进违法世界,但“选择因素”也在这一过程中发挥了关键作用,③要把两种因素分开是很困难的。是同侪压力刺激了这个孩子,还是他像飞蛾扑火一样被吸引进入帮派?也许还有第三种可能——两种观点都是对的,帮派所做之事是一种“增强”,也就是说“新帮派成员是从一群显示出参与犯罪与暴力之倾向的个体中招募的”。一旦他们加入帮派,这个倾向就被加强,“因为帮派提供了一个鼓励犯罪与暴力的社会结构。”④

在大多数社会中都存在一个强烈的反杀人禁忌,特别是杀害无辜之人。但在我们所生活的这个糟糕的时代,报纸一次又一次报道自杀式袭击的新闻,也就是身穿炸药、炸死自己和其他人、让他们年轻的生命实现永恒的年轻人。有这样的暴力组织:他们招募这些年

---

① Ross L. Matsueda and Kathleen Anderson, “The Dynamics of Delinquent Peers and Delinquent Behavior,” *Criminology* 36:269 (1998).

② Mark S. Fleisher, *Beggars and Thieves: Lives of Urban Street Criminals* (1995), pp. 117-118.

③ Robert H. Aseltine Jr., “A Reconsideration of Parental and Peer Influences on Adolescent Deviance,” *J. Health and Social Behavior* 36:103, 116 (1995).

④ Paul B. Stretesky and Mark R. Pogrebin, “Gang-Related Gun Violence: Socialization, Identity, and Self,” in Paul Cromwell and Michael L. Birzer, eds., *In Their Own Words: Criminals on Crime*, 6th ed. (2014), pp. 301-302.

轻人,吸引他们并给他们洗脑,让他们对屠杀“异教徒”丝毫没有悔恨。[①] 这些自杀式袭击者,以某项事业的名义把自己炸成碎片的男人(和少数女人),是激进且暴力的恐怖军队中的战士。选择因素在此也会发挥作用。这些新兵很年轻,心怀不满,寻找生命的目标,并被引诱进一种激进的宗教形式。意识形态、环境和同侪压力(特别是被招募以后产生的压力)是有助于沸腾情绪的毒药。

在某些方面,圣战分子的“军队”与常规军队没有太大不同。在某种程度上,军队依靠的是严格且严厉的纪律,但他们也需要同侪压力的强大影响力。同志关系对武装力量而言至关重要。懦弱不仅可耻且有罪,也意味着让你的同伴失望。军队可以且严厉地惩罚逃兵,甚至动用死刑。但如果逃亡成为习惯,如果士兵集体缴械投降(这在被打败的、意志消沉的军队中经常见到),那么就没有军队可以自我维持。使军队正常运转的是集体士气、同志之情、归属感以及同伴士兵的存在。

在某种程度上,同侪也发挥着教育的功能。不法帮派向其成员,特别是新手传授不法行为;他们可能很想学习,但虽然如此,还是会发生社会化的过程。监狱就被认为是臭名昭著的“犯罪大学”。许多犯罪是“社会化犯罪”,也就是更年长、更有经验的犯罪者教给新手的犯罪。比如说盗窃汽车:新手起初承担“放风”任务,同侪群体把这些新手转变为有经验的汽车窃贼。新手逐渐学会如何“进入车辆并发

---

① 例如2015年4月初发生在肯尼亚加里萨大学的袭击,骇人地夺去了许多人的生命。参见 Robyn Dixon, “At Kenya College, Christian Students Foretold Massacre,” *Los Angeles Times*, April 5, 2015。

动车”,学会要偷哪些车,如何避开警察,等等,“这有点像某种启蒙。”①

对帮派的研究有很多,最早可以追溯到斯拉舍(Frederick Thrasher)在1920年代的经典研究。② 相比于更晚近更暴力的帮派而言,他研究的芝加哥少年帮派——偷盗、逃课、夜不归宿——看起来相当温和。今天的帮派生活是广泛的社会解体的表征。更宽泛地说,它也是我在其他著作所谓的扁平社会的反映(更肯定地说,是病理)。③ 现代生活已经变得扁平得多。也就是说,相比于同侪权力而言,父母、领导、首长的纵向权力已经减弱了。生活中的身份和地位不再那么确定不变。人们根据那些和自己处于相同水平的人来给自己定位,不论是学校的孩子,在附近闲逛的人,还是分享你的爱好、宗教和习惯的人,从一起集邮的人,到你深深崇拜的信仰团体的成员。扁平生活对中产阶级的孩子、贫民窟的孩子和帮派成员都起作用,但在大多数时候,中产阶级的从众行为不会爆发成犯罪。

服从及其不满

同侪也可以把一个人从其他影响中隔离出来。这在众所周知(或臭名昭著)的米尔格拉姆电击实验中是成立的。社会心理学家斯

---

① Christopher W. Mullins and Michael G. Cherbonneau, "Establishing Connections: Gender, Motor Vehicle Theft, and Disposal Networks," in Cromwell and Birzer, eds., *In Their Own Words: Criminals on Crime*, 6th ed., pp. 93, 95, 97–98.

② Frederick Milton Thrasher, *The Gang: A Study of* 1 313 *Gangs in Chicago* (1927).

③ Lawrence M. Friedman, *The Horizontal Society* (1999).

坦利·米尔格拉姆(Stanley Milgram)做了一个据称是研究记忆的实验——至少这是他的托词。实验者,即一个权威人物(看起来)掌控着这个研究。他招募的无知参与者被要求对犯错的“学习者”实施电击。学习者实际上是演员,但参与者并不知道。当学习者犯更多错误时,就要给他们越来越强的电击。事实上,电击并不存在,但学习者假装自己在受苦,有时甚至会撞墙并表现出巨大的痛苦。这使无知的参与者感到紧张和不适,但铁面无情的实验者告诉他们继续。令人惊讶的是,在大多数时候,参与者都服从了,不论他们自己有多厌恶和怀疑。①

米尔格拉姆试图证明一点:对明显权威的盲目服从。参与者们似乎再现了李尔王的著名台词:“一条得势的狗,也可以使人家唯命是从。”对权威的服从是我们第三类因素(道德或心理因素)的一个方面。但现在还值得注意另外一点:当米尔格拉姆改变这个实验,引入(表面上的)“同侪”加入这些无知参与者,并且这些同侪(他们当然也是这个研究的一部分)反抗实验者时,无知参与者也更有可能停下并拒绝实施更多电击。②

对同侪因素而言,很可能也有一种类似威慑曲线的曲线。同侪施加的压力越大,同侪压力就可能越有效。但它从来不是完全有效的。在一个强大且有凝聚力的团体——帮派、教派——中,同侪压力足以使几乎所有的人保持一致。但在任何团体中都可能有某些不能

① Stanley Milgram, *Obedience to Authority: An Experimental View* (1974). 米尔格拉姆实验当时在伦理方面有争议,而现在根据与人类受试者有关的规则肯定不会被允许。

② Milgram, *Obedience to Authority*, pp. 116-122.

且不会服从的人:有主见的人、离经叛道者、目中无人者、离开阿米什人宗派社区的人、无视沙特阿拉伯政府而开车的女人、公民不服从者,等等。临界点也是存在的,同侪压力在这里变得平缓。

污名和羞辱(Stigma and Shame)

污名指的是识别或标记违反某种规范或规则者的外部标记或标签。羞辱指的是愧疚与难堪的感情,它是污名或某种其他形式的标签,可以在被污辱者心中激起的情绪。污名是强有力的惩罚,而羞辱对行为有强大的作用。一个头戴傻瓜帽*站在学校角落的小孩,不太可能觉得这是个振奋人心的经历。但污名和羞辱对每个人的影响并不相同。一个人感到耻辱的东西对另一个人而言可能是荣誉勋章。想象一群反对某场战争或某个政府行为的年轻人。他们堵住公路、大喊、打起横幅、建起路障;然后警察来了,逮捕了他们。对某些人而言,逮捕、传讯、坐牢都不是羞辱,但对一个因商店行窃而被捕的中产阶级而言就并非如此了。

污名和羞辱在一定的社会条件下效果最佳。美国殖民地,特别是新英格兰的清教殖民地持续且夸张地使用污名和羞辱。每个人都知道著名的猩红字母——通奸的标记,也是纳撒尼尔·霍桑的著名小说的书名。猩红字母不是虚构出来的,1701 年新罕布什尔州的一部制定法规定在通奸者的"上衣"上缝上"两英寸长且大小合适的大

---

* 傻瓜帽(Dunce Cap),以前在西方学生受罚时戴的纸帽。

写字母 A”。[①] 今天参观弗吉尼亚州威廉斯堡(Williamsburg)的游客们觉得那里的枷锁很有意思,他们把头探进枷锁里让朋友给自己拍照。但这在 17 世纪可不是开玩笑的,它会在整个社区面前让人蒙羞。1638 年,在弗吉尼亚偷“一条马裤”的仆人必须在星期天脚锁足枷坐着,并把马裤挂在他脖子上。[②] 1671 年在缅因州,一个名叫莎拉·摩根(Sarah Morgan)的女人因打了她的丈夫,被强迫“嘴里塞着东西在镇民大会上站半个小时……并把她犯罪的原因写在她的额头上”。[③] 相比于锁几个钟头的足枷,猩红字母是更为持久的行为不端标志。对入室盗窃而言,根据《马萨诸塞殖民地自由权法典》(1648),惩罚可以包括割掉一只耳朵。这不仅是痛苦,也是耻辱,它会伴随违法者的一生。[④]

在这些殖民地里,惩罚总是一项公共事务。鞭刑是最常见的惩罚之一,一般在城镇广场实施。鞭刑在生理上是痛苦的,但也是羞辱性的。马萨诸塞殖民地的领袖和牧师会有意使用污名和羞辱,他们相信这是强力且有效的威慑手段。当时的社区很小,相对同质化,至少在宗教上是同质化的,而且人们很难逃脱公共意见的巨大力量。在新英格兰地区的城镇里很可能存在大量有关规范、道德价值、宗教理想的共识。只有这种共识才能使羞辱刑发挥作用。公开惩罚也有

① Laws of New Hampshire, Vol. 1, Province Period, 1679-1702 (1904), p. 676.

② Susie M. Ames, ed., *County Court Records of Accomack-Northampton, Virginia*, 1632-1640 (1954), p. 111.

③ Charles T. Libby, ed., *Province and Court Records of Maine* (Vol. 2, 1931), p. 224.

④ *Laws and Liberties of Massachusetts* (1648), p. 3.

教化作用,它就像某种教化剧,向社区传授道德课程。绞刑也在公共广场实施,被定罪的人有时甚至会在绞刑架的阴影中发表演说,谈论使他陷入悲惨境地的罪恶和错误,警告听众不要重蹈他的覆辙。①

后来,到19世纪,羞辱刑不再流行。在多样化的大城市里,你不再能认为它们发挥着教化剧的功能。人们不再被关在小社区里,很容易离开城镇,逃离当地压力或单纯融入城市人口。特别是,公开绞刑似乎不再有益处,不再是道德教化的载体。现在在拥挤的城市里,它们似乎反而会引起暴民的血腥欲望,于是在一个接一个州里都被废除了。

在内向型的小社区,或者像日本这样有时像一个大家庭一样行事的社会(至少在某些研究日本社会的人看来是如此)中,污名和羞辱仍然有最佳的效果。污名和羞辱在像军队这样的紧密团体中也能起作用,"训诫或谴责"是《军事司法统一法典》中提到的制裁,也显然被认为是真实的惩罚。② 像阿米什宗派这样的教派大量使用污名和羞辱。理论上,污名和羞辱在现代复杂社会中效果不会很好,这里很少有关于规范的共识,很容易逃避同侪群体意见的沉重负担。因此,志同道合的人们往往聚集在特殊社区或空间里,例如由正统犹太教或阿米什宗派支配的乡村,或像旧金山这样大城市里的同性恋社区,这里的居民可以找到同伴和安全感,避免歧视和排斥。

---

① Daniel A. Cohen, *Pillars of Salt*, *Monuments of Grace*: *New England Crime Literature and the Origins of American Popular Culture*, 1674-1860 (2006).

② 根据《军事司法统一法典》第15(b)条,军事指挥官在其他形式的惩罚以外,还可以自由使用这些手段作为惩罚。

一些学者认为污名和羞辱具有更大的作用，甚至在我们的社会、在异质性的大城市亦然。一些法官似乎表示同意。2007年在亚拉巴马州，一位法官对一个在沃尔玛超市偷了东西的女人施加了羞辱刑。他要求她挂着一块写有“我是个小偷，我从沃尔玛偷了东西”的广告牌站在超市门前。科罗拉多州一个男人在拼车专用道*上行驶时在副驾驶上放了个假人，于是他被要求带着这个假人和写有拼车专用道“不是给假人用的”的牌子站在交叉路口。根据田纳西州一部法律的规定，酒驾司机被要求穿着写有“我是个酒驾司机”的橙色囚服去捡公路旁边的垃圾。① 毫无疑问，沃尔玛女士、科罗拉多男士和捡垃圾者讨厌这些手段，但是否存在更广泛的影响呢？对他们未来的行为，对更广大的民众？答案可能部分取决于更广大的民众所认知的商店行窃、造假使用拼车专用道和酒驾真正可耻的程度。然而，羞辱并不需要广大民众的参与，羞辱可以因为朋友、家人或同事的看法而对一个人造成痛苦和伤害。

百老汇有句老话叫“没有宣传就是糟糕的宣传”。这可能对百老汇戏剧有效，但显然对人无效。一些州会公布“逃税”者名单。根据新闻报道，在三个州中，有一群纳税人收到信件，被告知他们被列入一份违法者的网络名单。对另一群纳税人而言，当局尝试了形式更

---

* 即 carpool lane，是美国部分州在交通高峰期专门预留给除司机以外，还搭乘一名或多名乘客的机动车所行驶的车道。

① Lauren C. Porter, "Trying Something Old: The Impact of Shame Sanctioning on Drunk Driving and Alcohol-Related Traffic Safety," *Law and Social Inquiry* 38:863 (2013)。

集中的羞辱方式:名单被分发给“他们社区中的其他人”,这显然更为有效。① 在一些城镇里,嫖娼的嫖客们的身份被公开。根据“梅根法”,公开性犯罪者的名单意在保护社区成员,但污辱效果公然且明显,并具有严重后果。

那么显然,尽管我们生活在异质的大社区而非天然的小乡村,污名和羞辱仍在法律体系中占有一定地位。美国的公共住房就明显被视为一种羞辱,举两个最臭名昭著的例子:密苏里州圣路易斯市的普鲁特-艾格居住区和芝加哥的罗伯特·泰勒家园。这一污名是故意的,为了污辱住在“住房项目”* 中的贫困家庭。这一事实可能促进了公共住房的衰败、不得人心、堕入异常。19 世纪典型的美国贫民院也意在污辱其中的居民。当时在许多社区中,“穷光蛋”必须住进救济院才能领取救济,没有其他办法;其目的很清楚:确保只有真正绝望的人才会去领取救济。历史上,人们必须让“不值得同情”的穷人过得非常艰难,福利污名化是一种有意为之的策略,这个策略从未被完全放弃。如果你明确地打出“住房项目”的标签,那么每个人都会知道其居民很穷且住在公共住房里。例如,英国“廉租公房”就没有这样的标签效果,相比于住在美国的“住房项目”中,住在廉租公房很可能少一些耻辱。

使用羞辱作为武器的明确企图无疑具有某种影响,虽然该影响

① Ricardo Perez-Truglia and Ugo Troianer, "Shaming Those Who Skip Out on Taxes," *New York Times*, April 15, 2015, p. A19.

* 即“the Projects”,政府公屋的俗称,这类公屋往往会给人脏乱差、非常危险的印象,基本会被视为贫民窟。

很可能取决于具体手段和“受害者”身份。2004年俄亥俄州的《交通法改革法案》使用羞辱作为对抗酒驾的武器。根据这部法律,被抓过的酒驾司机驾驶的汽车需要装一种特殊车牌:亮黄色,写有红字。这大概在告诉全世界:被抓过的酒驾司机正在开车。劳伦·波特(Lauren Porter)研究了这部法律的影响,发现这种车牌的使用导致了更少驾照被吊销,它们对某些司机有效,但程度有限,结果很难说是确定无疑的。她得出结论道:这些车牌“在控制酒驾率方面几乎没有效果。”①其效果很可能取决于其他人对这些车牌如何回应、司机在其社区中占有什么地位,以及司机同侪的回应。

詹姆斯·Q. 惠特曼(James Q. Whitman)曾竭力主张:甚至“在一个现代、匿名的城市社会里”,羞辱制裁仍有潜力。② 这完全取决于具体情况。一项较早的研究将入狱记录的污名与医疗事故诉讼对医生职业的影响进行对比,发现诉讼的影响要小得多。③ 但一系列广为人知的医疗事故诉讼当然会损害一个医生的声誉和执业。公开嫖客们的名单,会使其中的大多数中产阶级男性感到难堪;对一个福音牧师而言,就可能是毁灭性打击。说一家企业的坏话肯定会损害其业绩。如果一家餐馆的窗户上挂了个巨大的牌子,写着这家餐馆卫生很差,还会有多少顾客光顾呢?如果这个牌子写着“这家餐馆的老板打老婆”会怎样?惠特曼不是很担心污名和羞辱对“受害者”的影

① Porter, “Trying Something Old,” p. 888.

② James Q. Whitman, “What Is Wrong with Inflicting Shame Sanctions?” *Yale Law Journal* 107: 1055 (1998).

③ Richard D. Schwartz and Jerome H. Skolnick, “Two Studies of Legal Stigma,” *Social Problems* 10: 133 (1962).

响,“受害者”甚至可能不在乎。成问题的其实是:羞辱措施获得了公众、受众的支持。污名是有效的,因为它激起了共同体的回应。因此,它是一种形式更温和的私刑,煽动并召唤民众,[①]而且可能很容易失去控制。它适合于“搅动恶魔的政治”,适合于压迫,适合于独裁的手段;它“邀请民众去翻查人心中最丑恶的一些角落”。[②]

因此,羞辱和污名仍是强大的武器。它们在今天特别有力,在这个大众媒体、社交网络、YouTube 和其他自媒体大行其道的时代,谣言、八卦和批评能够以光速传播。对轻微违法行为的惩罚相比于“犯罪”而言,可能极不相称。不幸的韩国“狗屎”女孩就是一例。她的小狗在地铁车厢里排便后,这个不走运的姑娘拒绝进行清理。她的行为当然不值得称赞,但也够不上死罪。不幸的是,博客和视频在全世界范围内传播她的“罪行”,使她成为数百万人鄙视和嘲笑的对象。[③] 很多人在社交网络上受到羞辱后失去了工作、朋友和自尊。[④]这也是“报复性色情”(Revenge Porn)的时代:把前女友或男友的裸照或暴露性照片放在网上,供数百万人观赏。[⑤]

每个社会都有自认为羞耻的事件、词语和情境。在某些社会中,

① Whitman, “What Is Wrong with Inflicting Shame Sanctions?” p. 1090.

② 同上,第 1091 页。

③ 在 Daniel J. Solove, *The Future of Reputation* (2007), 第 2—3 页中有所讨论。

④ 这是乔恩·罗森(Jon Ronson)的书《千夫所指》(*So You're Been Publicly Shamed*)的主题之一。罗森认为,我们现在具有“决定某些惩罚的严厉性的权力”,并郑重宣告他个人“不会再参与公开谴责他人的狂欢,除非他们所犯之事有实际的受害者”(第 275 页),或许甚至到那时候都不会参与。

⑤ Joanna L. Grossman and Lawrence M. Friedman, “The Power and Peril of the Internet: How Should ‘Revenge Porn’ Be Handled?” *Justia's Verdict*, February 4, 2015.

人们避免走上法庭,因为整个群体会对此不满。破产可能是可耻的,至少有点可耻,甚至在现代发达社会亦然。离婚曾是相当可耻的,但在今天这种羞耻感少了很多。羞耻感当然会影响破产率或离婚率。在同居和性革命的年代,婚前性行为在大部分社会和发达国家中不再是一桩丑闻。在美国,1970 到 2000 年之间,同居但不费力去结婚的伴侣数量增长了十倍,达 550 万人;到现在,这是"适婚人群大都经历过的事情"。[①] 欧洲的情况也越来越是如此,特别在北欧国家(如瑞典)和拉丁美洲部分地区。这些伴侣生出的孩子是"非婚生子女",但非婚生子女的污名在社会和法律上已几乎完全消失了。[②]

耻辱是一种情感,但它能影响企业(甚至大企业)和个人。[③] 企业没有灵魂(最高法院似乎不这样认为),但企业经营者是有灵魂的。企业不会脸红,但高管可以。污名和羞辱甚至可以对规模远大于前述餐馆的公司发生作用。如果你通过暴露其可耻行为来损害一家公司的声誉,就会使其高管难堪,公司的利润和销售额可能因此受损。这些后果是否会发生,当然是一个经验性问题。朱迪斯·凡·厄普(Judith Van Erp)指出,大多数"规制性披露措施"不会"唤起强大或

---

① Larry Bumpass and Hsien-Hen Lu, "Trends in Cohabitation and Implication for Children's Family Contexts in the United States," *Population Studies* 54:29 (2000).

② 事实上,在某些北欧国家,许多甚至大多数伴侣都懒得结婚,成千上万的孩子严格说来都是非婚生子女,而且似乎没有人在乎这个。在美国,在利维诉路易斯安那州案[Levy v. Louisiana, 391 U.S. 68 (1968)]中,最高法院废除了禁止非婚生子女在其母亲死后请求侵权损害赔偿的法规。非婚生子女不再(甚至在法律上都不再)是很大的缺陷。试举一例,在华盛顿州,法律规定:为了继承的目的,"父母—子女关系不应取决于父母是否结婚"。(Wash. Rev. Code sec. 11.04.081)

③ Judith van Erp, "Naming and Shaming in Regulatory Enforcement," in Christine Parker and Vibeke Lehmann Nielsen, eds., *Explaining Compliance: Business Responses to Regulation* (2011), p. 322.

持续的消费者回应”。这里面可能有多种原因:消费者可能不理解具体情况,特别是如果企业违反了一些专业性很强的法律(比如污染法)时;相关消息也可能被淹没在日复一日轰炸人们的新闻与信息的巨大噪声和喧哗中;违法行为也可能太小太分散,以至于消费者就没有听说。①

总的来说,人们热烈争论羞辱措施的作用:它们是否应该有效、是否可能有效。问题是:羞辱不是一个简单现象。羞辱可以是贬低对方,让他出丑;也可以是残忍手段,极为反人性。许多现代社会使用羞辱作为一种贬低,作为惩罚,也作为威慑(既有一般威慑也有特别威慑)。但总体而言,清教徒使用羞辱的意图有所不同。对清教徒而言,羞辱可能是重返社会的过程中的一步。猩红字母、烙印、割掉耳朵,这些是持久或永久的。但脚锁足枷坐着或在教堂挂牌一天,这些是短暂的。它们的目的是给违法者和共同体一个教训,最后,违法者应当重返社会;于是羞辱就成为一个积极的过程,是使罪犯重返社会的手段。也就是说,宽恕伴随着羞辱,羞辱是一个教训。羞辱是从罪恶或犯罪回到共同体庇护所路上的一步。

总体而言,现代美国刑事司法程序的目的是贬低而非整合罪犯。想想囚服、手铐、“游街示众”和恶劣的监狱条件。欧洲一些法律体系在贬低罪犯的方面要少得多,而是更注重改造罪犯。② 日本法律体系则努力使用整合式羞辱措施。日本警察在抓到年轻罪犯(特别是罪

---

① JudithvanErp, “Naming and Shaming in Regulatory Enforcement,” pp. 327-328.

② James Q. Whitman, *Harsh Justice: Criminal Punishment and the Widening Divide between America and Europe* (2003).

行较轻者)时会训斥罪犯,告诫他要改邪归正。他们可能会让罪犯书面致歉并承诺不再做坏事,也可能叫来家庭成员、雇主或其他人并请他们看好罪犯,甚至让他们书面承诺要监督罪犯。政府也努力说服罪犯给予受害者赔偿。至少存在某些证据证明:这些手段是有效的,至少在日本有效。[①] 不过,不同的法律制度和社会存在如此之多的差别——美国、日本和法国之间即是如此——以至于很难对刑罚措施和模式作出决定性判断。大规模扩张的美国监狱、长而又长的刑罚、恶劣的监狱生活,这些有效果吗?它们降低了犯罪率吗?美国大量的囚犯当然是被"剥夺犯罪能力"的,这或许略微减少了某些犯罪。[②] 我们看到,这方面证据相当薄弱。但在大多数情况下,警方似乎认为强硬就是一切。写作本书之时(2016年),其态度可能已经发生了转变——至少变了一些。

无论如何,这是个问题。重返社会的措施在美国会有效吗?——甚至,它们有可能做到吗?在法国呢?澳大利亚呢?在其他社会或语境中呢?许多学者已经产生了对重整性羞辱(reintegrative shaming)的研究兴趣,在很大程度上,这要归功于约翰·布雷斯韦特的研究。[③] 在对澳大利亚疗养院的研究中,相比于单纯使用羞辱的团队而言,实施规制并使用重整性羞辱措施的团队取得

① Mari Sakiyama, Hong Lu, and Bin Liang, "Reintegrative Shaming and Juvenile Delinquency in Japan," *Asian Criminology* 6:161 (2011).

② 关于剥夺犯罪能力,参见 Franklin E. Zimring and Gordon Hawkins, *Incapacitation: Penal Con nement and Restraint of Crime* (1995)。

③ John Braithwaite, *Crime, Shame, and Reintegration* (1989).

了更佳的法律遵守效果。①

耻辱是一个复杂概念,也是一种具有许多侧面和种类的情感。此外,正如惠特曼所提醒的那样,耻辱借助了受众的力量,而这可能有点像打开了潘多拉的盒子,会有危险和局限。甚至布雷斯韦特这个重整性羞辱的专家也敏锐地意识到了这个问题。他讲过一个澳大利亚战俘的故事,这个战俘被他的同伴指控偷钱,然后被战俘集中营的"袋鼠法院"*审判、定罪、羞辱并"判罚流放考文垂"(也就是受同伴排斥)。结果,他的健康状况恶化,几个月后就死了。就在那时,他的同伴发现他完全是无辜的,是老鼠偷了钱并用来做窝。羞辱是强有力但危险的。布雷斯韦特承认,它可以被用于"减少多样性……或单纯压制多样性",可以成为"多数人暴政的首要武器"。②

但布雷斯韦特还是坚持认为,现代社会可以在对抗犯罪与违法的斗争中更多利用重整性羞辱。现代社会——当然包括他自己生活的社会澳大利亚——很难说是小型的面对面社会,完全不像 17 世纪的清教殖民地,甚至不像现代日本。然而,每个人还是某些小型网络或团体的一部分。当羞辱在家庭、团体或网络内部运行时,它是重整性的,其实施带有尊重甚至爱意,保留了宽恕和回归团体或社区的机会。它大概是用来改造囚犯的一系列措施的一部分。

---

① Toni Makkai and John Braithwaite, "Reintegrative Shaming and Compliance with Regulatory Standards," *Criminology* 32:361 (1994). 但重整性羞辱对第一次遇到管理者的检查员没用,见第 379 页。

* 指私设的法庭或非法法庭。

② Braithwaite, *Crime, Shame, and Reintregration*, p. 157.

“恢复性司法”是另一个出现在学术文献中的术语。南非真相与和解委员会(Truth and Reconciliation Commission, TRC)就是一个著名的例子。可怕的种族隔离时代已经结束,TRC的任务是揭露种族隔离时代的罪犯,给予受害者发言权,并达到某种“了结”,作为实际惩罚过去犯罪的替代或补充。换句话说,其目的是努力把受害者和罪犯置于单一规范体系内。恢复性司法借助受众的力量,但是以一种积极的方式:借助社区的力量。就罪犯而言,人们鼓励他承担责任、赔礼道歉、做出赔偿。就犯罪的受害者而言,应当产生某种满足、了结或治愈的感觉,获得宽恕他人可能产生的心理收益。很可能还存在这样一个观念:即使罪犯没有真正做出补偿,他也会从这个经历中吸取教训,取得某种宣泄,并放弃他的恶行。这个做法从南非传播到其他国家、其他社会、其他环境,产生了许多制度形式和恢复性司法的不同尝试:例如,阿根廷的全国失踪人口委员会(National Commission on the Disappearance of Persons)。①

恢复性司法很可能需要在具体案件、具体社会中接受检验。这个观念有许多热心的支持者。他们认为,适当利用恢复性司法,可以促进社会复原并使罪犯回归社会。有一定数量的证据支持他们的主张,例如有关少年犯的证据。日本当然算是“恢复性司法”的经典案例。但它在日本的使用可能取决于日本文化(及其刑事司法体制)不易在其他地方复制的某些方面。恢复性司法对现代社会的某些犯

---

① 参见Emilio Crenzel, “Argentina’s National Commission on the Disappearance of Persons: Contributions to Transitional Justice,” *International Journal of Transitional Justice* 2:173 (2008); Carlos Santiago Nin, *Radical Evil on Trial* (1996)。

罪——例如谋杀——很难说适用。或许它在更古老、更传统的社会中效果更佳,但今天的人们会对这样的想法望而却步:通过某种仪式,把牛马或金钱从罪犯家庭转移到受害者家庭来解决谋杀案。至少有一位学者拒绝在家暴案件中使用恢复性司法,在这些案件中的女性需要"有效、安全和公正的结果",而非"像道歉或宽恕这样的象征性赔偿"。[①] 有一位德国学者反对说:"恢复性司法"是"前现代的争议解决模式在现代社会条件下制度化的尝试",显然是一个致命缺陷。[②]

和解是否真的有效、是否达到了它的目标,这并不容易判断(其实,其目标本身可能就相当模糊)。两位学者研究了澳大利亚税务局(Australian Taxation Office, ATO)的执法手段。ATO 给违法者发出了措辞严厉的信件,要求支付税款及利息与罚款。这种做法激起了许多民怨民愤,也没有收回多少钱。于是 ATO 采取了一种不同的做法:鼓励和解,放弃罚款,承认纳税人可能从财务顾问那里得到了糟糕的建议。好话和实际的宽恕带来了更好的结果。[③] 税收免除和类似措施似乎也能产生积极影响。

在美国和其他几个国家,受害者权利运动已催生了允许所谓"受

---

① Julie Stubbs, "Beyond Apology? Domestic Violence and Critical Questions for Restorative Justice," *Criminology and Criminal Justice* 7:169, 181 (2007).

② Frank Bleckmann and Stefanie Tränkle, "Täter-Opfer-Ausgleich: Strafrechtliche Sanktion oder Alternative zum Strafrecht?" *Z. für Rechtssoziologie* 25:79, 91 (2004).

③ Kristina Murphy and Irene Helmer, "Testing the Importance of Forgiveness for Reducing Repeat Offending," *Australian and New Zealand Journal of Criminology* 46:138 (2013).

害者影响陈述”(victim impact statements)的法律。[1] 其主要政治观点无疑是:通过允许受害者讲述其受苦故事(这些故事都足够真实)的方式,使法律制度对被告更严厉,也就是更具报应性。[2] 这也意在给受害者提供一个了结。但一些罪犯可能因此感到悔恨,可能会承担责任(只是有这个可能):换句话说,受害者陈述可能在恢复性司法中发挥作用。受害者及其家人在南非 TRC 所做的证词,类似于美国或澳大利亚的“影响陈述”。[3]

有许多史前社会纠纷解决方法的研究(大多是人类学家所做的)。[4] 这些研究很难概括,但有某些共同主题。它们所研究的社会通常很小,其中每个人都彼此相识,人们在“多重关系”的网络中互相联系,并且无论如何都注定或被迫继续共同生活下去。在这些条件下,法律程序是且必须是恢复性的,必须考虑社会和谐,必须避免扰乱社会网络。于是法律程序就更致力于修补破损的社会结构,恢复

---

① 在犹豫不决一阵以后,最高法院在死刑案件佩恩诉田纳西州案[Paynev. Tennessee, 501U. S. 808 (1991)]中判决:考虑是否处以死刑的陪审团可以考虑受害者影响陈述。

② 显然,美国的受害者陈述对量刑没有或几乎没有影响,但它们在假释听证会上是有效的,会导致更高概率的假释否决。Kathryn Morgan and Brent L. Smith, “Victims, Punishment, and Parole: The Effect of Victim Participation on Parole Hearings,” *Criminology and Public Policy* 4: 330 (2005).

③ 关于这个问题,参见 Julian V. Roberts, “Listening to the Crime Victim: Evaluating Victim Input at Sentencing and Parole,” in Michael Tomry, ed., *Crime and Justice: A Review of Research*, 38: 347, 354-356 (2009); Lynne Henderson, “The Wrongs of Victims' Rights,” *Stanford L.Rev.* 37: 937 (1985); Edna Erez, “Victim Voice, Impact Statements and Sentencing: Integrating Restorative Justice and Therapeutic Jurisprudence Principles in Adversarial Proceedings,” *Criminal Law Bulletin* 40: 483 (2004)。

④ 一个经典研究是 Max Gluckman, *The Judicial Process among the Barotse of Northern Rhodesia* (1955); 也参见 Laura Nader, ed., *Law in Culture and Society* (1997)。

平衡与和谐以及满足当事人、各家庭与整个共同体,使他们感到正义已经实现,而不那么注重在某种法律或准法律的意义上分清是非对错。在这些社会中,同侪压力在解决纠纷方面发挥了关键作用。

我们知道,相比于更个人主义的西方社会而言,亚洲社会的内部联系更为紧密。与西方相比,特别是在中国、日本、新加坡、韩国这些儒家传统非常强大的社会中,团体和大家庭发挥着更重大的作用。西方——或许美国最甚——被认为是更原子化、更自由化、更不受约束、更像孤狼们组成的社会,而不是一个社会集群。坦白地说,我对这样的论断感到怀疑,其预设了一个生活在两千多年前的思想家所产生的巨大文化影响。如果孔子真的比西方的柏拉图和亚里士多德更有影响力,那也是出于在他去世几百年后,对其作品在政治与文化上的使用,这种使用在今天或许已无关紧要。无论如何,中国、日本、新加坡和韩国彼此都很不同——在政府形式、礼仪道德、宗教和生活方式方面,在我们这个时代,这些社会显然都在变得更"个人主义",日本和韩国是运行良好的民主社会。这些社会中有三个都富裕且高度发达,而第四个(中国)也在不断发展。中世纪欧洲的人们大多生活在小型社会中,国王、教皇、皇帝和家庭关系对遵从的要求丝毫不弱于任何"儒家"社会。放松这些联系的是市场经济、民主制度、城市工业革命、科技革命和所有其他伴随现代发达世界而来的因素的兴起。

家长对青少年的影响有多强?我怀疑比过去要弱,在某些社会又比在其他社会更弱。研究青少年违法行为的小罗伯特·H. 阿塞尔坦(Robert H. Aseltine Jr.)曾试图评估家长对这些违法孩子的影响是否比其朋友与同侪更大？结果显示，朋友的影响比家长更大。[①] 我自己作为一个家长（以及美国居民），对此结果并不感到十分惊讶。毕竟，家长很少会“很酷”。但不久以前，家长之言甚至在西方社会中都是绝对的铁律；子女，甚至成年的子女，不服从家长也曾是不可想象的；出于复杂的原因，在许多或大多数发达国家中已并非如此。而且家长的影响很可能在所有地方都在减弱。如前所述，我们生活的社会越来越扁平。

不论你对重整性羞辱看法如何，它都显然取决于背景与文化。羞辱是一件有时太强有时又太弱的武器。或许最好忘掉羞辱的部分，集中关注重整，至少把它当作对抗违法与犯罪的方法。修复理论假定胡萝卜比大棒的效果更好。美国已经给毒品犯罪制定了严厉惩罚，但许多学者主张严厉措施无助于解决毒品交易与毒瘾问题。某些社区有特别毒品法庭，作为单纯严厉执法的替代性措施。这些法庭把改造罪犯作为目标，提供心理咨询、职业咨询、心理健康服务，等等。一项研究显示，在佛罗里达州的两个县里，从毒品法庭**毕业的罪犯相比于经过通常程序的罪犯而言，在该项研究的后续阶段中取得了更好的结果。[①] 罪犯教育和训练减少了累犯。简而言之，只要有机会，重整就能起作用。

---

① Aseltine, "A Reconsideration of Parental and Peer In uences on Adolescent Deviance."

** 毒品法庭是美国的一种专门面向吸毒者或酗酒者的法庭，如果被告在法律和治疗协议规定的时期内不再吸毒，法庭就会撤销指控，为被告举行“毕业典礼”，颁发毕业证。

① Roger H. Peters and Mary R. Murrin, "Effectiveness of Treatment-Based Drug Courts in Reducing Criminal Recidivism," *Criminal Justice and Behavior* 27:72 (2000).

商业上的成功

许多研究同侪压力的学术文献是关于普通人的,特别是年轻人、青年帮派、青少年、学生。但同侪压力不只是年轻人的专属。它无处不在,对商人的影响与对犯罪团体中野孩子的影响是一样大的。经济人(*Homo economicus*)并不免疫同侪影响。

在一项著名研究中,斯图尔特·麦考利采访了威斯康星州的商人。麦考利是合同法专家,当时在调查这些商人的合同行为,并发现他们无视了许多合同法的正式规定,很难算得上是坚持自己合同权利的人。这可不是纯粹的利他主义,提出请求和提起诉讼既扰人又昂贵;更重要的是,对这些商人而言,长期关系(比如说供货商和采购商之间的关系)在道义上和经济上都是有价值的。严格遵守(合同的)游戏规则可能会扰乱宝贵的商业关系,破坏至关重要的商业网络,也会违反一些人们相互之间的社会规范和理解。在某种重要的意义上,这些人是同侪群体。麦考利的研究经常被援引是因为他对商人不用合同法规定的解释。这样引也没什么不对。但他的研究也指出商人确实使用合同法规定的场合:大多是当长期关系破裂的时候,例如合同一方破产。离婚法对幸福的婚姻没什么特别作用,对破裂的婚姻就有作用了。

麦考利研究的商人也关心自己的商业声誉。声誉十分重要,在经济上也很有价值,但声誉只是换一个词来表达同侪对你的看法而已。在同等条件下,一家公司不会希望被认为是墨守成规者,或对供应商和采购商强硬到不合理的地步。但只有愤世嫉俗者才会把利润率视为商人“做正确的事”的唯一理由。商人也是人,也会在乎同侪——朋友,高级会所、贸易协会的人,一起吃午饭的人——对他们的看法。

约瑟夫·V. 里斯在他对核电产业的研究①中展示了同侪压力对电站经营者的巨大影响。这个压力是通过核能运营协会(INPO)施加的,该协会是核电产业设立以用于监测、控制、规制核电站的私营机构。三里岛核电站的核事故暴露了该产业的一些重大问题。核能产业当然受到联邦政府的高度规制;在INPO设立以前,核电站通常遵守联邦规章,但只属于最低水平的遵守,且完全没有考虑过什么可能是“最佳实践”。INPO激活了规制体系,增强了国家规制的影响。企业的自我规制经常是个摆设,但INPO并非其中之一。总体而言,它对核电站的经营、安全和治理都产生了巨大影响。在里斯看来,一个原因是核电站们是彼此的“人质”,一个电站的一个事故就能对其他电站产生灾难性的政治影响,这个链条的强度取决于其最薄弱的一环。这是INPO取得成功的原因之一,但它取得成功的方式是很能说明问题的:核能产业现在形成了某种共同体(很大程度上要归功于INPO),成为一个很小但联系很紧密的共同体;其中,声誉至关重要,INPO给出的评级和标准是声誉建设中的重要因素。

每个自我规制成功的例子都包含着同侪压力的要素。对商业行

---

① Joseph V. Rees, *Hostages of Each Other: The Transformation of Nuclear Safety since Three Mile Island* (1994).

为的一般研究发现，商业同侪的意见对遵守规则十分重要。例如，在一项对华盛顿州西部的房屋建筑商的研究中，建筑商们声称，遵守法典和规章的最强动力是对自己在消费者和同行之间声誉的关心。[①]在消费者之间的声誉当然至关重要，但企业也会形成共同体。而且上市公司有股东，因违反法律而被罚的公司可能会额外遭受股价的降低。可以肯定，这可能主要是因为担心利益受损。但当公司"因涉及非合同当事人的第三方违规或被判环境违规"[②]而受罚时，这一结果显然不会发生——也就是说，并不存在"市场性制裁"。然而在这些情况下，这可能恰恰是因为不存在声誉损害，消费者和其他人要么不知道，要么不在乎。

只要某种"共同体"存在，它就很重要。这对麦考利研究的威斯康星州商人、对核电站和许多其他企业和组织都很重要。当然，你不能期待几千个理发店、比萨店或汽车经销商之间形成"共同体"，但声誉总是有点用的。所有这些企业都有消费者，并且要依靠自己在这些消费者中的声誉。口碑是餐馆的生死线，而今天，口碑已技术化了，会包括在互联网上撰写评论的数千个声音。餐馆和商店的成功与否，就取决于这些在线评论的趋向。

驯服猛虎：规制现代企业

在一项有意思的研究中，马可·维尔维基（Marco Verweij）观察

① Peter J. May, "Compliance Motivations: Affirmative and Negative Bases," *Law & Society Rev.* 38:41, 55 (2004).

② Christopher Hodges, *Law and Corporate Behaviour* (2015), pp. 144-145.

了两个不同地方的两套污染控制系统:一个是欧洲的莱茵河地区,另一个是美国的大湖区。莱茵河的污染控制要成功得多,维尔维基想知道为什么。[①] 大湖区的控制项目并非完全失败,那里的公司现在排放的有毒物质比以前要少,但莱茵河项目的表现要好得多。

维尔维基考虑了许多因素。他挑出并强调其中的一个:执法方式(或执法的行政方式)。美国方式比欧洲方式更具对抗性。欧洲人强调合作与协商,莱茵河畔的公司很可能因而"在水资源保护措施方面进行了大量投资,甚至比现行法律规范要求的还要多"。[②] 顺莱茵河而下的游客可以享受城堡、罗蕾莱山和沿途风景,而不必担心看到浮肿死鱼和有害垃圾:这显然是一个成功的故事。大湖区项目就没这么成功。

维尔维基认为,他的个案研究具有更广泛的意义。生态问题十分复杂,往往要跨越边界("既有领土边界也有科学边界"),而且其复杂性意味着"其解决需要所有相关组织的合作"。[③] 他认为,这就必须采用在莱茵河效果甚佳的方法。

现代规制方案(包括污染控制规则)可能非常复杂,严格执法或许并非最佳的办法,要让控制起作用需要合作。企业竭尽全力保持盈利是一个既定条件,但它们也有合作、妥协、在规则内行事的权力,

---

① Marco Verweij, "Why Is the River Rhine Cleaner than the Great Lakes (Despite Looser Regulation)?" *Law & Society Review* 34:1007 (2000).

② Marco Verweij, "Why Is the River Rhine Cleaner than the Great Lakes (Despite Looser Regulation)?" P. 1047.

③ Marco Verweij, "Why Is the River Rhine Cleaner than the Great Lakes (Despite Looser Regulation)?" P. 1048.

它们的领导是有情感、有希望、有欲求的。美国行政法经常十分严厉,患有罗伯特·卡根(Robert Kagan)所谓的“对抗性法条主义”问题。[①] 更友善、更温和的方式可能会更有效地清理河流、空气和环境:这在莱茵河就发挥了作用。

罗伯特·卡根及其同事研究了英属哥伦比亚、新西兰、澳大利亚和美国两个州的 14 家制浆造纸厂的“环境绩效”。[②] 他们采访了处理环境问题的经理和员工。这些人的工作有三个限制条件(作者称为“许可”):第一个是盈利需求(“经济许可”);第二个是“法律许可”,包括适用于该企业的规则和法律;第三个是“社会许可”,也就是邻人、雇员、社区团体、游说团体和媒体施加的“环境责任绩效的压力”。“社会许可”的“强度”会产生影响,简而言之,会产生一种同侪群体影响。这就是为什么在遵守规章方面,大公司相比于小公司做得更好:它们“通常会受到更密切的监控”,但也更爱惜自己的品牌和声誉;一些公司甚至“超出了守法的水平”,也就是说,他们所做的远超过法律要求的水平。

卡根及其同事也得出了一些有关“恐惧与责任之互动”的有趣结论。守法的公司喜欢知道违法者(其他公司)实际上受到了惩罚。执法“是建立守法文化和保持责任感的一把钥匙”。[③] 如果在某个产业

---

① Robert A. Kagan, *Adversarial Legalism: The American Way of Law* (2001).

② Robert A. Kagan, Neil Gunningham, and Dorothy Thornton, "Fear, Duty, and Regulatory Compliance: Lessons from Three Research Projects," in Christine Parker and Vibeke Lehmann Nielsen, eds., *Explaining Compliance: Business Responses to Regulation* (2011), p. 37.

③ Robert A. Kagan, Neil Gunningham, and Dorothy Thornton, "Fear, Duty, and Regulatory Compliance: Lessons from Three Research Projects," p. 46.

中，除了一两个好人以外每个人都在违法，那么好人就很可能觉得自己是个傻子，更重要的是，还很可能会亏钱。了解违法者及其遭遇也发挥了“提示”的作用（如果还不是实际威胁的话），能引导公司去检查它们自己的环保规划，等等。

规制执法的方式及其影响是学术讨论的一个常见主题。不同方式“可排列成一个连续区间”：一端是严格、惩罚性或形式主义的执法，另一端是“调节性”或“和解性”的执法方式，还有许多中间方式，有时灵活，有时严厉。[①] 研究欧盟指令影响的乔纳斯·塔尔贝格（Jonas Talberg）就区分了（强制性）“执法”和更具“管理性”的执法方式。[②] 根据该领域学者的研究，执法方式也可能随国家文化而变化。美国的规制倾向于惩罚性的一端。在卡根看来，相比于其他地方，美国的行政程序一般使用“更复杂细致的规则，更经常采用实施政策和解决纠纷的正式法律方法，更具对抗性且更昂贵的法律论争形式，更具惩罚性的法律制裁……更经常的司法审查、修正和延迟……（以及）更具可塑性和不可测性”。[③]

在有关传播的章节中，我提到了对日本和美国的工业废物管理

---

① Peter J. May and Soren C. Winter, "Regulatory Enforcement Styles and Compliance," in Parker and Nielsen, eds., *Explaining Compliance*, pp. 222, 229.

② Jonas Talberg, "Paths to Compliance: Enforcement, Management, and the European Union," *International Organization* 56:609 (2002).

③ Robert A. Kagan and Lee Axelrad, "Adversarial Legalism: An International Perspective," in Pietro S. Nivola, ed., *Comparative Disadvantages? Social Regulations and the Global Economy* (1997), pp. 146, 150.

的研究,[1]该研究关注了一个在两国都有工厂的跨国公司。美国有错综复杂的规则和规章,执法既严格又有敌意,律师蜂拥而聚,于是废物管理就变得令人不悦、充满抵抗、怀有敌意。日本的执法方式则完全不同:是和解的、开放的,是"行政指导"而非严格执法和诉讼,强调"绩效标准"而非严格、具体的规则。

研究者也确实提到了不易于直接比较的因素:美国工厂为国内市场而生产,但日本工厂的生产大多为了出口;日本工厂是盈利的,而美国工厂只能勉强保平,这意味着日本工厂更有能力密切关注环境问题。但研究者认为"规制结构和方式中的不同"是"实质上独立的力量"。[2] 带有"规范性规则、对抗性和法条主义的执法和严厉处罚"的美国制度产生了"反规制情绪和对规制机关的怀疑",而这"阻碍了对规制性规范的接受,并延续了该制度对法条主义规制和惩罚性执法的依赖"。简言之,该制度是"昂贵、复杂、笨重的"。[3]

总体而言,这些研究似乎同意以下观点:某种胡萝卜和大棒混用的效果要优于单纯的大棒,但这是对大量研究的粗略总结,这些研究(必须)以现代国家对商业的大量而复杂的规制这一显然事实为起点。国家规制环境问题、健康和福利问题、垄断和卡特尔问题、银行问题、证券交易所问题以及更多其他问题。要取得影响,规制制定者不能依靠蛮力:首先,蛮力所需的金钱和人力就不可能足够,确保每

① Kazumasu Aoki and John W. Cioffi, "Poles Apart: Industrial Waste Management Regulation and Enforcement in the United States and Japan," *Law & Policy* 21:213 (1999).

② 同上,第215页。

③ 同上,第234,238页。

个人都交税且守法的检查者与规制者也不可能足够。自愿的守法总是至关重要的。

于是,不论出于何种动机的合作,都比挥舞大棒要来得有效。根据罗伯特·卡根和约翰·肖尔茨(John Scholz)的研究,没能遵守规则的企业可以被归为三类。第一类是“无道德的计算者”,他们进行某种成本收益分析并决定守法是不值的;他们追求利润,就是这么简单;他们做任何可以免受法律惩罚的事情。第二类是“政治公民”,会对“可见的规制命令合理性或不合理性”作出回应。如果他们没能守法,这可能是因为他们不认可这些规则。第三类是“组织能力差”的企业,它们没能守法是因为它们就是做不到,其内部管理很差或不知道、不理解自己应当做什么。[①]

伊恩·艾尔斯(Ian Ayres)和约翰·布雷斯韦特(还有其他人)主张:取得成果的最佳方式是通过“回应性规制”。对规制的“惩罚性执行”会“引发一场规制的猫鼠游戏”:公司“利用漏洞来违反法律的精神,而国家制定越来越具体的规则来填补漏洞”,结果产生了一堆支离破碎的规则,以及一种把重点集中在公然违反规则上而“忽视潜在的系统性问题”的“贫瘠的法条主义”。[②] 这正是对美国《国内税收法典》的恰当描述:令人生畏的一堆法律行话,杂乱无章、相互交织、有时前后不一的法律规定,泥潭一般的法律术语。其中有许多复杂

① Robert A. Kagan and John T. Scholz, "The 'Criminology of the Corporation' and Regulatory Enforcement Strategies," in Keith Hawkins and John M. Thomas, eds., *Enforcing Regulation* (1984), p. 67.

② Ian Ayres and John Braithwaite, *Responsive Regulation: Transcending the Deregulation Debate* (1992), p. 26.

性都来源于这样一场军备竞赛:一边是竭力满足利维坦的财政收入食欲的政府,另一边是在这头海怪藏身之处寻找弱点的机敏律师和会计师。说客像黄蜂一样聚集在华盛顿特区,努力为其客户争取税收优惠。

我们在上一章提到了布雷斯韦特所谓"强制性自我规制"①;规制者将其期望告诉企业,企业自己找办法达成目标。每个公司都必须"根据其面临的特殊情况制定适合自己的规则",并由规制机构批准(或提议修改),然后公司实施为自己设计的计划。这既是"自我规制",又是强制的,因为违反"私人制定而公开批准的规则是可被法律惩罚的"。在这种制度下,"执法的角色会从发现对降低风险的规则之违反,转变为评价用于管理风险的制度"。② 这种方法又被称为"基于绩效的规制":规制者不制定规则,而是为企业设立目标(例如减少污染或要求杂货店售卖更健康的食物),③然后企业可以通过任何对他们有效的办法来努力实现这一目标。规制者和被规制者形成了某种共同体,一起做生意,互相关照对方的价值和意见。

---

① John Braithwaite, "Enforced Self-Regulation: A New Strategy for Corporate Crime Control," *Michigan Law Review* 80:1466, 1471 (1982).

② Robyn Fairman and Charlotte Yapp, "Enforced Self-Regulation, Prescription, and Conceptions of Compliance within Small Businesses: The Impact of Enforcement," *Law & Policy* 27:491, 493 (2005).

③ Stephen D. Sugarman, "Enticing Business to Create a HealthierAmerican Diet: Performance Based Regulation of Food and Beverage Retailers," *Law & Policy* 36:91 (2014).

这一方式是否有效？它当然不是万灵药，其结果取决于具体情况。[①] 对试用“强制性自我规制”的机构或产业的每个特定研究，都很可能揭示出某些不同。罗宾·费尔曼和夏洛特·亚普考察了受食品安全规则约束的英国企业。这些企业是小型或中型的。规制方式——检查员是“教育”还是威胁企业——在各个地方当局之间都不同。企业通常没有设立“风险管理系统”。守法是一个“结果”。当检查员到访时，商人们就跟他们“协商”条件。检查员指出某些错误，然后企业就会改正。简言之，这些企业完全是回应性的，对他们而言，守法意味着做检查员要他们做的事情。[②] 黑兹尔·吉恩在早先对英国健康与安全规制的研究中得出了相同结论：小型公司的行为“在很大程度上是回应性的”，限于“检查员在他们一般不太频繁的到访中提出的”具体要求。另一方面，更大型的公司就“积极主动”得多，他们“非常关注”健康与安全。[③] 在日本，执行《水污染控制法案》的规制者会巡回检查水污染情况。在检查的对象中，大概有 10%会被查出问题。然后他们会发布一份“行政指导”，也就是“不具有法律约束力的警告信”，并会跟进观察该问题是否得到了解决。这样企业

① Cary Coglianese, Jennifer Nash, and Todd Olmstead, "Performance-Based Regulation: Prospects and Limitations in Health, Safety, and Environmental Protection," *Administrative Law Review* 55: 705 (2003). 这些作者强调：“这些优势和劣势……需要在具体的规制性问题和可能的替代性标准的语境内进行具体评估。”见第 711 页。

② Fairman and Yapp, "Enforced Self-Regulation, Prescription, and Conceptions of Compliance within Small Businesses," p. 515.

③ Hazel Genn, "Business Responses to the Regulation of Health and Safety in England," *Law & Policy* 15: 223 (1993), p. 224.

几乎总会守法。①

现在很清楚的是:规制方式及其成败已经催生了大量研究——数量大且非常混乱。除了回应性规制以外,还有所谓"智能规制"(smart regulation)、"以风险为基础的规制"(risk-based regulation),甚至"非常有回应性的规制"(really responsive regulation)。② 他们基本上都接受了回应性规制背后的理念,亦即拒绝(显然)无效的惩罚性、命令与控制式规制。倡导"非常有回应性的规制"[可以想见这相对于"略有回应性的规制"(sort-of responsive regulation)]的罗伯特·鲍德温(Robert Baldwin)和茱莉亚·布莱克(Julia Black)批评他们所认为的许多研究的粗糙理论基础,认为研究应当涵盖执法的"五种……要素或任务""发现不可欲或不守法的行为,拿出回应这一行为的工具或策略,实地执行这些工具和策略,评估其成败并进行相应修正"。③ 无疑,这是一份有用的清单,然而它绕不过背后的问题,也就是(对企业的)规制是一块巨大的拼图,有上百块不同形状和大小的组成部分,把它们拼成一块统一的图画很困难,或许是不可能的。

拿第一个元素来说:发现违法行为,这可能困难也可能简单。鲍德温和布莱克的研究涉及英国的渔业规制。海洋大得惊人,渔夫到处移动,英国又有非常多的靠岸点,"海上检查的资源十分紧张",避

---

① Ayako Hirata, "Regulatory Enforcement of Environmental Law in Japan: An Analysis of the Implementation of the Water Pollution Control Act," in Dimitri Vanoverbeke et al., eds., *The Changing Role of Law in Japan: Empirical Studies in Culture, Society, and Policy Making* (2014), pp. 133, 136.

② Robert Baldwin and Julia Black, "Really Responsive Regulation," *Modern Law Review* 71: 59 (2008).

③ 同上,第76页。

免被捕的方法又太多了。[1] 他们指出，这也是逃税控制面临的问题：纳税人太多，花招太多了。规制肉店和理发店的尝试也是一样。举个例子，把所有这些和规制汽车制造商或检查核电站做个对比，就一目了然。

简言之，提出规制影响理论的学者让我想起有名的盲人摸象的故事：他们摸着大象的不同部分并得出相应结论。我们能对这类研究整体提出什么有用的看法吗？研究者似乎全都同意纯粹的大棒方式（惩罚）通常得不到好结果，胡萝卜（或许还有棒棒糖）可以做得更好。除此以外，一切都似乎取决于特定产业、情况和规制者自身，可能甚至取决于法律的风格和文本，更不用提国家文化和风格了。

研究规制的许多学术文献集中关注规制者使用的手段，也就是规制机构与受该机构规制的企业或个人之间的关系。但法律对民众的影响与对规制者的影响之间是有区别的。食品药品规制对制药产业产生影响，或许也对医生和病人产生影响。但我们也可以发问：这些法定规则对规制机构本身、对其员工、对为 FDA 工作的公务员有什么影响？他们如何行事，为何如此？[2] 我们可以使用与我们用于讨论规制对象行为相同的分析工具：对赏罚、同侪看法与行为、自身伦理与良知观的讨论。顽固的学者可能对此嗤之以鼻，但规制者也是人，有普通的人类情感。被规制产业的回应当然也对规制者有巨大

---

① Robert Baldwin and Julia Black, "Really Responsive Regulation," p. 77.

② 对该问题的一般性讨论，参见 Michael E. Levine and Jennifer L. Forrence, "Regulatory Capture, Public Interest, and the Public Agenda: Toward a Synthesis," *J. of Law, Economics, and Organization* 6:167 (1990)。

影响。规制对象可以“俘获”(capture)规制者——政府规制的某种斯德哥尔摩综合征,被规制产业或多或少支配或控制了规制者,就像太空来的外星人占有并寄居人类身体一样。“俘获”如果发生——它确实会发生——就会减弱规制的影响。日复一日地对付某个规制机构的强大产业,相比于分散的、总体上漠不关心的公众成员,肯定会产生更大影响。① 无论如何,当规则代价昂贵且难以遵守,或过分复杂时,违法行为就会更经常发生。如果是这样的话,那么情况就会失去控制:如果每个人(或几乎每个人)都在违反规则,就很难控制人们的行为。

正如我们所见,规制方式从完全惩罚性的一端到合作与协调的另一端之间的变化极大。但显然不能完全放弃惩罚,它必须被用于行业里的无赖、用于大众汽车这样严重违规的公司,它们在所有其他方法都已用过且威慑曲线已经至少变得略为平缓的时候,仍然违反规则。

腐败

或许在日本或芬兰,相比于严格严厉的方法,更温和的规制执行方法能取得更好的效果。但两种方法都会假定:不论要解决的问题是什么,规制都会基本完成任务,或至少完成某种任务,我们可以或

① “俘获”可以在更广泛的意义上被使用。Levine 和 Forrence 用这个词“指代以私人动机和私人利益支配为基础的一整套规制理论”,见第 169 页,但我在更狭窄的意义上用它指代他们所谓“私人利益支配”。

多或少地忽视严重腐败的问题(虽然丑闻在每个社会都会发生,包括日本)。[①] 某些社会比较不幸,腐败问题无可救药,大大小小的偷窃到处都是,以至于可以说腐败消解了正式法律的影响。在某些社会,做什么事情都得行贿,许多书本上的规制或许都不起作用,一部法律的主要影响可能只是给了大大小小的官员及其亲朋赚钱的机会。在保加利亚(据说是欧洲最腐败的国家,虽然显然不是全世界最腐败),位于其首都索菲亚的一家智库在2014年声称:保加利亚每个月有158 000起腐败交易发生,结果是执法完全瘫痪了。[②] 透明国际(Transparency International)给国家按腐败程度进行排名:(2013年)最不腐败的国家是丹麦和新西兰,(175个国家中)最腐败的是苏丹、阿富汗、朝鲜和索马里。当腐败达到一定程度时(正如它很可能在排名底端的国家中已经达到的),反腐败斗争就变得几乎无望。一个城市的公务员会感到被孤立,他的美德似乎毫无意义,而且他会感到有巨大的压力迫使他加入(腐败)团伙。

腐败在政治上不受欢迎,没人喜欢它,除了因此受益的人(其人数可能很多)。高度腐败国家中的新政权不断向腐败宣战,比如尼日利亚的穆罕默德·布哈里政权(2015年4月当选)将反腐作为其主要目标之一。[③] 这些运动通常毫无成效,只有在极少数情况下,某些

---

① 据悉在1970年代,洛克希德航空公司贿赂了许多国家的政府,包括日本,他们给了首相办公室300万美元。首相田中角荣被迫下台并面临刑事指控。参见 Sam Jameson, "Ex-Japanese Prime Minister Retires," *Los Angeles Times*, October 5, 1989。

② Matthew Day, "Bulgarian Corruption at 15-Year High," *The Telegraph*, December 12, 2014.

③ "EFCC Hails Buhari over Anti-Corruption Pledge," *Premium Times* (Nigeria), August 10, 2015.

政府才成功摆脱了腐败,比如新加坡就是一个典型。在许多国家,普通公民试图通过申诉、监督、闹事、写信、举报、请求、劝说、示威游行或要求政府作为的方式做出改变。例如"赤脚检查员"①:工厂知道政府检查员不会在下班以后到来,所以会在晚上倾倒污染物,但当地农民"成了全职的准检查员,骑着轻便的摩托车,一晚又一晚地经过一个又一个工厂来拿获非法排放"。②这种自下而上的执法压力应该至少在地方上是有效的。许多国家的问题是:腐败就像一条绦虫,深深钻进了政治体内。要摆脱腐败不容易,特别是因为反腐者自己也可能腐败,或与腐败当局存在精英纽带关系。

腐败没什么特别,是一个社会现象,有许多原因。在某些社会,亲属关系很强,公民与国家、大众和市民社会总体的其他关系极弱,于是爱德华·班菲尔德(Edward Banfield)在他对南意大利的研究中创造了"无道德的家庭主义"这个词。③ 在那里(和许多其他地方),人们对社会整体没有什么特别的忠诚或责任感。有权、有钱、有势者会代表其家庭、团体、部族、氏族使用其权、钱、势。如果一个表亲请一个公务员帮忙,他会期待得偿所愿:血浓于社会的水。④

有些情境当然比另一些更容易发生腐败。恐惧是动机之一:拉丁美洲的贩毒集团通过威胁法官来腐化他们,后者必须在银(钱)和

---

① Benjamin van Rooij, "The People's Regulation: Citizens and Implementation of Law in China," *Columbia Journal of Asian Law* 25:117, 145 (2012).

② Benjamin van Rooij, "The People's Regulation: Citizens and Implementation of Law in China," *Columbia Journal of Asian Law* 25:117, 145 (2012).

③ Edward Banfield, *The Moral Basis of a Backward Society* (1958), p. 10.

④ James C. Scott, *Comparative Political Corruption* (1972).

铅(命)之间做出选择,于是许多法官毫不意外地选择了钱。钱当然是最常见的动机,还可能与权力结合:在公务员系统中等级很低、薪水很少的建筑检查员可以做出对建筑商、承包商和开发商而言非常重要的决定,于是收取贿赂的诱惑变得几乎是不可抵挡,于是就有了在某些地方的豆腐渣工程倒塌埋人的丑闻。新加坡有一个解决方案:高薪养廉,最高法院法官一年收入过百万美元。但新加坡是一个非常富裕的国家,其经验不易复制。

对治安维持会的注解

私人执法者,也就是旨在将没有得到执行或执行很差的法律付诸实施的(或多或少有组织的)大众运动,在许多社会中会不时兴起。形式之一是所谓“治安维持会”(vigilante)行动。这个名字来自19世纪晚期美国西部著名的治安维持会运动。该运动在几乎每一个西部州都出现过。各州的运动在各方面都彼此不同,但有一个共同点是他们相信法律和秩序已经崩坏,人民(或一部分人民)必须填补这一空缺,方式经常是明智地使用刽子手的绞索。治安维持会自身显然在破坏法律,他们处决坏人之时毫不在意正当程序——实际上,这就是其要义。他们有(且仍然有)其辩护者。另一方面,没有人为民权运动之前美国南部极端、凶恶、残暴的暴民辩护。危地马拉这种国家的杀人小队也与此有几分类似。①

① 关于私刑,参见 Leon F. Litwak, Trouble in Mind: Black Southerners in the Age of Jim Crow (1998), pp. 280-312。关于危地马拉的杀人小队,参见 Larry Rohter, "Death Squads in Guatemala: Even the Elite Are Not Safe," *New York Times*, August 23, 1995, p. A1。

许多这类运动的共同点,是相信普通法律程序没能履行其职能,它们太软弱或太腐败,以至于无法对犯罪、失序、左翼分子或任何被定义为人民公敌的人产生影响——至少这是其标准主张。更现实一点的信念是,通常的法律程序没能以治安维持会期待的方式发挥作用,或没有传递一个足够强烈的讯息。19 世纪晚期直到 20 世纪以后,旧南方的整个刑事司法系统对非裔美国人极其不公,正义之门对他们完全关闭,所有的法院官员、法官和陪审员都是白人,被控袭击白人男性(或女性)的黑人一定会被定罪。但甚至这样都还显然不够可怕、不够强烈,无法满足白人至上的意识形态,后者要求私刑的野蛮性和残暴性,要在公共场所当着嘲笑罪犯的人群来执行。

从众

一般说来,人们喜欢随大流。同等条件下,他们不想被打上"怪人"的标签,让人觉得特立独行。他们模仿其他人的行为,想做在其同侪之间正常或常见的事情。简言之,同侪"压力"根本不必是"压力",至少在字面上不必是。对其他人做或不做、想或不想什么的意识就可以影响行为。在一项 1967 年发表的研究中,心理学家问学生是否认为在公共场所喝醉是不道德的。他们得到新"信息"以后又被问了一遍相同的问题。一组学生被告知这种行为违法,另一组则被告知其他大学生"强烈"反对这种行为。两组的意见都发生了变化,但有关同侪的信息则具有更大的影响力。①

现在的酒店试图说服客人重复使用毛巾和床单,这样可以节能节水(当然还可以节约酒店开支)。一项研究试图找到使之成功的最佳方法。它对比了两种呼吁客人的方法。一种是在房间里贴上激发环保动机的讯息:"帮助拯救环境吧。"告诉客人如果他们重复使用毛巾,就可以"表现……对自然的尊重"。其他房间里的讯息中加入了另一个因素:"和其他客人一起帮助拯救环境吧。"它告诉房间的新住户:有将近3/4的客人参与了这一行动,他们可以"和其他客人……一起"努力。后一个讯息在争取参与方面更为成功,"一起来吧"的邀请十分有效。②

然后,研究者们试图更精确地检验这一随大流的冲动。他们稍微改变了这些标志,创造出许多实验条件。一些客人被请求和"其他客人"一起参与这些环保行动,另一些被请求和"在这个房间住过"的其他客人一起。在第三个条件下,"其他客人"被"其他公民"所替代,还有一个是"和帮助拯救环境的男男女女一起来吧"(这可能也会激起性别认同)。与期待相反,最成功的一例是呼吁客人和那些在他们房间住过的人一起行动的,似乎他们幽灵般的存在还能在他们退房很久以后被感受到。

正如这个和其他案例所示,"同侪群体"能以十分微妙的方式使

① Leonard Berkowitz and Nigel Walker, "Laws and Moral Judgments," *Sociometry* 30: 410 (1967).

② Noah J. Goldstein, Robert B. Cialdini, and Vladas Griskevicius, "A Room with a Viewpoint: Using Social Norms to Motivate Environmental Conservation in Hotels," *J. Consumer Research* 35: 472 (2008).

自己被感知。在某些情况下,同侪群体支持违法,虽然是间接支持:通过对这些违法行为漠不关心。如果说确有赞同的话,也就是心照不宣。例如,人们一直都在乱穿马路。街上的其他人可能不喜欢乱穿马路,甚至可能反对,但大多数人对此不理不睬。他们传递了一个无声的讯息:乱穿马路没有那么糟糕,我们所有人都时不时这样做。如果人们喊出声来、摇动手指或表达反对,乱穿马路的行为无疑会减少,但这些都没发生。我们之前说过,犯罪学文献不仅讨论威慑,也讨论一般和特别的“无威慑”。[①] 看到乱穿马路者逍遥法外的人可能假定没人执行这项法律,因此,这样做是安全的。这可以被分析为一个威慑问题,也可以被分析为一个同侪群体问题,这取决于乱穿马路者的心理活动。

约翰·麦克马伦(John McMullan)和大卫·佩里耶(David Perrier)在早先章节提到过的龙虾偷捕研究中发现:渔民们并不认为偷捕者不好。当“许多渔夫也在偷捕并且社区默许这类行为时”“龙虾偷捕者的社会声誉”不会受到影响。[②] 有些国家的乐迷们经常违反版权法。每个人都这样做,也就是说,他们认为互联网上的音乐基本上都是免费的。这一“犯罪”普遍存在的事实打消了对此行为的任

---

① 关于这一点,参见 Marc C. Stafford and Mark Warr, “A Reconceptualization of General and Specific Deterrence,” *J. Research on Crime and Delinquency* 30:123, 127 (1993);以及 Raymond Paternoster and Alex Piquero, “Reconceptualizing Deterrence: An Empirical Test of Personal and Vicarious Experiences,” *J. Research on Crime and Delinquency* 33:257 (1995)。

② John L. McMullan and David C. Perrier, “Lobster Poaching and the Ironies of Law Enforcement,” *Law & Society Review* 36:699 (2002).

何不道德感。① 禁酒运动时期对禁酒法律的普遍违反,在美国城市产生了略为类似的效果。在美国的许多社区,特别是少数族裔社区,人们害怕而且不信任警察,结果有时候就给毒贩和其他违法者提供了默许的支持。

我之前提过反对告密的强大社会规范也导致了对违法者的同侪支持。在人们通常支持的举报——举报不法行为——和在某些圈子极不受欢迎的告密之间很难划出一条分界线。对举报者(实际上是对任何报警的人,或对向任何层级政府)投诉的厌恶,在关系紧密的小型社区中很常见。这些社区中的人们谴责向政府当局投诉的人,甚至可能避开或驱逐告密者。在此群体团结比服从法律的价值更高,甚至当这一群体服从法律的时候也是如此。在纽约市的极端正统的犹太教社区举报性侵犯的人,会在他的同侪中变成弃民——一个"被抛弃者"——尽管他们的信仰体系中并不认为性侵犯是可行的。②

许多声音,许多房间

复杂社会是多元化的。许多机构负责制定并执行规制,其中只有一些规则是"法律"规则,也就是国家机器的一部分。学者们所谓"法律中心主义"在很大程度上或者完全就是个神话——这一观念假

① 关于这方面内容,参见 Jiarui Liu, "The Tough Reality of Copyright Piracy: A Case Study of the Music Industry in China" (JSM dissertation, Stanford Law School, 2009)。

② Rachel Aviv, "The Outcast," *New Yorker*, November 10, 2014.

定正式制度,也就是在名义上掌权的制度也在实际上统治社会,根据官方的中央蓝图进行统治。另一个神话是"神奇的法条主义",也就是这样一个观念:中央制定的规则会自动转化为行为。[①] 事实上,在社会中,不同规则体系和规则执行相互竞争(与合作),存在许多(正式)法律制度的替代物。此外,法律命令的实际效果或影响从来都不能被视为理所当然,影响总是一个经验性问题:中央或其他规则是如何实际影响人们的想法和行动的。事实上,这就是本书的重点。

许多亚群体都自行其是,有意避开或绕开正式法律制度。这是对关系紧密的小型团体——例如,正统的犹太钻石商人[②]或罗伯特·埃里克森著名研究中的加州沙斯塔(Shasta)县的牧场主[③]——的研究所传达的讯息。威斯康星州的一个小型保守教派阿米什派拒绝遵守要求儿童上高中的规则。阿米什人说,那种水平的教育与他们团体的规范、理想和生活方式相冲突。有点意外的是,最高法院在1972年支持阿米什人反对威斯康星州规则。[④] 最高法院在这个案子中把阿米什人的传统保守民俗给浪漫化了。黑帮和犯罪家族就不享受这种纵容。

---

① 该表述出现在 Carmen Alguíndigue and Rogelio Pérez-Perdomo, "The Inquisitor Strikes Back: Obstacles to the Reform of Criminal Procedure in Revolutionary Venezuela," *Southwestern J. of Law and Trade in the Americas* 15:101 (2008)。

② Lisa Bernstein, "Opting Out of the Legal System: Extralegal Contractual Relations in the Diamond Industry," *Journal of Legal Studies* 21:115 (1992); Barak D. Richman, "How Community Institutions Create Economic Advantage: Jewish Diamond Merchants in New York," *Law & Social Inquiry* 31: 383 (2006). Janet T. Landa, "A Theory of the Ethnically Homogeneous Middleman Group: An Institutional Alternative to Contract Law," *J. Legal Studies* 10:349 (1981).

③ Robert C. Ellickson, *Order without Law: How Neighbors Settle Disputes* (1991).

④ *Wisconsin v. Yoder*, 406 U. S. 205 (1972).

一些亚群体使用他们自己的制度,因为这样更便利。在埃里克·费尔德曼(Eric Feldman)对"金枪鱼法院"的经典研究中,东京大型鱼市中的日本金枪鱼专家每天解决被拍卖金枪鱼的质量争议,其解决方式快速、便捷,同时满足买卖双方。严格说来,"金枪鱼法院"(费尔德曼起的名字——不是金枪鱼商人所用的名字)是政府性的,但运营它的是金枪鱼专家而非法律专家,其用户也完全不把它当作法院。在实践中,其运行非常像关系紧密团体中的法庭。①

再举一例:在钻石商人的案例中,团体规范和同侪部分发挥了正式法律替代物的作用。这里当然也会发生争议,但强大的同侪压力使之"限于家庭之内"。正统犹太人坚持争议必须"在内部"解决,并有相应机制。封闭社区把世界分为内部人和外部人,外部人被抵制、怨恨。违反社区规则的成员会受到确实的惩罚,但只限于团体内部。他们可以谴责或在严重的案件中排斥该成员。在极端情况下还有驱逐——逐出团体。这一制裁残酷而有效:它施加了耻辱和污名,也意味着会失去工作和社会关系,甚至家庭关系。

正如同侪压力可以促使人们遵守或不遵守法律,它也可以促使人们使用或不使用法律原则和程序。钻石商人和沙斯塔县牧场主没有无视侵权法和合同法,甚至没有反对正式规则(当他们知道这些规则的时候),但他们更喜欢以自己的内部方式来解决合同和侵权问题。

---

① Eric A. Feldman, "The Tuna Court: Law and Norms in the World's Premier Fish Market," *California L. Rev.* 94:313 (2006).

活的法律是一锅热腾腾、乱哄哄的伦理和社会规范大杂烩。人们的行为遵守一套复杂的规则,但不必然是法学院教授的那些法律。前述斯图尔特·麦考利对威斯康星州商人使用合同法的经典研究就是一个恰当的佐证。①

有关小型亲密团体中同侪力量的一个突出实例,来自对特里斯坦-达库尼亚岛(Tristan da Cunha,大西洋上一个孤独荒凉的小岛)的一项较早的研究。只有几百人住在这个岛上,以种土豆和捕鱼为生。一群学者在1930年代到访了这个小岛,早在电视、卫星、互联网和其他形式的现代通信方式产生之前。这座岛几乎完全疏离、隔绝于外部世界。(来自斯堪的纳维亚的)访问者主要对鸟类生活这些事情感兴趣,但团队里还有社会科学学者,他们研究了岛上共同体的生活,但没有发现任何我们可以按惯例称为法律制度的痕迹:没有警察、律师、监狱、法官、法院。但他们也同样没有发现在其他地方会被认为是严重犯罪的行为痕迹,例如谋杀或强奸。这里不存在正式"法律",(似乎)根本不需要。

是什么使这个地方成为这样一个良好行为的典范?是同侪群体,是我们可能称为公共意见的压力。岛民们完全被困在这个岛上,可能一年才会来一艘船。他们相互依赖以谋求社会生活和社会支持。这里的每个人都了解每个其他人,他们的生活完全透明,受"共同体敏锐的警觉"所支配。在这些条件下,非正式规范、同侪压力就

① Stewart Macaulay, "Non - Contractual Relations in Business: A Preliminary Study," *Am. Sociological Review* 28:55 (1963).

强大到无法违背了。①

理查德·施瓦茨(Richard Schwartz)在1950年代发表了一项对两个以色列集体定居点的研究,现在看来十分经典。其中一个定居点是集体农场,一个小型的面对面社区,具有强烈的平等主义色彩。在这里,全部商品共有,人们在食堂里一起吃饭,甚至连儿童都是集体养大的。在集体农场中没有正式的法律组织,社会规范和共同体意见无所不能。在规则及其执行方式的意义上,集体农场中当然有“法律”,但就像特里斯坦-达库尼亚岛上的一样,这个共同体中的“法律”完全是非正式的,具有毁灭性的强大力量。而且,几乎只是通过同侪压力和定居者意见来实施。②

从这些例子中,我们可以得出什么一般结论吗?是的,可以得出适用于像阿米什人、钻石商人或沙斯塔县的牧场主这样的其他小团体的结论。小型的面对面社区或多或少是自治的,同侪力量足以使成员遵纪守法。但并非所有这些社区都是温和且治理良好的。居民少于100人的皮特克恩(Pitcairn)岛,就像特里斯坦-达库尼亚岛一样遥远、与世隔绝。但它可以说完全就是后者的反面。皮特克恩岛

① Peter A. Munch, “Sociology of Tristan da Cunha,” in Erling Christopher, ed., *Results of the Norwegian Scientific Expedition to Tristan da Cunha*, 1937-1938, vol. 1 (Oslo, 1946), p. 305. 当然,这座岛今天已经不那么与世隔绝了。关于这座岛后来的历史,参见 Conrad Glass, *Rockhopper Copper* (2005),其副书名是“The Life and Times of the People of the Most Remote Inhabited Island on Earth”。我要感谢格兰特·海登(Grant Hayden)给了我这个参考(以及这本书的一个副本)。

② Richard D. Schwartz, “Social Factors in the Development of Legal Control: A Case Study of Two Israeli Settlements,” *Yale L. Journal* 63:471 (1954). 对于施瓦茨研究的第二类集体定居点,莫夏夫(moshav)就远没有那么极端;每个家庭生活在各自的平房中,负责养育自己的孩子。在这个共同体中就有解决纠纷的正式法律制度。

上到处是针对女性的性暴力。[①] 在某种意义上,这座岛的隔离状态使之成为一种监狱,而"囚犯"就会采取与之相应的行为。监狱本身也可能是面对面的社区,囚犯只能接触到彼此。监狱生活就像岛上生活一样,只是来自外部世界的船从来都不会停靠这里而已。监狱长和狱警在名义上掌管这里:他们设立了基本规则,也可能在暴动和反抗浪潮期间严厉镇压囚犯,但在许多监狱里,囚犯享有大量的墙内自由。结果是一些监狱变成了小型的独裁政体,在那里,最残暴无情的囚犯们经常结成黑帮进行统治。在面对面社区中,"同侪压力"永远都是统治性力量,但环境(和成员身份)决定了这个团体是变成集体农场,还是黑帮统治的监狱。

同侪压力是一件强大的武器,但大量实验显示,它可以被操纵。其要点是人们想要随大流。如果告诉他们"每个人"都在做某件事,他们就更可能效仿。在当今这个极度扁平化的世界里,同侪在许多方面和许多情况下可能比家人和老师都更重要。而且"同侪"不必是一个血缘集团,他们可以是对其他人所想所为的一个一般化的感觉,就像现在的客人入住前住过这个房间的看不见的酒店客人一样。[②]

---

① Kathy Marks, *Lost Paradise* (2009). 这本书的副书名是"From Mutiny on the Bounty to a Modern-Day Legacy of Sexual Mayhem, the Dark Secrets of Pitcairn Island Revealed." 根据 Marks 所说,这座岛很小、"封闭、与世隔绝",产生了"那种有利于占主导地位男性的原动力"。性虐待"在偏僻的地方"和"与世隔绝的地方""非常兴盛",第 264、265、272 页。对比一下威廉·戈尔丁(William Golding)的著名小说《蝇王》[*Lord of the Flies* (1954)] 中的岛上男孩们的虚构社会。

② 参见 Goldstein et al., "A Room with a Viewpoint: Using Social Norms to Motivate Environmental Conservation in Hotels," p. 475。这些客人也被告知:接近 75%的酒店客人"确实不止一次使用毛巾"。Noah J. Goldstein, Vladas Griskevicius, and Robert B. Cialdini, "Invoking Social Norms: A Social Psychology Perspective on Improving Hotels' Linen-Reuse Programs," *Cornell Hotel and Restaurant Administration Quarterly* 48:145 (2007).

在明尼苏达州，希望提高税法遵守程度的政府告诉一群纳税人，他们所交的税被用于坚实且有益的目的，全都有利于公共利益。其他人被告知违反者会受到惩罚，还有一些人被告知获取纳税申报帮助的办法，还有一些人"只是被告知超过90%的明尼苏达人都已经根据税法完全履行了他们的义务。"最后一种干预——且只有这种干预——取得了成果。①

所以，从住过某酒店406房间的看不见的酒店客人，到像特里斯坦-达库尼亚岛这样的封闭社区里压倒性的他人力量，同侪压力都在发挥作用。它既可以是积极的，也可以是消极的力量。它可以促进对国家规范的遵守，也可以向相反的方向推进。但显然，同侪压力是决定影响、使威慑曲线变平的关键因素。

---

① 在 Richard H. Thaler and Cass. R. Sunstein, *Nudge: Improving Decisions about Health, Wealth, and Happiness* (2008)，第66页中有所描述。

第 8 章

内在动因

第三类作用于影响的动机极其重要,但也很复杂和困难。它是不同内心态度和道德问题的混合,包括通常所谓的良知。我们大致同意这些动机很重要,但有多重要就很难确定了。

第三类动机可以解释多数法律行动。多数社会中的多数行为是守法的。赏罚不能解释为何如此,至少不能进行充分解释。第三类动机是威慑曲线变平的原因所在;它告诉我们,为什么尽管审计的风险很低,人们还是会交税。确实,存在一个四叶草因素:代扣代缴制度。但人们大多交了税,因为他们应当交税,因为这是法定的,因为每个其他人都交税,也因为国家需要这笔税金。拉尔斯·费尔德(Lars Feld)和布鲁诺·弗雷(Bruno Frey)谈到过"心理上的税收合同"。[①] 人们订立这个"合同",是因为他们觉得自己可以用钱换来些什么。但责任感是首要的,威慑作用相对次要,而程序很重要——公平正当的程序,甚至对税法遵守的问题亦然。对瑞士各州的研究发现:程序上更"民主"的州,逃税率更低。[②]

在第三类动机中,正当性是获得了大量学术关注的概念。它已成为法社会学的一个重要支柱,至少从马克斯·韦伯精辟而有见地的著作诞生以来就是如此。根据韦伯的论述,一个制度或机构如果

① Lars P. Feld and Bruno S. Frey, "Tax Compliance as the Result of a Psychological Tax Contract: The Role of Incentives and Responsive Regulation," *Law and Policy* 29:102 (2007).

② 同上,第 113 页。

"具有先进性和义务性的威望",就是正当的。① 韦伯区分了一个社会或团体中的三种正当性权威的来源。卡里斯玛(Charisma)权威是一种个人权威,是一个神、英雄、先知、最高领袖所具有的权威。这是一种少见但强大的权威类型,摩西、穆罕默德、耶稣或佛陀的权威即是此类。更晚近一点,或许新宗教的创立者约瑟夫·史密斯(Joseph Smith)或玛丽·贝克·艾迪(Mary Baker Eddy)**就具有这种权威。卡里斯玛已经成为专有名词,但是以一种弱化的形式。受欢迎且擅长与人打交道的人、其存在能照亮整个房间的人,都被认为拥有卡里斯玛。但要说某个竞选怀俄明州州长的人具有卡里斯玛是因为他说话好听且十分上镜,就完全不是韦伯通过这个术语想要传达的东西了。

韦伯的第二类权威——传统权威,是长者、首领和其他传统领袖具有的权威。教皇可能被归于这一类。教皇个人可能有显著的人格——教众聚集起来聆听他传道、举行弥撒——但教皇这个职位本身顶多是冻结的卡里斯玛、制度化的卡里斯玛。教皇就像总统一样,接过所有在他之前的领袖留下的职位,其权威部分以此为基础。许多社会的部落首领和某些宗教领袖亦然。可能出现愚蠢的教皇和总统,但他们的职位仍具有正当性权威。

第三类是法理的正当性:法律被人遵守只因为它们是法律,因为它们是自觉且有意地制定出来的,也因为它们是通过社会所接受的

① Max Rheinstein, ed., *Max Weber on Law in Economy and Society* (1954), p. 4.

** 前者是摩门教创始人,后者是基督教科学会的创始人。

程序而产生的。这当然是现代世界中正当性权威的主要来源,虽然其他两种类型绝对没有消失。尼克拉斯·卢曼(Niklas Luhmann)在讨论正当性时,把它界定为在人们之中产生"一种接受内容尚未确定之决定的普遍意愿"。[①] 卢曼的定义清楚地表明,(现代)正当性具有一种强大且决定性的程序性因素。换句话说,对卢曼而言,正当性产生了一种尊重规则、规范和法律的品质。这种尊重不是因为其内容或立法者的品质,而是因为这些规则、规范或法律形成的方式:民主选举、有序的法律程序或多数投票。

在我们这个时代,"民主选举"是强大的正当性因素。卢曼告诉我们,这一因素在很大程度上是基于程序的。但并不单纯是某个特定程序产生了正当性。关键是:程序本身是正当的。我们生活的时代,是以特定方式和特定形式表达的人权文化、自由平等文化、民主文化、人民意志思想的时代,是这些社会事实使我们时代的特定程序变得如此正当。中世纪的正当性建立在相当不同的基础上:国王的神圣权利、领主权威、宗教权威,等等。可以肯定的是,当时也有程序性因素:例如国王的继位或选举教皇。没有什么可以保证我们时代特定形式的正当性会一成不变。历史从来都不会戛然而止。对我们而言,民主(程序)正当性似乎是政治进化的终点、统治社会最佳且唯一的方式。但并不是所有人都同意这一点,还有其他可以产生正当性的替代方案。而且在某些所谓的民主国家,其政体的正当性及程序似乎顶多算摇摆不定。

---

① Niklas Luhmann, *Legitimation durch Verfahren* (1969), p. 28.

重新表述这最后一个相当灰暗的警告的方法之一，是再次关注卢曼的定义：正当性是“接受”某些决定的意愿，这些决定创制了法律和规则。但个人和群体可以出于种种原因而决定撤回这一接受。反民主的边缘政党可能会增加其吸引力。原教旨主义宗教的虔诚信徒不会接受抵触其基本原则的法律和规则，不论它们是如何被制定的。于是你也可以发问：“接受”意味着什么？它可能是勉强或不情愿的，也可能是热情或介于两端之间的。[①] 或许现代国家需要坚定地接受来保持稳定。

无论如何，诸如正当性此类都会以某种形式在影响研究中扮演重要角色。研究渔业规制的斯蒂格·格泽利乌斯（Stig Gezelius）和玛利亚·豪克（Maria Hauck）援引了“公民身份”的概念。这意味着人们感到“有权……参与”，且具有一种“公民身份感”。“国家成员的身份已经成为人们自我认知的一部分——其社会身份。”[②]当然，所涉国家必须或多或少是民主的，这样一般的人（和特别的渔夫）才会认为自己与社会利害攸关，在社会中有发言权。他们也必须认为游戏规则是公平的，是通过正当程序产生的，并因此应当被服从。

文化和传统在此发挥了作用，国家组织的方式和政府机构行事的方式也有影响。瑞士人往往相信政府，这样做很可能是对的。美

① 参见 Erik de Bakker, “Der (beinahe) weisse Fleck in der Legitimitäts-Forschung: über Akzeptanz, Verborgenes Unbehagen und Zynismus,” *Zeitschrift für Rechtssoziologie* 24:219 (2003) 中的讨论。

② Stig S. Gezelius and Maria Hauck, “Toward a Theory of Compliance in State-Regulated Livelihoods: A Comparative Study of Compliance Motivations in Developed and Developing World Fisheries,” *Law & Society Review* 45:435, 444 (2011).

国人对政府的信任就少得多,但或许也足够了,而且总体而言他们十分守法——甚至是税法。意大利人和希腊人(至少从通常的名声看来)更可能逃避税法,这是臭名昭著的。不论是同侪压力还是良心,似乎都不管用,至少就税法而言是如此。在渔业研究中,挪威的守法水平很高,而南非却很低,那里的"公民身份很弱",结果是"对渔业法律的高度抵制以及高度不遵守。"①

正当性产生了影响这个论断,似乎至少是合理的。除了少数极端分子以外,美国人都认为税法和其他大部分法律既正当又必要,不论他们可能怎么看待国会里的无赖或地方警察部门的诚实或公平。我们假定这一态度也会作用于法律的影响,换句话说,假定正当性的观念会影响与法律相关的行为。但我们是否真的对此有所了解?正当性并不那么容易定义或研究。它对行为的影响很难确定。前述瑞典的一项对交税行为的研究认为,民主正当性大概会产生影响。在1970年代进行的一项研究中,欧洲不同国家的人们被问道:即使一个人认为法律是不公正的,他是否也应当遵守法律?在德国,66%的受访者认为应当;在波兰只有45%。另一项对当时波兰人态度的研究发现:女性、老人、教育程度较高者和白领,相比于男性、年轻人、教育程度较低者和非熟练工人而言,更可能显示出对法律的一般性尊重。② 当然,直到1989年,波兰都属于苏联体系,其政府的正当性很

① 同上,第461页。

② Wolfgang Kaupen, "Public Opinion of the Law in a Democratic Society," and Adam Podgorecki, "Public Opinion on Law," in Adam Podgorecki et al., eds., *Knowledge and Opinion about Law* (1973), pp. 43, 46, 67, 83.

可能相当低。汤姆·泰勒(Tom Tyler)在芝加哥进行的研究发现了对服从法律的高度支持。或许这是因为提问题的方式,但以下发现还是十分惊人:82%的受访者同意这一论断,"即使法律违背了他们的是非观,人们也应当服从法律。"①

用什么可以解释这种尊重的态度呢?大多数人可能给出的答案,很可能不会使哲学家或政治理论家满意。人们可能会说:"这是一个民主政体,我们是少数服从多数,如果人们随心所欲的话,这个制度就没用了",或者某种类似的论断。他们实际上在援引韦伯的第三类正当性来源,也在某种意义上引用卢曼的定义:人们为他们的立法者投票,而立法者中的多数为这部法律投票。在美国,陪审团判决是正当的;实际上,受陪审团审判的权利被供奉在美国宪法之中;此外,大多数陪审团判决必须全体一致。而司法决定之所以是正当的,是因为法官被选任的方式,或许也因为某种法官"依法裁判"的观念。也请注意:韦伯谈的是正当性权威。权威实际上是很显著的,在社会中,它通常是角色的一个方面:母亲和父亲对他们的孩子具有权威,老师在教室里具有权威,法官在法庭上具有权威,警察在街道上具有权威。

就像正当性一样,权威也是社会建构的。它时起时落,时强时弱,而且也可能衰败。现代世界的父母权威显然不像过去那样,政府权威也因国家而有不同。在制度结构中所处的位置仍然很关键,比

---

① Tom R. Tyler, *Why People Obey the Law* (2006 edition; with a new afterword by the author), p. 45. 79%的人同意:"违反法律很少是正当的。"第二波受访者基本具有相同的态度;85%的人要么同意、要么强烈同意:即使法律违背他们的是非感,人们也应当服从法律。

如职场中的老板。我们可以再次引用李尔王的经典台词:“一条得势的狗,也可以使人家唯命是从。”米尔格拉姆实验是一个政府权威的经典案例,[①]虽然或许人们一旦意识到掌权者实际上只是条狗,这一政府权威就会衰退或完全消失。

学者们通常同意:正当感会左右法律的影响,但这实际上具有多大的解释力?也就是说,人们有多少经常因正当感而非任何其他原因而遵守法律?我们确实知道(或认为自己知道)仅以恐惧、恐怖或惩罚为基础的制度是不稳定的,制度需要自愿守法作为黏合剂。正当性可能就是这一黏合剂的成分之一。但我们说过,很难证明这一点。汤姆·泰勒的书《人们为何守法》(2006 年出版了增订版)是展示合法性力量最著名的尝试之一。[②] 泰勒基于其研究结果主张:对他研究的对象而言,正当性的概念确实有助于解释守法行为。

自泰勒的书面世以来,出现了大量关于这个主题的研究,其中一部分还是泰勒所做。在 2006 年发表的后记中,泰勒主张,对他的研究对象而言,相比于因违反规则而被捕受罚的风险,正当性要更有影响力。[③] 但这一论断远远超出了证据所能证明的范围。规则的类型太重要了:对谋杀、强奸、入室盗窃和其他重大犯罪而言,道德(确信这些行为显然是错的)以及对严厉惩罚的恐惧,使正当性的影响相形逊色。毕竟,就定义而言,正当性意味着不论法律内容为何,人们都

---

① Tom R. Tyler, *Why People Obey the Law*, p. 65. 也参见 Stanley Milgram, *Obedience to Authority* (1974)。

② Tyler, *Why People Obey the Law*.

③ 同上,第 271 页。

要遵守,但反谋杀法的内容至关重要。就乱穿马路或商店行窃而言,事情可能就不一样了。

换句话说,正当性的核心概念是:在社会中,有一部分服从来自对权威的尊重,而非对惩罚的恐惧,或者是感到无论是就道德还是社会而言,所涉规则在道德上和社会上是正确的。近几年来,干旱困扰着我的家乡加利福尼亚州。我同样感受到了危机并急切地想要参与节约用水。我也因为交通法规合理而遵守它们:超速和闯红灯可能导致发生事故,伤害我自己、乘客或其他车上的人。我认为人们应当交税,不然我们怎么来组织军队、建立国家公园、高速公路和退伍军人医院?"正当性"不能解释以上任何守法行为。正当性纯粹意味着服从,而不是出于任何实质性理由,而是因为不管你愿不愿意,正当权威应当被服从。它解释了人们为什么会听从米尔格拉姆研究中穿白大褂的人,但不能解释我们为什么支持福利国家。①

正当性——觉得权威是正确的——不是凭空产生的。机构不是天生正当或不正当的,它们必须以人们认为正当的方式行事,或至少看上去这样。这无疑是对机构行为的强大影响。劳伦·埃德尔曼(Lauren Edelman)研究了企业中投诉程序的发展,例如解决歧视投诉的方式。民权法为企业创造了一个崭新且麻烦的法律环境,在公司内部设立相应程序可不是试图守法那么简单,它也是一种获得正当

① 关于正当性这个模糊的术语到底是什么意思,也存在一定的困惑。参见 Devon Johnson, Edward R. Maguire, and Joseph B. Kuhns, "Public Perceptions of the Legitimacy of the Law and Legal Authorities: Evidence from the Caribbean," *Law & Society Review* 48:947 (2014) 中的讨论,其中提出"感到服从的义务"可能并非"正当性"本身,而是作为正当感的结果而发生的某种东西。

性的方式。“法律环境”是“组织变革的一个核心决定因素”。(程序和投诉制度结构的)变革是“追求正当性”的结果。虽然让员工开心、避免很多冲突对企业而言十分重要,而这些也会对利润产生影响,但埃德尔曼主张,这只是问题的一个方面。①

正当性和非正当性,与道德感和是非感不同。道德力量很可能比单纯的正当感更强大。在某种意义上,道德力量和威慑力量是竞争关系。具有讽刺意味的是,对谋杀这样的重大犯罪而言,威慑仅对一些坏人、潜在杀人者很重要,对我们剩下的人反而不重要。对你我而言,把惩罚从死刑变成终身监禁没有影响,因为我们根本不会杀人。既然曲线已经变平,那么实际上可能杀人的人就是最难威慑的。但矛盾的是,他们也是唯一可能对惩罚程度的改变作出回应的人。②

盲目服从?

我们提到过的斯坦利·米尔格拉姆的著名(或臭名昭著的)研究旨在评估对权威的服从,换言之即服从的机制。③ 我们记得,在这个实验中,如果“学习者”(实际上是个演员)犯了错,研究对象就应该给他一次电击。随着错误答案的增加,电击也会增强。到某个时点,学习者会发出呻吟并要求被从实验中释放;最终,他会发出一声“痛

① Lauren B. Edelman, “Legal Environments and Organizational Governance: The Expansion of Due Process in the American Workplace,” *American J. of Sociology* 95:1401 (1990).

② 关于这一点,参见 Bradley R. E. Wright et al., “Does the Perceived Risk of Punishment Deter Criminally Prone Individuals? Rational Choice, Self-Control, and Crime,” *J. Research in Crime and Delinquency* 41:180, 183 (2004)。

③ Milgram, *Obedience to Authority*.

苦的尖叫”(所有这些实际上都是表演)。可怜且不知情的研究对象会局促不安并感到不舒服,但穿着白大褂的实验者会坚持要求他继续施加折磨。令人震惊的是,许多人都完全照做了:他们继续施加痛苦,直到最后。他们本可以在任何时点放弃,但几乎没有人这样做。

米尔格拉姆的实验试图揭示一个令人困惑且深感不安的现象。在“二战”期间,纳粹政权处死了数百万无辜者,其中包括吉普赛人、同性恋和任何敢于表达政治异见的人。然而,纳粹最严重的罪行是对大约600万名犹太人的屠杀:男人、女人和小孩。阿道夫·希特勒及其同伙最终要为这些无法用语言形容的罪行承担责任,但领袖们没有亲自实施这些杀戮。杀戮的机器是一个庞大的组织,需要成千上万的男人女人进行操作,相互合作、协调,进行无理性的大规模屠杀——他们管理并运营集中营、波兰和波罗的海被占村庄的杀戮场,带着冷漠的工厂效率操作毒气室和焚尸炉,产出堆积成山的尸体,成为某种杀人的流水线。在许多城镇,成群德国人(与其他国家的帮凶)残杀了数千名无辜者。他们破坏了整个社区,杀死了当地所有犹太人,从婴儿到头发花白的老人,一个也不放过。对希特勒及其团伙不可能有任何辩解、任何减刑,他们的罪行是绝对成立的。但许多下属、实际操作者主张,他们只是在服从命令:更高权威所下达的正当命令。

米尔格拉姆的实验似乎显示:人们会盲目地听从权威,会服从邪恶的命令,甚至是他们认为令人憎恶的命令。克里斯托弗·布朗宁(Christopher Browning)研究了“二战”期间的一群“普通人”——德国后备警察营成员——的行为。他们受命去谋杀一个波兰村庄中的大约1500名犹太人——女人、小孩和老人。几乎所有成员都服从了命令。“不听指挥,”布朗宁主张,“完全超出了多数人的能力范围”“对他们而言,开枪更容易。”抵制命令“在其同伴看来是反社会行为”。不开枪者“冒着被孤立、排斥和放逐的风险”。在此,服从权威的冲动(或许还有对反对者可能遭遇之事的恐惧)与强大的同侪压力合并了。少数人拒绝服从命令,他们或许丢了面子,但他们的上级事实上没有惩罚他们。①

米尔格拉姆和布朗宁所观察的,正是赫伯特·科尔曼(Herbert Kelman)和李·汉密尔顿(Lee Hamilton)所谓“服从之罪”,②“从两种相互竞争的义务的冲突——服从的义务和不服从的义务——之中”产生的犯罪。服从的义务“内在于权威的概念之中”,受到社会规范的强烈支持。在越战期间,美莱村村民遭到了屠杀。一位美军军官威廉·卡利中尉(Lieutenant William Calley)被控对该屠杀负有责任。卡利主张他只是在服从指挥,说上级告诉他,村民是敌人,应该处死他们。这样一个命令是否曾被下达是可疑的。但卡利显然相信该命令已被下达,因此他认为自己这样做是正当的。此外,卡利没有亲自实施所有杀戮。他指挥的下属也服从他的命令参与了屠杀。

事实上,在刑事案件中,“服从命令”不是合法辩解理由。构成“二战”后纽伦堡审判基础的《纽伦堡宪章》,其具体规定如下:“被告

---

① Christopher Browning, *Ordinary Men: Reserve Police Battalion 101 and the Final Solution in Poland* (1992), pp. 184-185.

② Herbert C. Kelman and V. Lee Hamilton, *Crimes of Obedience: Toward a Social Psychology of Authority and Responsibility* (1989).

根据其政府或上级命令行事的事实不能免除其责任”(第8条),虽然该事实可以成为“减轻刑罚”的一个因素。但对“普通人”而言,不服从有效的命令并不容易。如果长官叫一个步兵去干非法的事情,这个可怜的士兵就会面临一个可怕的困境。拒绝执行命令本身就是军事犯罪,但在道德和事实上,违反某些次要规则的命令和杀死无辜者的命令(该命令本身显然既错误又违法)之间还是有差别的。

米尔格拉姆的实验令人震惊,但它几乎无法完全解释“服从之罪”。实际上,在任何对纳粹政权罪行的讨论中,服从一词似乎都不太合适。它忽视了驱动纳粹政权且感染数千名追随者的恶毒意识形态,忽视了积极参与屠杀的“普通人”。米尔格拉姆研究的是对正当权威的服从,但在玷污人类历史的许多大屠杀中,更有力的动机是盲目仇恨。正如道德是社会中的强大力量一样,仇恨也是它黑暗的对立面:种族主义、偏见、宗教狂热,相信自己有权折磨和杀死异教徒、国家敌人和无论何种原因而受到鄙视和非人化者的信念。

法院

韦伯所谓理性-法律权威是当代世界的正当性支柱。我们提到过,它具有强烈的程序性因素。瑞典、加拿大或日本的人们相信民主的形式:自由选举、定期议会程序。

但未经选举的法院怎么样呢?特别是当今强大的宪法法院,也就是在几乎每个发达国家存在的行使司法审查的法院;还有跨国法院,例如欧洲法院、欧洲人权法院或美洲国家人权法院。它们的正当性来源是所谓的人权文化。[①] 换句话说,在我们的社会中,选举并非唯一的正当性基础。大多数公民之间存在有关基本权利、属于每个男人、女人和小孩的权利的强烈信念,而且人们把这些权利视为固有的、(或多或少)绝对的。

这并不是一个政治理论或哲学问题。人权文化是一个通行的社会事实。社会上与法律上精确的权利清单,在不同地点和不同群体之间都略有不同。然而,一个共同的核心部分是存在的:例如言论自由、旅行权利或宗教自由。这些权利比所有其他政府行为都更重要,它们高于议会法案、行政命令、行政机关规制——简言之,它们高于一切。国家有义务保护这些权利,立法机关没有权力篡改它们。

但如果这些权利不能被执行,它们就几乎或完全没有意义:执行就是一切。本来,政府应当尊重这些权利——自愿地,无须敦促。但如果他们不尊重,人们就可以求助于执法机关。执法是法院的职能、司法审查的职能,而且这一权力是这些法院取得正当性的原因所在。

美国联邦最高法院的大法官享有终身任期。自 1803 年伟大的马布里诉麦迪逊案以来,最高法院就主张自己有权审查国会法案。[②] 然而,直到 19 世纪晚期,最高法院也只是偶尔行使这一权力。直至到 20 世纪晚期,保护少数权利和基本自由才成为该法院工作的关键组成部分。20 世纪晚期也是这样一个时期:另外一些强大的法院出现在其他国家,举几个突出的例子,例如(国家层面的)欧洲人权法

---

① Lawrence M. Friedman, *The Human Rights Culture: A Study in History and Context* (2011).

② 1 Cranch (5 U. S.) 137 (1803). 这一权利起初充满了争议。在 19 世纪被更普遍行使、也不那么有争议的是审查州立法的权利。

院、德国宪法法院和南非高等法院。

现代宪法列举了基本权利并明确规定了司法审查权。但宪法毕竟只是文字、文本、纸张而已，作为宪法而言，美国宪法非常古老也非常短小。理论上，最高法院只是在解释这一古老宪法的语言。欧洲人权法院也声称，不论其决定多么大胆，也不过是解释欧洲人权宪章的文字而已。但没有一位严肃的国内外学者会把这些话照单全收。

当美国最高法院的一位大法官得到任命时，参议院必须批准，参议院司法委员会要举行听证会。近来，参议员们已经拒绝成为总统任命的橡皮图章，他们会相当彻底地盘问并质疑被提名者。这些听证会具有一种奇妙和不切实际的特点：在某种意义上，它们不过是一个虚幻的游戏而已。要赢得参议员的票选，提名者必须告诉他们，自己只打算依法判案，忠于宪法文本，不会制定新法，而且最重要的是，绝不会出于政治原因而行事。换句话说，他们宣誓效忠于一种机械的法理学理论。他们把自己展现为政治素人，没有信仰或意识形态，发誓绝对不会制定政策或让其政治考量影响投票。我说过，没有严肃的学者会相信这些，参议员们多半也不相信。但任何其发言偏离主流的被提名者都可能遇到麻烦。索尼娅 · 索托马约尔（Sonia Sotomayor）大法官需要做一些解释，因为她曾说，相比于白人男性而言，一个“聪明的拉丁美洲人”可能对某些司法问题有更好的理解。共和党参议员把这句话斥为某种邪恶的异端邪说。索托马约尔大法官口是心非地解释说：她只是想鼓舞拉丁裔年轻人而已，并不是在表达一种司法哲学。[①]

问题是:这种伪装是否真有必要?最高法院的正当性是否真的依赖于这种谎话?詹姆斯·吉布森(James Gibson)和格里高利·卡尔代拉(Gregory Caldeira)在一项有趣的研究中声称:答案是否定的。[②] 他们发现,大多数美国人"对最高法院大法官如何作出判决具有相当现实的看法"。他们相信"法官具有自由裁量权",法官们"以意识形态和价值为基础作出裁量性判决"。但据吉布森和卡尔代拉所言,这一意识并不会损害最高法院的正当性。人们意识到法院在制定政策、在创新,但他们相信大法官在以一种有原则的方式行事。换句话说,大法官们不是政治家,不会像政治家那样行事。他们确实会作出政策决定,但政策与政治不同。一位更成熟的观察者补充道:他们之所以制定政策是因为他们必须如此。他们在"解释"一份古老、简短、带有许多模糊一般条款的文本。一个现代法官几乎无法以别的方式行事。甚至是印度或德国的高等法院法官,虽然有更长、更晚近、更详细的宪法,但就其更普遍与概括性的文本而言,也还是享有巨大的自由裁量权。

硬币的另一面:非正当性如何运作

正当性可能是决定服从或使用法律制度的重要因素。但即使在

① Neil A. Lewis, "In Closing, Sotomayor Offers Concessions, Clearing Way for Vote," *New York Times*, July 17, 2009, p. A11.

② James L.Gibson and Gregory A. Caldeira, "Has Legal Realism Damaged the Legitimacy of the United States Supreme Court?" *Law & Society Review* 45:195 (2011).

开放社会、民主社会中，也可能存在规则或制度缺乏正当权威的法律秩序角落。每个社会都有异见者，要么对哪个法律或制度，要么对其中某个方面有异见。以公民不服从为例，从愠怒、不满到更加戏剧性的行为都有：焚烧征兵卡的年轻人、把自己绑在树上的生态极端分子、绝食抗议的囚犯、各种各样的圣战分子与革命分子。在历史的进程中，异见者已推翻了无数政府，把帝王、暴君、首领从宝座上赶下来。民主政体也被推翻过。发生过无数军事政变和无数这样的案例：派系A取代了派系B，并接管了某个政权。在较低的层面上，每当公民走上法院坚持某些法律或规章违宪，他们就是在主张立法机关或行政机构以一种不正当的方式行事。司法审查给了他们这个机会，给了他们一个攻击（他们所谓）非正当性的正当方式。

汤姆·泰勒对正当性的研究（正确地）假设，美国人不是革命者，公民认为他们的制度总体而言是正当的。他想知道这种正当感对公民态度和行为产生了多大影响。但在许多国家，你不能对正当性做出任何判断。既然世界历史总是不时被各种血腥的起义、革命、暴动和混乱所打断，那么，非正当感可能跟正当感一样常见。

在当代社会，人权文化力量十分强大。但世界上有大半国家根本不是民主政体，或顶多是半民主政体，这与很大一部分人的一厢情愿相违背。在一些社会中，法治非常薄弱，甚至到了不复存在的地步。在现代以前，所有国家都是专制政体。中世纪农民无权投票，暴动源于饥饿和绝望而非要求投票权。但在当今世界，民主和法治深深烙印在数百万乃至数十亿人的文化中①。

在人们大体认为政权不正当的社会中，存在广泛的对特定法律的违反或规避。把货币与虚假和不切实际的利率挂钩的国家中，肯定会形成发达的黑市，于是"非正式"法律、地下法律、反抗或逃避正式规则的整体行为系统蓬勃发展，随着时间流逝，越来越少的人相信或尊重政府。一种"影子经济"发展了起来，"受私人的道德准则支配"。

这最后一个表述引自因加·马克维茨（Inga Markovits）的富于启发的研究，描述从 1945 到 1990 年东德一个小城市的法律生活。② 例如，当时有发达的二手车地下市场。二手车价格就像所有其他价格一样受到管控，但只有傻子才会以政府定价来卖车，政府定价甚至远远低于最坏的老爷车的价值。相反，人们在一个或多或少是自由的市场中买卖车辆，每月一次在一片空地上进行。卖家和买家协商价格并篡改交易文件，使得如果交易失败的话，合同也会被普通法院执行。所有这些都完全非法，但每个人都知道发生了什么。交易在公开场合进行。就像镇上的其他人一样，法官和警察也明白二手车市场的实际运作。没人想要废除它。有关二手车买卖的正式规则没有任何道德上的重要性。它们被认为是荒谬或不合情理的。

在许多社会（或许是大多数社会），特定规则和制度可能缺乏正

---

① 原教旨主义宗教是例外。成员的正当性并不取决于民主过程，而是取决于对宗教戒律的忠诚。

② Inga Markovits, *Justice in Lüritz: Experiencing Social Law in East Germany* (2010), p. 224. 路里兹（Lüritz）并不真的存在。Markovits 隐掉了这个人口大约 55 000 的小镇的信息，以保护她所采访的人们的身份。这些人和其他人的名字也改了。

当性,但政体本身没有崩塌的危险,甚至可能从公民那里赢得某种勉强的接受。人们在这些情境中学会了逃避规则或利用规则的方法。低级官员经常支持他们,或因为他们收受了贿赂,或因为他们对正式规则也没有很大信心。不过,一些这样的社会中的普通人只是认为这是所有制度运行的方式而已,他们没有实际可行的第二选择。

信任和公平

信任是一个与正当性紧密相关但分析起来又有所不同的概念。对专家的信任是信任的一种形式:你遵医嘱行事是因为你信任这个医生,因为你相信他的诚实和专业技术。一个人也可能信任立法机关,也就是说,认为它知道自己在干什么。法律的许多方面都需要信任。如果FDA批准了一种治关节炎的新药,人们就很可能会认为FDA已经审查了临床实验,所以这种药是管用的、安全的。这与因为FDA是一个具有监管药品市场权利的正当机关而听从它,是完全不同的。当然,也存在着不信任。例如,你可以认为FDA是正当的,由有效的法律创设,遵循管辖它的法律中规定的规则;但你可能还是出于种种原因不信任它批准这种或那种药物的决定,或它对食用色素的一般态度,或它在民间偏方上的立场。

公平是另一个紧密相关的概念。你服从一条规则,可能不是因为其来源正当,也不是因为你信任其来源,而是因为该规则适用于每一个人。你何必搞特殊呢?除了任何道德疑虑以外,一个学生可能认为考试作弊对其他学生来说是不公平的,特别是如果该课程是按成绩曲线*来给分的。在联合国所在的纽约市,数千名男男女女开着带有外交牌照的车;多年以来,他们中的许多人都无视交通规则。然而他们有外交豁免:如果违法停车,他们可能会得到一张罚单,但不必支付罚款。事实上,数千张这类罚单都没得到支付。可也有许多国家的外交官遵守了规则:如果违反交规,他们会支付罚款。显然,一种公平感发挥了作用:如果任何其他人都不可以在消防栓旁停车,为什么他们就可以?一些国家——包括英国、澳大利亚、厄瓜多尔、以色列和牙买加——严格执行罚款和罚单的支付。有趣的是,一个国家的腐败声誉与其外交官的拒绝支付之间存在某种相关关系——当然是不太严格的相关关系。科威特、埃及、乍得和苏丹是最糟糕的违法者,他们是否把对本国法律程序的怀疑带到了纽约市的大街上呢?①

有关程序正义的学术文献也与公平和信任问题相关。如果这些研究是对的,那么公平程序就"对尊重判决的意愿而言至关重要",可能有助于确保对判决的遵守。② 这似乎相当合理,但问题是:这个观点的适用范围有多广?我很怀疑一个被判终身监禁或死刑的无辜者会对判决有什么好感,即使国家遵循了所有相关规则,把细节都做到位,诉讼程序十分公正。一个好的结果——或可能是一个好于预期

---

* 曲线打分(curve),即将所有学生的成绩按正态分布曲线做调整,根据学生在正态分布中的排位来确定成绩。

① Raymond Fisman and Edward Miguel, "Corruption, Norms, and Legal Enforcement: Evidence from Diplomatic Parking Tickets," *J. Political Economy* 115:1020 (2007).

② Tyler, *Why People Obey the Law*, p. 273. 程序正义的重要性与约翰·W. 蒂博(John W. Thibaut)和劳伦斯·沃克(Laurens Walker)的研究有关,特别是 *Procedural Justice* (1975)。也参见 John Thibaut et al., "Procedural Justice as Fairness," *Stanford Law Rev.* 26:1271 (1974)。

的结果——才是人们通常想要的。或者也得是一个在他们看来是公平的结果,因为他们想要被像其他所有人一样对待。① 但当然,对待本身必须被认为是公平的。如果一个情况对所有相关人士都不公平,就没有人会认为它是公平的。

心理学家们一直想知道:人们会认为什么是一个公正的结果,为什么?公正的程序当然是一个因素。公平亦然:每个人或至少你的群体中的每个人,是否都受到了相同对待?另一方面与期待有关:结果是好于还是坏于期待?② 在 1970 年代发表的一项研究中,两位德国学者研究了三个德国城市中房东和租户之间诉讼的赢家和输家。赢家很高兴,输家不高兴,这不令人意外。采访者问当事人:这一经历是"增强还是减弱了他们"对司法制度的"信心"。没有一个输家说他们的信心被增强了,这一经历或多或少地减弱了他们中 2/3 以上的人对司法制度的信心。赢家则感到对司法制度更多了信心,但他们增强的信心比输家减少的信心要少。③ 常识(至少有时候是对的)告诉我们,这个研究是对的。人们想要公正程序,但正如我们所认为的,他们更喜欢赢不喜欢输。他们也喜欢公平,但输赢可能影响

① Kees van den Bos, Henk A. M. Wilke, and E. Allan Lind, "Evaluating Outcomes by Means of the Fair Process Effect: Evidence for Different Processes in Fairness and Satisfaction Judgments," *J. Personality and Social Psychology* 74:1493 (1998).

② Tom Tyler, "Psychological Models of the Justice Motive: Antecedents of Distributive and Procedural Justice," *J. Personality and Social Psychology* 67:850 (1994); and van den Bos, Wilke, and Lind, "Evaluating Outcomes by Means of the Fair Process Effect: Evidence for Different Processes in Fairness and Satisfaction Judgments."

③ Hartmut Koch and Gisela Zenz, "Erfahrungen und Einstellungen von Klägern in Mietsprozessen," in Manfred Rehbinder and Helmut Schelsky, eds., *Zur Effektivität des Rechts*, *Vol.* 3, *Jahrbuch für Rechtssoziologie und Rechtstheorie* (1972), pp. 509, 527-528.

他们对公平的判断。

认为一部法律不公平的人,可能更愿意违反这部法律:这当然适用于参与公民不服从的人们,但在某些情况下要理清因果还是挺麻烦的。我们可以问:孰先孰后——违法行为还是法律不公平的感觉?在哈利·鲍尔(Harry Ball)早年对夏威夷租金控制的一项研究中,认为租金控制不公平的房东会违反规则并向房客多收租金。① 是不公平的感觉使这些房东想多收钱吗?还是反过来:违反规则的房东把他们的行为理性化,告诉自己这些规则是不公平的,用这种方式正当化自己的行为呢?

希里·雷格夫-梅萨勒姆(Shiri Regev-Messalem)研究了在福利法上作假的以色列女性,发现她们感到作假是正当的。她们认为自己"在道德上有权"得到她们不能(合法地)得到的福利水平,也认为自己只能作假以求生存。我们可能得再问问孰先孰后:是不公平的感觉,还是他们必须作假以求生存的感觉?② 一项对商店扒手的访谈研究展示了丰富而多样的"中性"理由(说"借口"可能更合适)。这些"中性"理由有一部分混淆了原因和结果。有些扒手说那些商店"活该",它们在敲诈。或者说那些商店可以承受:它们"根本不在乎我得到的那一点点"。或者说他们"少交了税金……所以没人受

---

① Harry Ball, "Social Structure and Rent-Control Violations," *Am. J. Sociology* 65:589 (1960).

② Shiri Regev-Messalem, "Trapped in Resistance: Collective Struggle through Welfare Fraud in Israel," *Law & Society Review* 48: 741, 751 (2014). 一项对澳大利亚反复酒驾的司机的研究,结果既没有证明"对法律缺乏尊重促进了再犯",也没有证明"这样的态度是习惯性再犯的结果"。James Freeman, Poppy Liossis, and Nikki David, "Deterrence, Defiance and Deviance: An Investigation into a Group of Recidivist Drink Drivers' Self-Reported Offending Behaviours," *Australian & New Zealand J. of Criminology* 39:1 (2006).

损”。扒手也可能提到她的个人情况,她必须有这笔钱(就像雷格夫-梅萨勒姆研究的享受福利的女性一样):“我必须照顾三个孩子”或“我的账单都拖欠了”。他们也可能直接解释说全世界都在扒窃:“每个人都这么做。”[①]电影明星薇诺娜·赖德(Winona Ryder)似乎酷爱扒窃,曾经说自己正在为一个电影中的盗窃癖角色做研究——一个不足信且不太可能的借口。[②] 但无疑每个犯罪、每个对规定的违反都可以产生自己的“中性”理由。

道德

第三类中的另一个动机,我们可能称之为道德。人们服从规则是因为这些规则是道德的、符合伦理的,甚至因为它们是上帝的意志。反过来,他们不服从规则是因为它们不道德、非伦理或违背上帝的意志。我们遵循一条规则也可能是因为它符合好的政策、原则上合理或对社会是必要的。相反的感觉(这部法律弊大于利)也可能影响不遵守的水平。

宗教信仰、传统习俗甚至迷信,都在决定法律影响的方面发挥了巨大作用,或许是最强有力的作用。在前述恩格尔夫妇的研究中,泰国清迈的事故受害者由于其深刻的佛教信仰(以及有关鬼魂和报应

① Paul Cromwell and Quint Thurman, "'The Devil Made Me Do It:' Use of Neutralizations by Shoplifters," *Deviant Behavior* 24:535 (2003).

② Rachel Shteir, *The Steal: A Cultural History of Shoplifting* (2011), p. 146.

的观念)而拒绝寻求赔偿。① 发现自己被困在不幸婚姻中的虔诚天主教徒,无论如何都会避免走上离婚法庭。我们生活在有自杀式炸弹袭击者的时代,那些人(大多是年轻人)可能出于强烈的宗教和政治确信而毁灭自己(和其他人)。我们其他人认为这种行为可憎(且可怕),当然,所有这些行为都是非法的。

宗教原则在严格的信徒中间是很有影响力的,会影响他们对法律、对使用法律的态度,但即使在忠实信徒中间也存在相当大的差异。天主教会禁止避孕,但大多数天主教徒,甚至那些在其他方面相当严守教规的教徒都对此满不在意。否则就没有其他办法可以解释波兰这个坚定的天主教国家的低出生率,除非波兰的夫妇们做了很多严肃的禁欲工作,但这似乎太不可能。

但总体而言,道德观念可以极其有力,是道德观念使强奸和谋杀这样的犯罪曲线变平。我们之前提到过一个试图考察男大学生能否假想自己犯性犯罪的研究。对多数人而言,他们做不到,但不是因为(正式和非正式的)制裁。这些学生的"道德信念是更重要的社会控制来源",对认为强迫女性发生性行为明显就是"道德上错误"的学生而言,"成本/收益的考虑"完全与他们无关。"他们对这一行为的道德谴责如此强烈,以至于他们甚至不能考虑侵犯的可能性。"②这

① David M. Engel and Jaruwan S. Engel, *Tort, Custom, and Karma: Globalization and Legal Consciousness in Thailand* (2010).

② Ronet Bachman, Raymond Paternoster, and Sally Ward, "The Rationality of Sexual Offending: Testing a Deterrence/Rational Choice Conception of Sexual Assault," *Law & Society Review* 26:343, 367 (1992).

一“发现”对任何实际生活在这个星球上的人都不意外。我们都有自己绝对不会跨越的道德红线。因此某些举动或行为违法这个事实就是与我们无关的,我们根本不会那样做。

爱国主义是另一种强大的情感,它的近亲——公民义务亦然。在危机时刻——例如战时——人们聚集在国旗周围。他们献出时间和金钱,自愿承担危险或讨厌的工作,甚至甘冒生命的风险。当战争打响的时候,男人们就冲进征兵办公室。爱州、爱市、爱地方主义也存在,人们为他们城市的球队呐喊、欢呼(即使没有一个穿达拉斯制服的球员实际上来自或生活在达拉斯)。德克萨斯州人似乎沉迷于会使来自俄勒冈州或俄亥俄州的人困惑的爱地方主义的狂欢。德克萨斯发起过一项抵制公路上乱丢垃圾行为的运动。他们诉诸一般的公民义务,结果毫无成效。然后该州采取了一个不同的计划:诉诸地方荣誉感。新的标语“别给德克萨斯添乱”取得了巨大的成功,路旁垃圾急剧减少。①

爱国主义,或更准确地说,对国家的爱独立于正当感。即使公民鄙视特定政权,他们也可以是非常“爱国”的。当 1941 年德国军队涌向苏联边界时,苏联人民起身反抗,保卫祖国,这种情感胜过了任何对苏联政府的保留意见。在澳大利亚,投票是强制性的,但在美国和大多数其他国家,投票并非强制。而且,虽然大多数人在重要选举中投票,但还是有数百万人不想费事登记或投票。在美国的中期选举

① Richard H. Thaler and Cass R. Sunstein, *Nudge: Improving Decisions about Health, Wealth, and Happiness* (2008), pp. 66-67.

中,有时候只有 1/3 的合格选民实际进行投票。但在南非,当种族隔离终于结束的时候,黑人得到了投票权,投了几百万张票,他们排起长队以行使这项崭新且珍贵的权利。

公民义务不是一个单一不可分割的东西,很大程度上取决于具体情况。我提到过,加州受周期性干旱的困扰(最近几年的干旱特别严重),必须做点什么。规则被制定出来,但经常没有任何执行它们的细则,或顶多是零星的执行。一块过度浇灌的绿色草坪显然是违法的,但有数百万块草坪需要巡查。也没办法检查人们是否减少洗澡时间、冲厕所次数。在一种笨拙、算计的意义上,减少用水的激励是不存在的。无视规则、搭其他人努力的便车是很容易的。但在过去的干旱期间,有数百万人确实减少了用水,尽管执法还是很弱。人们愿意甚至急切地要贡献自己的一分力量。当然,还是会存在违法者,但没有规则能够得到完美的服从。

文化和意识

有两个相当争论不休的概念——法律文化和法律意识,被学者们以多种方式使用。两个概念都指的是一种对人们思考法律和使用或误用法律的方式有影响的精神因素。

法律文化这个术语可以追溯到至少 1969 年(可能还要更早):在 1969 年的一篇文章中,我把法律文化定义为人们对法律和法律制度的观点、期待和态度。① 后来的学者以各种理由批评了这个术语及其定义，而且这个定义在该领域并未被完全接受。其他学者以其他方式使用这一术语，并不完全相互一致，甚至可能都不跟自己一致。② 但我认为它是个有用的概念，只不过需要一个更好的名字。

无论如何，我们需要一个术语指代联系，甚至决定着法律工具和法律手段之使用的精神、情感和认知因素。法律制度可以被比作一个巨大的机器。除非你把开关打开，否则这台机器就不会运转。法律文化就是在同等条件下打开或关闭开关的精神——心理、文化、道德——因素。但有必要指出，法律文化不是打开或关闭开关的唯一原因。毕竟，这台机器有可能发生故障，可能被锁在一个只有少数人才有钥匙的房间里，也可能是使用这台机器的成本太高。类似地，法律制度对人们而言可能太昂贵，因腐败而瘫痪，或只向有钱有势者开放。这些因素都牵涉到这个问题：这台机器的开关会不会被打开？

但（原初意义上的）法律文化确实会产生影响。恩格尔夫妇研究的清迈事故受害者出于宗教理由、传统习俗和信仰而拒绝打开开关。人们打或不打官司并非仅仅因为成本和便利，也会因为他们可能不认可诉讼。一个虔诚的天主教徒会远离离婚律师。这是第三类因素：道德和良心问题。但这些因素并非存在于真空之中，而是具有文

① Lawrence M. Friedman, "Legal Culture and Social Development," *Law & Society Review* 4:29 (1969).

② 关于这一点，参见 Roger Cotterrell, "The Concept of Legal Culture," in David Nelken, ed., *Comparing Legal Cultures* (1997) 以及同书中我的答复。也参见 Lawrence Friedman, "The Place of Legal Culture in the Sociology of Law," in Michael Freeman, ed., *Law and Sociology* (2006), p. 185, 以及 David Nelken, "Legal Culture and Social Change," in Dimitri Vanoverbeke et al., eds., *The Changing Role of Law in Japan: Empirical Studies in Culture, Society and Policy Making* (2014), p. 15。

化特异性。个性也会产生影响:极具权利意识、“积极维护其权利”“不会不做反抗”的人更易于打开法律机器的开关。这可能也是个(一般)文化问题:据说日本人讨厌诉讼、喜欢调解(不像美国人)。正如我们所见,这可能是也可能不是真的,但在法律的使用方面,一般文化对法律文化的影响似乎不可否认。

与法律文化紧密相关的概念是法律意识。劳拉·贝斯·尼尔森(Laura Beth Nielsen)把它定义为人们对“法律如何运作”的“常识性理解”,是“人们对法律的看法”。① 于是在某种意义上,法律意识就是法律文化的一个子集或方面。帕特里夏·艾维克(Patricia Ewick)和苏珊·希尔比(Susan Silbey)在《日常生活与法律》(*The Common Place of Law*)这本广受引用且影响巨大的书中讨论了法律意识的概念。② 她们区分了不同类型的人:一些法律意识是“遵守法律”的人准备且愿意使用法律、打开开关;一些法律意识是“违反法律”的人把法律视为某种敌人、威胁或障碍。但这些都并非天生的特质,而是社会情境的产物。美国的非法移民经常受到可能被逮捕并遣返的恐惧支配,(相当理性地)不敢提起任何种类的法律诉讼,即使他们完全有权这样做。③ 因此,他们在这样一个意义上是“违反法律”的:他们把(移民)法当作敌人。

---

① Laura Beth Nielsen, *License to Harass* (2004), p. 7.

② Patricia Ewick and Susan S. Silbey, *The Common Place of Law: Stories from Everyday Life* (1998).

③ Leisy J. Abrego, “Legal Consciousness of Undocumented Latinos: Fear and Stigma as Barriers to Claims-Making for First- and 1. 5-Generation Immigrants,” *Law & Society Review* 45:337 (2011).但这个群体的年轻成员,那些孩提时就来到美国且已经完全社会化的人,对“污名”的感受比“耻辱”更强烈。Abrego 指出,污名当然是“提出请求的障碍”,但“克服它的门槛相对低于”恐惧感,见第 363 页。

许多对法律意识的研究是对诉讼的研究:是什么使人们走上或避开法庭。一些研究考察了普通人对权利和法院作出回应的方式,①虽然起诉某人或某公司(或参加仲裁、调解)显然不是使用法律制度的唯一方式。你可以选择制定或不制定遗嘱。遇到财务困难的家庭可以选择破产。如果某人在停车场倒车撞到了你的车,并在侧面留下了一个巨大的凹痕,你可以通过保险公司来力图获得赔偿,也可以选择忘掉这一切,就像恩格尔研究的清迈人一样。

这些概念——法律文化和法律意识——在组织和指导研究方面可以很有用。然而,"文化"是一个非常不确定的词,其含义很广泛。有时候人们用它来表示某种根深蒂固的社会传统:无论如何,它已渗透进了集体灵魂,并以一种持久的方式影响社会中的思想和行为。这是当人们在谈论日本文化、俄罗斯文化或中国文化时有时候似乎意指的东西。在这个意义上,文化是某种有黏性、很顽强、只会慢慢变化(如果它会变化的话)的东西。在法律世界中,一些学者以类似的方式使用文化这个概念。他们把普通法视为一种文化,大陆法也是。每一种持久、长期且有影响力的法律传统都是文化。在深层且持久的意义上,好讼和权利意识也应当是制度的文化方面。

但社会真的都符合这种刻板印象吗?一些研究,比如说约翰·黑利(John Haley)的那些研究,②已经对有关日本法律文化的传统观

① 例如,Sally Engle Merry, *Getting Justice and Getting Even: Legal Consciousness among Working-Class Americans* (1990)。

② 关于这一点,参见 John O. Haley, "The Myth of the Reluctant Litigant," *J. Japanese Studies* 4:359 (1978)。

点表示了怀疑。他主张，正如我们所见，日本人在诉讼成本不高且方便时会选择诉讼。埃里克·费尔德曼研究了法国、美国和日本的法律制度对特定危机——沾染艾滋病毒的血液——作出回应的方式。当这种血液被用于需要输血的病人和血友病患者时，所有三个国家的受害者都走上了法庭，但法庭和受害者的回应并不符合有关法律文化的传统刻板印象。在费尔德曼看来，学者应当"重新考虑"他们的传统理解——有关"日本的基于群体且扎根于和谐的价值"与"西方的个人主义与好讼"的观点。这些观点根本不符合社会对血液受污染问题作出回应的方式。① 激励结构比文化传统、习俗和根深蒂固的道德体系更重要：这就是他的主张。

一般规则并不存在。我们可以再次回想恩格尔夫妇对清迈事故受害者的研究。他们主张，在根深蒂固的传统和宗教信仰意义之中的文化确实很重要。② 但或许清迈的下一代人——恩格尔夫妇研究对象的后代，会对事故赔偿采取不同看法：文化可能比许多人所认为的更多变、更可塑。目不识丁的农民移居美国以后，从文化上来说，他们的子孙完全就是美国人，故国文化会像夏日之雪一样消失殆尽。相比于商法或证券法而言，家事法因为反映了强烈个人化且充满感情的现实，应该更具黏性、更少弹性。但实际上，在过去的几代人中间，几乎没有什么比家事法的改变更剧烈，这既是变化的法律文化的

① Eric A. Feldman, "Blood Justice: Courts, Conflicts, and Compensation in Japan, France, and the United States," *Law & Society Review* 34:661, 695 (2000).

② Engel and Engel, *Tort, Custom, and Karma: Globalization and Legal Consciousness in Thailand*.

原因,也是其结果。例如,想象美国人对同性婚姻的态度:在不到一代人的时间里,同性婚姻从一个疯狂、边缘的想法变成了一个国家规范。

不论什么背景的美国人,其权利意识都不会被哪个强大的文化或宗教规范所抑制。根据莎莉·梅里的研究,美国人"把法律视为由规则而非暴力组织起来的社会中的权威来源",它"表达了一种普遍的社会秩序模式"。① 这使人们倾向于工具性地使用法律,这或许是一种俄罗斯公民或日本公民不会使用的方式。然而,如果美国人走上法庭,(根据梅里的研究)他们就会发现"自己的法律意识与在那里遇到的书记员、检察官和调解员的法律意识,在微妙的方面有所不同。"②文化,包括法律文化,会随职业、情境和社会阶层的不同而不同。

例如,想想埃里克森研究的沙斯塔县牧场主。③ 从这个和其他研究中能得出这样一个一般观点:尽管关系紧密的群体似乎大相径庭,但却确实共享某些"文化"特点。没有哪两个群体之间的相似度,可以比钻石业的正统犹太教城市人和北加州的牧场主之间更小了,但还是有些情况很相似:关系紧密的群体不喜欢使用正式法律,对"外部人"的干预感到厌恶,根据信任和公平的规范以及是非的内部观念来进行自我治理。

---

① Merry, *Getting Justice and Getting Even: Legal Consciousness among Working-Class Americans*, p. 179.

② 同上。

③ Robert C. Ellickson, *Order without Law: How Neighbors Settle Disputes* (1991).

对这些群体而言,很难把第三类动机(道德因素)从第二类动机(同侪群体)中区分出来。就此而言,区分第三类和第一类(奖惩)也很困难。如果你在关系紧密的群体中不服从规则,你可能会受到惩罚(例如放逐),你会感到同侪群体的压力,你内心的声音也很可能增加你的不适感,除非你已经放弃了该群体的价值和目标。在那种情况下,选择离开多半会让你过得更好,虽然这(在心理上)绝不容易。

所有群体,不论大小,都有在精神态度、信仰和期待模式意义上的法律文化。我们不能认为,法律文化是固定的、相对一成不变的、世代相传的,而不像深层次的文化那样。当然,它在像阿米什人这样的孤立群体中可能是如此。但在广阔的现代城市生活中,文化变革的速度可以相当快,快到令人眩晕。每个大型的移民国家都是一个熔炉。我们就像一列失控火车上的乘客一样,而火车正以几何级别的加速度前进。

商业世界

到目前为止的大部分讨论都是关于个人、关于人的,关于他们为什么会或为什么不遵守、逃避、违反,或以其他方式对法律干预作出回应。或许对窃贼的关注要多于对企业的,虽然我们无论如何都没有忽视商事规制的方式和模式。在现代发达社会中,大量规则、法律和规章针对各种类型的企业,有时候是针对全体企业。现代国家是规制国家。我们有自由市场,是的——这是就总体而言,但我们坚决不要自由放任。于是无数指令、规则、条例、规章和指导原则席卷而来，从州和地方政府、全国政府和像欧盟、世贸组织和国际货币基金组织这样的跨国和国际组织中产生。

大型企业是复杂的有机体，但说到底都是人做决定。从法律上来说，公司是“法人”，但他们不是由机器经营的（还不是）。在一个巨型公司中，遵守证券交易委员会、FDA或平等就业机会委员会的规章可能取决于一大批人的行为，有时候是集体行为。不论如何宣传，一个企业的主要目标还是挣钱，否则就会破产或被竞争对手吞并。经济人可能是某种谬误，经济商人就不是谬误了。成本-收益分析指导着公司的行为：如果守法收益超过了成本，企业就会守法，反之则不。

但事实证明，这是一个过于简单的公式。公司没有良心或者同侪群体，但经营公司的人有。在是否从事企业犯罪的决定中，“规范性因素”或“行为的道德评价”具有很大分量。① 我们提到过的研究中有一些在事实上展示了“受规制的企业”有时“有动力去遵守规制，甚至超出字面上的遵守，不仅因为对法律制裁的恐惧，也因为社会压力和规范”。② 这些规范和压力在大型企业中效果最好，在有“许多透明度低的小型企业”的“小型企业高度竞争的市场”则效果较差。上面这些引用来自一项对货运业的研究。公司规模是影响因

① 这段引文来自 Raymond Paternoster and Sally Simpson, “Sanction Threats and Appeals to Morality: Testing a Rational Choice Model of Corporate Crime,” *Law & Society Review* 30: 549, 554 (1996)。这一结论似乎相当合理，虽然作者试图证明它的方式是通过向商学院学生和“一群参加商学院管理教育课程的企业高管”展示“情境”。

② Dorothy Thornton, Robert A. Kagan, and Neil Gunningham, “When Social Norms and Pressures Are Not Enough: Environmental Performance in the Trucking Industry,” *Law & Society Review* 43:405, 407 (2009).

素之一,“特定细分市场——托运的货物种类、距离,其顾客最想要的服务和价格优惠”亦然。①

对商事规制的研究有很多:什么规制有效,什么规制无效。本书也多次提到或讨论了这个主题。威慑理论——赏罚——显然会发挥作用。同侪影响也会扮演一定角色(例如商人同侪)。或许每个行业都有自己的守法故事,或更一般地说,对法律、规则和规章作出回应的故事:核电站的行为就与捕虾渔民有所不同。但我们还是可以提出:企业也能规范地作出行为,它们也确实会这样做。原则和意识形态在商业世界中也很重要,就像它们在普通人的世界中一样,但不同影响因素的平衡可能并不一样。

目标理论

我们希望前面章节中给出的框架——三类动机——有助于让有关守法和影响问题的讨论更有条理。许多研究也分析了这三类动机,有时候是用不同的名字来指称。② 朱利安·艾蒂安(Julien Etienne)关注了目标问题,认为要理解个人和企业的守法和不守法,分析其目标是有帮助的。③ 目标是一个目的、一个指向,法律有其目标,受法律约束的人也有。艾蒂安提到了三类目标。第一类是“享

① 同上,第426页。

② 包括我自己的书,Lawrence M. Friedman, *The Legal System: A Social Science Perspective* (1975), pp. 67-166。

③ Julien Etienne, "Compliance Theory: A Goal Framing Approach," *Law and Policy* 33:305 (2011). Siegwart Lindenberg and Linda Steg, "Normative, Gain and Hedonic Goal Frames Guiding Environmental Behavior," *J. Social Issues* 63:117 (2007).

乐”目标，也就是说“在完成任务中取得快乐和/或刺激”。我们做某些事情是因为它们使我们快乐，同时避免做使自己感到悲伤的事情。与“享乐”目标相反的是“愧疚、愤怒、耻辱和不适”。[①] 第二类目标是“收获”，简言之就是得到奖励、避免惩罚。第三类目标是“规范性”目标，也就是做正确事情的冲动。目标也可以是混合的。

收获相当明显地映射到我们的第一类动机（赏罚），规范性目标映射到我们的第三类。问题在于享乐目标，它部分映射到第二类（同侪群体），特别是艾蒂安提到避免耻辱也是享乐。然而，享乐的目标似乎在三类动机之间摇摆不定。例如，享乐者十分焦虑地想避免他所害怕的处境，但他对什么感到焦虑呢？首先是惩罚，但这会把我们带回赏罚的动机。艾蒂安也提到了“来自同侪的……鼓励”与“自尊和骄傲的呼吁”。[②] 因此，享乐的目标似乎混合了所有三种动机，虽然它不太重视同侪群体影响。

义务的作用

在创制规范和影响规范方面，正式法律具有一定作用，但它主要是反映既存的规范。社会中的其他规范性命令会调节法律的影响。宗教是其中之一，与各种各样的现象都显著相关，从泰国的侵权之诉到智利的离婚，再到阿富汗的自杀式炸弹袭击者。律师、医生和其他职业人士都有自己的伦理准则，医生把医学伦理规则内化了，大多数

① Etienne, “Compliance Theory,” p. 310.

② 同上，第 317 页。

医生是出于一种义务感而遵守这些规则的,这些规则给出了医生的义务。在职业准则中也有一个首要而隐含的义务:以职业标准从事工作的义务。塔拉索夫案困扰精神科医生的部分原因在于:医生们感到它与治疗的标准与实践相冲突,并因此也与职业伦理相冲突。

加拿大的安大略省要求教育工作者和社会工作者报告被忽视、被遗弃的孩子和任何虐待儿童的案件。但在采访中,教育工作者和社会工作者一致承认"老师们经常不报告虐待和忽视的情况"。他们知道这部法律,也认可它,但他们中有些人认为报告是背信弃义的,教师需要与学生和家长建立信任,"报告虐待或忽视孩子的行为"破坏了"与家长之间的关系"。据一个社会工作者说,报告是"令人痛苦的"。一些老师把它视为"可怕的背叛"。[①] 在这里,职业伦理和职业义务感无视了守法义务。

传递讯息

在本书的前面部分,我强调了传播的重要性:无人知晓的法律没有影响。我讨论了讯息的类型,讯息的形式可能产生什么影响,哪些有用,为什么有用。传播在其他方面也很重要。正如我们所见,威慑罪犯的(如果有什么能够威慑的话)并非惩罚本身,而是对惩罚的认知。传播影响这一认知。当国家努力打击某种行为并发起宣传活动时,关键在于影响威慑曲线的形状和性质。它通过各种传播手段来

① Kelly Gallagher Mackay, "Teachers' Duty to Report Child Abuse and Neglect and the Paradox of Noncompliance: Relational Theory and 'Compliance' in the Human Services," *Law & Policy* 36:256, 257, 278 (2014).

达到这一点，因为一个有效的宣传运动至少要到达它的受众。讯息通常是有关严厉性的：更多惩罚、更大执法力度、更多确定性、更为严厉，更不用提迅速性了。以不得酒驾的警告为例，这类讯息经常也带有一种道德色彩，比如说酒驾是错误的行为，不仅仅是违法的行为。根据具体运动及其目标，道德讯息可能比惩罚讯息要更强有力，有时候也更有效。

一般而言，影响取决于讯息的所有方面：既有惩罚和可能的激励，也有规范的道德、伦理或政策意涵。传播也是所有三类动机——赏罚、同侪群体效应和内心情感——中的一个影响因素。把同侪的看法告诉人们，在许多情况下都会产生影响。当然，道德讯息也会有类似的效果。

总的来说，道德规范可能是预先存在的：良心已经在一个人的心中了。但传播仍然重要。一个人可能选择做某个宗教的虔诚信徒并听从其命令——这是首要的决定。但实际行为可能取决于许多因素，例如对权威的信任。一个正统犹太人只吃犹太食品，但她不会知道旗鱼或鹿肉是不是犹太食品，除非她视为权威的某人告诉她有关这些食物的犹太教义裁决。

是否存在第四类动机？

到本章为止，我列举了大量“第三类”概念和动机——正当性、道德、公平、信任和爱国主义。许多人们日复一日的行为（包括法律相关行为）并不能被干净利落地归入这些范畴中。这三类动机没有包含我们需要用以解释行为的一切。有一些行为模式“强调我们做了而没有留意的选择”,[①]我们出于习惯、习俗、传统或仅仅因为其他人这样做而做的事情。这些全都不是有意识的选择,而是由习惯、懒惰、惯性或未经考虑的行为模式所导致的行为。在一个普通的日子里,一个人起床、洗澡、穿衣、吃早饭(或不吃)、去上班;他开车、与人交际、购物、工作、游玩。他做的这么多事情都没有经过成本-收益分析、有意识的选择、明显的同侪压力或对所作所为的道德意义有所感觉。[②] 然而,法律制度一直伴随着这个人,例如交通规则。司机服从交通信号(可能有时候不服从),但为什么?是的,她不想被开罚单;是的,她认为这样做是对的;但这也是因为习惯和训练。

“习惯”或“惯性”当然可以用成本-收益的术语进行分析:当我们说我们出于习惯而做事情 X 时,我们说的是假如改做事情 Y 是不值得的。但“习惯”接近于“习俗”,而“习俗”接近于文化,接近于具有持久力量且大概有效或至少并非无效(否则它们就不会延续到今天)的行为模式。因此以成本-收益分析来讨论习惯、惯性、习俗或传统似乎是不对的。例如在停车标志前停车的行为:它不是出于宗教或爱国热情,通常也没有警察在附近,或许我们认为这样做是对的,或许它可以用避免事故的方式进行分析,或许它只是我们从第一次学会开车以来就一直在做的事情。我们也可以主张,只要行为是无

① 该表述来自 Mark C. Suchman, “Compliance Theory: Rational, Normative and Cognitive Perspectives in the Social Scientific Study of Law,” 1997, *Wisconsin Law Review* 475, 482。

② Lawrence M. Friedman, “Norms and Values in the Study of Law,” in Aristides N. Hatzis and Nicholas Mercuro, eds., *Law and Economics: Philosophical Issues and Fundamental Questions* (2015), pp. 32, 34-35.

意识的，它就不属于对影响的讨论，因为完全就没有影响存在，法律是或不是什么都与此无关。正如马克·萨奇曼（Mark Suchman）所言，它是“某种偶发现象”，而且立法和行为之间的关系是“虚假的，不是因果关系”。①

在某种意义上，习惯、潮流等无法被分析，笼罩在神秘之中：为什么裙摆变长变短？为什么男人穿戴或不穿戴帽子和领带？为什么肥大的裤子成为潮流？为什么棒球帽要反过来戴？为什么委内瑞拉人突然喜欢上寿司？为什么墨西哥人喝可口可乐？遵守规则的行为显然不只是潮流或习惯，其中有许多可以通过我们的三类动机进行分析。但还有一些行为包含了所有三种动机——或都不包含——而且最好被描述为人们就这么做了，这些行为几乎是本能的，但还不完全算。

可以肯定的是，法律也是“建构性的”，在现实的社会建构中发挥了作用，通过帮助塑造基本事实和基本制度的概念，而影响了我们思考（和行动）的方式：例如婚姻和离婚、雇主和雇员、“所有”权和“法定货币”这些制度。② 它是使人们接受世界的本来面目的因素。法律以这种方式，间接地产生“影响”，但都是微妙且无意识的影响。因此，未经思考的行为就会是法律涟漪效应的一部分。

---

① Suchman, "Compliance Theory," p. 487.

② Suchman, "Compliance Theory," p. 487.

第9章

各种因素的冲突与协调

到目前为止,我们主要讨论了是什么使人们对法律(规则、原则或规章)作出回应。人们服从法律(如果他们服从的话),是出于一种或多种动机。他们在这样做的同时,也推进或阻碍了法律的目标或目的。

所有法律干预都有某种目的或目标,而这一目标可能塑造了用以执行该规则的手段或法律干预的具体形式。举劝阻人们吸烟的目标为例:国家可以对烟草产品征收重税,也可以试图说服人们吸烟不健康,还可以呼吁吸烟者的公民意识,例如,警告二手烟的危害,或吸烟者对公共卫生体系施加的负担。国家可以限制在公共场所吸烟,禁止在飞机上吸烟,社会也可以尝试污名化吸烟者或羞辱他们,还可以通过坚持使用警示标签和禁止烟草产品广告的方式,来试着影响传播过程。这些手段非常有效,特别是在发达国家。其累积效应已使吸烟"非正常化",把它变成了一种异常,去除了其魅力。在这些手段有效的范围内——它确实有效——人们逐渐开始轻视吸烟和吸烟者。它们给人们施加了同侪压力让他们戒烟,或至少不在其他人在场的情况下吸烟。① 吸烟者们逐渐感受到反对的压力,感受到"被遣

---

① 关于这一运动和"非正常化",参见 Eric A. Feldman and Ronald Bayer, "The Triumph and Tragedy of Tobacco Control: A Tale of Nine Nations," *Ann. Rev. Law Soc. Sci.* 7:79 (2011)。"胜利"大多发生在发达国家;"悲剧"则是南非这些国家的成功就少得多。

责、孤立、剥夺权利和受到排挤”。[①]

禁烟运动可能是某种特例和特殊的成功。与肥胖(另一个公共健康问题)做斗争似乎提出了一个更难的问题,很难运用法律手段(例如四处征税和公共卫生运动)来解决肥胖问题。毕竟,禁止公共场所吸烟是一回事,强迫人们锻炼身体或通过打击薯片的法律就几乎不可能了(而且极不受欢迎)。[②] 此外,吸烟是一个单一、分散的行为,不健康行为则普遍得多。这一目标——使人们更健康——受到广泛的认可,但到目前为止,使芝士汉堡“非正常化”的政策还没成功过,或许也永远不会成功。

所有三类动机都很重要,这一点受到普遍的承认。研究结果差不多都证明,在决定法律影响方面,所有三类动机都具有重要作用。经济学家喜欢用成本和收益的方式进行解释,喜欢威慑理论。你可以把同侪压力和道德考虑塞进“一个新古典主义的理性选择模型”,通过把反对视为成本、把内疚或耻辱视为另一种成本的方式达到这一目标。但这使得“新古典主义的理性选择模型”变得根本没有意义,或成为循环解释。更明智的做法是,承认“成本和收益的考量”对“已被道德观念强烈抑制”的行为不起作用。[③] 这一论断来自一个试

① Robert A. Kagan and Jerome H. Skolnick, "Banning Smoking: Compliance without Enforcement," in Robert L.Rabin and Stephen D. Sugarman, eds. , *Smoking Policy: Law, Politics, and Culture* (1993), pp. 69, 79.

② Scott Burris and Evan Anderson, "Legal Regulation of Health-Related Behavior: A Half Century of Public Health Law Research," *Ann. Rev. Law. Soc. Sci.* 9:95, 105 (2013).

③ Raymond Paternoster and Sally Simpson, "Sanction Threats and Appeals to Morality: Testing a Rational Choice Model of Corporate Crime," *Law & Society Review* 30:549, 554 (1996).

图考察企业犯罪(或至少有此倾向)的研究。该研究得出了一个并不令人意外的结论:“触犯企业犯罪的决定,主要且直接受决策者个人对该行为成本收益的评估、耻辱感及其道德感情的影响。”①简言之就是受所有三种动机的影响。

一般而言,当三种因素一起发生作用时,我们可以期待它们相互加强。大多数人出于所有三种原因而不去偷窃、抢劫或入室盗窃。他们知道入室盗窃风险很高、可能会受罚,也知道入室盗窃行为会使其家人和朋友受到羞辱,也当然会知道偷窃别人的财物或他们辛苦挣来的钱完全就是错的。正如我们所认为的,具有三重支持的规范是非常有力的,威慑曲线会很快变平。这种类型的双重或三重支持在社会中十分常见,甚至必不可少。我们说过,仅凭强力不能使人守法,仅凭同侪压力或道德也不能,毕竟总有入室盗窃的人,或许他们首要的同侪就是其他窃贼,而窃贼似乎不会因其所作所为的道德性而睡不着觉。但要使入室盗窃率尽可能保持低水平,我们就需要所有三种动机。

这个观点也有一个镜像对应:如果威慑很弱、同侪压力缺失,且人们对所涉行为没有良心不安,那么法律的影响就会极小,甚至完全没有。乱穿马路就是个好例子。乱穿马路者无忧无虑地穿过街区之间的街道,除了在罕见的打击运动期间,没人会去抓(甚至试图去抓)

---

① Raymond Paternoster and Sally Simpson, “Sanction Threats and Appeals to Morality: Testing a Rational Choice Model of Corporate Crime,” p. 577. 这项研究就像许多其他研究一样,没有直接研究“企业犯罪”;相反,研究对象——商学院学生和参加商学院管理教育项目的企业高管——得到了一系列“情景”,然后问他们对此的回应如何。

他们。社会反对的程度很低。乱穿马路可以节约时间，它没那么糟糕，不伤害任何人，每个人都这么做，有什么不对呢？因此，认真对待乱穿马路就需要加大制裁，或许也要发起某种打击运动。严厉执法和巨额罚款可能会产生作用，没有这些，我就不敢打赌说会有什么大的影响。

想想因加·马克维茨所描述的东德法律生活中的二手车黑市买卖。它是完全非法的，但没有什么值得一提的执法可言。城镇里好像没有人反对，而且买家和卖家似乎都不认为他们在做任何道德上有错的事情。所有三类动机一起发生作用，创造了一个繁荣的非法市场。

但如果这些因素相互冲突，会发生什么？也就是说，当一个人受到一个以上压力的影响，但这些压力的作用方向相反时，会发生什么？例如，一个年轻的黑帮成员受到黑帮的巨大压力去一起从事违法活动，但他的母亲——一个虔诚的女人表示强烈反对并哀求他离开黑帮。没有什么一般规则可以告诉我们，是这个母亲还是这个黑帮会胜出。

一些研究试图评估不同动机之间的冲突，试图搞清楚哪一个影响力更大：例如惩罚的威胁、对道德感的呼吁，还是其间的某些其他冲突。在一项研究中，两名研究者随机抽取了一些成年人并提问：首先，他们是否可能在自己的所得税上做点手脚、酒驾或偷一些小东西（价值低于20美元）。承认自己可能犯下这些罪行的研究对象接着被问道：他们是否对此行为“感到羞愧”？“你重视其意见的人”是否会失去对他们的尊重？以及研究对象是否认为自己可能被捕？请注意,这三个问题对应于我们的三类动机。这些研究对象也被问到:可能的愧疚感、同侪的反对或惩罚的风险对他们是否会构成一个大问题。在这个特定研究中,耻辱似乎比同侪的影响力更大。①

另一项研究给三个社会学班上的学生布置了小测验。② 学生们被允许给自己的测验打分,但老师是可以知道他们是否作弊,学生不知道这点,结果他们中有许多人确实作弊了。在实验过程中,老师告诉一个班级的学生:他们有不作弊的道德义务,作弊是不公平的,老师希望他们遵守规则。另一个班级的学生则被告知:已经有了对作弊的投诉,一次突击检查发现了一例作弊行为,而且作弊者将受到惩罚。(第三个班级,也就是控制组,什么也没被告知。)结果显示,道德呼吁毫无影响力,(暗示的)惩罚威胁则有。

1980 年发表的另一项研究③抽样调查了美国西南部一个城市(很可能在俄克拉荷马州)的成年人。研究对象被询问了有关"参与八种非法行为"的问题,例如小额盗窃(价值低于 20 美元——这似乎是一个常见的数额——的商品)、非法赌博、乱丢垃圾、使用违禁烟火、骗税和酒驾。他们是否犯过这些罪行或他们是否可能去犯?然后,研究者让他们估计自己因这些犯罪而被捕的概率,也让他们想象自己被捕且被认定有罪以后,他们的生活会遇到多大的麻烦。接下

① Harold G. Grasmick and Robert J. Burski Jr., "Conscience, Significant Others, and Rational Choice: Extending the Deterrence Model," *Law & Society Review* 24:837 (1990).

② Charles R.Tittle and Alan R. Rowe, "Moral Appeal, Sanction Threat, and Deviance: An Experimental Test," *Social Problems* 20:488 (1973).

③ Harold G. Grasmick and Donald E. Green, "Legal Punishment, Social Disapproval, and Internalization as Inhibitors of Illegal Behavior," *J. Criminal Law and Criminology* 71:325 (1980).

来,他们被问到“你最了解的五个成年人”对此所持的反对意见。最后,他们被问到他们认为,从事这些犯罪是有时候是错的、通常是错的、总是错的、还是完全没错。

结果并不令人意外。例如,研究对象认为他们偷东西比乱丢垃圾更可能被捕,也认为偷东西比乱丢垃圾应受到多得多的社会反对。但奇怪的是,他们自己强烈反对乱丢垃圾——甚于赌博和非法烟火。①

显然,这些研究的作者有一个重要的目标:测算并比较三类动机的相对强度。但他们证明了什么呢?例如,俄克拉荷马州的研究关注特定国家的特定城市在特定时间的一群特定的人:这种局限性可能是不可避免的。但还有更严重的问题:以上八种“犯罪”不是能使公民感到害怕的犯罪,有些完全是微不足道的。当然,你基本没法这样调查俄克拉荷马州的好人们,问他们是否经常去炸毁大楼,他们未来做这些事的概率有多大,其他人是否反对这些行为:他们要回答有关轻罪的问题,这是个必然。这些研究没有、也不可能得出任何一般结论。这基本上是因为三类动机是三个集合,不是单一、固定、稳定的东西,没有办法对它们进行一般比较。你必须问:什么道德呼吁、哪个同侪群体、何种赏罚,以及相比于其他类别的什么方面。正如我们所见,道德呼吁和同侪群体形式各样,赏罚亦然。

当一个人说“乱丢垃圾总是错的,但我还是这么做了”时,我们能从中得出什么结论?显然,这并不像是说“杀人总是错的,但我还是

① 同上,表1,第331页。

这么做了”,没有人会那样说,在谋杀问题上道德承诺的水平要深得多。乱丢垃圾可能是错的,但这是跟吃薯条对节食者是错的一样。道德承诺在不同问题上差别巨大。相同的观点适用于对惩罚的恐惧,乱丢垃圾可能给你带来小额罚金,但它不会给你留下犯罪记录;盗窃或骗税的后果就可能更严重了;杀人的后果最严重。你根本不能假定可以拿所谓“惩罚”和所谓“同侪压力”或“良心”作对比。你同侪的反对也是随不同问题而不同的,或强或弱,取决于反对有多大,且反对来自何人。想想你告诉你母亲“我在街上丢了一张纸,因为太懒了就没把它放进垃圾桶”和“我想抢银行”之间的区别。

这同一种问题困扰着试图搞清楚如何使人们遵守规则的研究。“对新泽西州、爱荷华州和俄勒冈州的15岁以上人口进行大型调查”的一项研究意在评估并理解“违规行为”,①但所涉规则包括了某些中度重罪(“故意伤害某人”或“骗取所得税”)、某些似乎不这么严重的行为(“对你的配偶或情人说谎”)。研究对象被问到他们是否可能做出这些行为(大多数人说自己从没违反过所涉的规则,而且不可能去做这些事情)。研究对象也被问到了他们的道德立场、他们的“社会整合”程度(他们结婚了吗?他们爱国吗?他们认识很多人吗?)、他们是否受到“社会失范”的困扰(他们认为自己生活在一个公平的社会中吗?他们会不会欢迎一场革命?),以及或许是最重要的,他们是否认为自己会被捕受罚?并不令人意外,就不同种类的犯

① Charles R.Tittle, “Sanction Fear and the Maintenance of Social Order,” *Social Forces* 55:579 (1977).

罪而言结果有所不同。同样不令人意外的是,惩罚的威胁会有影响(至少人们是这样说的),社会反对亦然。“行为对某人的效用”是另一个“估计未来违法行为的独立预测因子”,[①]也就是预测做这件事是否值得冒这个险。再说一遍,你根本不能从这项研究中得出任何一般结论。把具体形式的惩罚和具体形式的道德呼吁进行比较的研究,在确定哪种禁烟或反肥胖运动可能奏效时会是有用的,但没办法直截了当地比较不同类别动机的力量。

在许多情况下,不同因素可以在不同时段而非同一时段进行检验。实际上,这是我们从各种运动和严打中学到的东西。增加或补充一项惩罚,你就会得到某个结果;放松执法,你就会得到一个不同的结果。如果完全停止执法,那么你确实能得到的守法水平(当然,守法的人不会少)一定是第三类动机中某个方面的结果。此前我们提到了对纽约市外交官交通罚单的研究。许多外交官都小心翼翼地遵守规则,其他外交官自知不会被罚款,想停哪儿就停哪儿——人行横道、消防栓,随便什么地方——而且想什么时候停就什么时候停。终于,在2002年,纽约市忍无可忍,得到了授权,可以用剥夺外交牌照的方式来惩罚惯犯,违规停车马上急剧减少——几乎少了98%。这种做法真的抚平了威慑曲线,第一类动机(赏罚)拯救了薄弱且不充分的第三类动机。[②]

---

① 同上,第589页。

② Raymond Fisman and Edward Miguel, “Corruption, Norms, and Legal Enforcement: Evidence from Diplomatic Parking Tickets,” *Journal of Political Economy* 115: 1020 (2007).

挤出效应

我们注意到,一些法律试图通过给举报非法活动(例如贿赂政府)的人提供赏金的方式来鼓励举报,虽然人们也有把欺诈和其他不端行为告诉当局的道德义务。提供奖赏会有帮助吗?当然,提供奖赏是一种常见手段:警察给可能有助于破案的信息提供奖赏,给举报行为提供奖赏应该也有用。但在某些情况下的奖赏会产生反作用:它会“挤出”道德动机,也就是说,会抑制举报中的道德因素。① 当人们可能感到有义务去举报时,提供赏金可能淡化“行为的道德维度”,②而这到头来可能会适得其反。

一项研究试图检验这一观点。研究者给研究对象提供了一个场景:想象你在为一家大型建筑公司工作,公司签了一个以固定价格修建公路的大合同,但你偶然发现公司在用比它所承诺的更便宜的原材料,它没有检测这些原材料,而且还以其他方式违规,结果政府要为该项目支付比预计金额多1000万美元的资金。③ 研究对象被分为八组:某些组给举报者提供低额赏金(1000美元);其他组提供非常高额的赏金(100万美元);某些组被告知他们有法律义务,不论有没有高额或低额赏金;两个组被告知他们有防止报复的保护措施;一个

① David Freeman Engstrom, "Whither Whistleblowing? Bounty Regimes, Regulatory Context, and the Challenge of Optimal Design," *Theoretical Inquiries in Law* 15:605 (2014).

② Yuval Feldman and Orly Lobel, "The Incentives Matrix: The Comparative Effectiveness of Rewards, Liabilities, Duties, and Protections for Reporting Illegality," *Texas Law Review* 88:1151 (2010).

③ Yuval Feldman and Orly Lobel, "The Incentives Matrix: The Comparative Effectiveness of Rewards, Liabilities, Duties, and Protections for Reporting Illegality," Texas L. Rev. 88:1151 (2010).

组被告知没能举报的话会导致一笔高额罚金。研究结果“明确”证实了挤出效应：“低额赏金损害了而非有利于有义务时进行举报的个人意愿。”①换句话说，感到有举报义务的人如果得到一些（但不是很多）赏金，事实上会更不愿意去举报。另一方面，如果他们得到了大笔的钱，挤出效应就会消失。但在我看来，这些结果并不是特别异乎寻常，差别似乎很小，而且不管怎么说，研究对象都是在对虚拟情境做回应——对小故事做回应。这将如何转化为现实生活的行为，总是值得怀疑的。

尤里·格尼茨（Uri Gneezy）及其同事报告过现实世界的“挤出”经历。在以色列的许多日托中心里，父母接孩子时经常迟到，给这些中心造成了困扰。为解决这个问题，为什么不向迟到的家长收取罚款呢？根据标准经济学理论，这样会使家长为迟到付出更高代价。既然迟到的“价格”升高了，那么家长接孩子就应该更少会迟到。但罚款事实上产生了反作用：有更多家长迟到而不是更少，这是为什么？因为家长把罚款视为迟到的代价，但只是代价而已，再无其他——迟到被商品化了。没有“愧疚或耻辱……附着于任意购买商品的行为”，②按时来接孩子的道德义务消失了。③ 迈克尔·桑德尔（Michael Sandel）举过另一个例子。一个瑞士小镇上的居民被请求批

① 同上，第1197页。

② Uri Gneezy and Aldo Rustichini, "A Fine Is a Price," *Journal of Legal Studies* 29:1 (2001)；也参见 Uri Gneezy and John A. List, *The Why Axis: Hidden Motives and the Undiscovered Economics of Everyday Life* (2013), pp. 19–21.

③ 去掉罚款以后，行为并没有回到原来的状态——或许是因为“罚款”永久性地改变了家长对日托中心工作人员职责的看法；或许他们认为工作人员的职责包括照顾孩子，直到家长到来，即使家长迟到也是这样。

准在小镇上盖一座核废料场,绝大多数人表示同意。但居民接着被问道:假设如果核废料场被批准,那么议会会给这个议案增加一笔赏金——每年支付给居民。结果支持率惊人地下跌了:现在只有25%的居民表示愿意——人们拒绝被"贿赂"。[①]

简言之,有经验证据支持"挤出"效应,但在很大程度上取决于具体情况。实际上,道德原则可以比激励或惩罚更为有力。如果给行为标了一个价格,就"把一个情境从社会问题转化为金钱问题了"。[②]这个论断引自尤里·格尼茨及其同事的一份文献综述。金钱激励可以改变人们评价某些特定行为的方式,可能通过标定行为价格的方式"挤出"道德动机。他们以一种异乎寻常的方式表达了这个观点:假设你遇到了"一个有魅力的人",然后过了一会儿,你说:"我非常喜欢你,想和你共度良宵。"你也可以换一种方式:"我非常喜欢你,想和你共度良宵,为此我也愿意付给你20美元!"他们讽刺地补充说(格尼茨是个经济学家):"只有某一类经济学家会预期你的伴侣在第二个情境中更开心。"[③]我们大多数人不是经济学家,会认为哪种方法都不可能奏效,但我们能够理解这一观点。

---

① Michael Sandel, "Market Reasoning as Moral Reasoning: Why Economists Should Re-Engage with Political Philosophy," *J. Economic Perspectives* 27: 121, 133 (2013). 也参见 Thomas S. Ulen, "Law and Economics, the Moral Limits of the Market, and Threshold Deontology," in Aristides N. Hatzis and Nicholas Mercuro, eds., *Law and Economics: Philosophical Issues and Fundamental Questions* (2015), pp. 203, 209. 有关"商品化"影响的很多争论可以追溯到这个经典研究:Richard Titmuss, *The Gift Relationship: From Human Blood to Social Policy* (1971)。

② Uri Gneezy, Stephan Meier, and Pedro Rey-Biel, "When and Why Incentives (Don't) Work to Modify Behavior," *Journal of Economic Perspectives* 25: 191, 201 (2011).

③ 然而,他们又补充说:"(无条件地)提供价值20美元的鲜花可能真的会让你想追求的伴侣更高兴。"

"挤出"在什么时候会真的发生？有证据表明，如果激励（例如金钱）足够大，挤出效应也会被挤出。但如果关系是私人性的，那么道德考虑就具有支配性地位，在这种情况下给一笔钱就有可能适得其反。[①] 一些学者（尤其是布鲁诺·弗雷）主张："外部干预"（例如金钱报酬）不仅可能导致挤出效应，还可能导致"溢出"效应。[②] 也就是说，法律的影响会在其他方面和其他情况下受损。想想在以色列日托中心发生的事情，假设把迟到商品化不仅使家长更可能迟到，也使他们更不可能在平时主动帮忙——这就是一个溢出效应。商品化会对行为产生一般性影响，然而，这一观点还没得到经验的检验。

未执行或执行差的法律被认为是创造了另一种溢出效应。如果政府没能执行法律A，那么法律A的遵守情况可能会变差，但这一影响是否溢出到法律B、C和D了呢？在一项经典研究中，赫伯特·帕克（Herbert Packer）主张："只被偶尔执行"的刑法可能损害"对法律的尊重"，任性的执法会滋生"疏离感"，[③]未予执行挤出了守法的一般义务。在许多情况下，最好直接丢弃这些执行很差的法律。相关经典案例永远是国家禁酒令这个1920年代的"崇高实验"。完全执行禁酒令是政治上不可能、社会上不可接受的，于是执法行动零星且混乱。我们之前提到过，在禁酒令期间发生了夸张的市政腐败。酒被加拿大或国际水域中的船只带到边境，地下酒吧在城市中极其常

① 参见 Bruno S. Frey, *Not Just for the Money* (1997), p. 26，弗雷的书在一般的层面上处理了挤出效应问题。

② 同上，第10—11页。

③ Herbert L.Packer, *The Limits of the Criminal Sanction* (1968), p. 287.

见,自制酒(私酿酒)随处可得,这个国家的大部分地方都充斥着酒精。[①] 滴酒不沾者为使禁酒令能被人们接受而进行了英勇的斗争,但他们失败了。在十多年以后,禁酒令修正案被另一条修正案废除,"崇高实验"被丢进了历史的垃圾堆。

禁酒令的失败是否产生了溢出效应?它是否滋长了对法律更一般的不敬并导致了更多违法?当然,禁酒令打开了某些集团犯罪的大门,这是艾尔·卡彭(Al Capone)和其他歹徒的盛世,他们利用非法的酒类生意赚得盆满钵满。一般而言,集团犯罪会在非法但受欢迎的商品上兴旺发达,例如今天的毒品交易。但我们有理由对溢出效应保持怀疑,毕竟未予执行、任意执行和偶尔执行在任何社会都不少见。问题在于:产生了什么结果。至少一项基于心理学实验的研究显示,"认知到的法律不公"可能会降低"对法律的一般性尊重"。[②] 但这一结论的适用范围有多广?拿在禁酒令期间去地下酒吧喝啤酒的白领工人为例:他可能厌恶禁酒令,可能认为这是一个可怕且腐败的错误,可能怀疑警察、市政官员甚至禁酒官员是腐败的,但他是否就更可能从他老板那里挪用公款、打老婆或骗取所得税呢?我很怀疑。

假设一个共同体没能执行反超速的法律,司机可能会看轻交警,但他们不会去抢银行。未予执行可能诱使他们去酒驾,他们可能做出更多次非法掉头或更经常超时停车,但在每种情况下,即使有溢出

---

① 很多著作研究了有关禁酒令的复杂历史。例如,Daniel Okrent, *Last Call: The Rise and Fall of Prohibition* (2010)。

② Janice Nadler, "Flouting the Law," *Texas L. Rev.* 83:1399 (2005).

效应，也仅限于相关领域。禁酒令的惨败可能溢出到了相关领域：例如吸毒或一般的恶法。澳大利亚有一项针对纳税人的研究，受访者都面临巨额补缴税款和处罚，并认为所有这些都极度不公，至少有一个受访的纳税人显示出“对税法系统具有更极端蔑视的迹象”。他说他会给自己雇用过的每一个“木工、水管工或电工”付现金，“这样他们就不需要报税”，而这对他而言意味着胜利，因为这会使税务机关“损失更多一点”。[①] 但这发生的频率如何，而且发生到什么程度却是不清楚的。另一方面，如果法律整体上没被执行、执行很差或执行过程腐败，腐败和愤世嫉俗就会成为一种生活方式。总体上说，来自腐败国家的外交官是那些对纽约市交规最漫不经心的人。[②]

溢出效应是否会起反向作用呢？对法律A严格有效的执行是否会改善法律B的遵守状况？这有一部分是著名的“破窗”理论背后的理念。这是一个在纽约市得到显著应用的犯罪打击手段：地方当局严厉打击轻微犯罪：跳过旋杆逃地铁票的人、犯下轻微破坏行为的孩子或臭名昭著的“擦玻璃者”——他们通过以擦挡风玻璃并据此要钱的方式来纠缠司机。（根据这一理论）对小的违规行为零容忍，会产生巨大的收益：它使城市生活更宜居，大的犯罪也因为打击小的犯罪而减少。这一手段是否有效？结果还不清楚。纽约市和其他尝试该方法的城市的犯罪确实减少了，但其他从没采用该手段的城市的

① Katrina Murphy, "Procedural Justice and Tax Compliance," *Australian J. of Social Issues* 38: 379, 395 (2003).

② Fisman and Miguel, "Corruption, Norms, and Legal Enforcement."

犯罪也减少了。[1]

交税

在对税务合规的经典研究中，理查德·施瓦茨和索尼娅·奥林斯（Sonya Orleans）试图使道德呼吁和惩罚威胁相互对抗。[2] 一组纳税人被问到的问题意在支持基于道德理由的守法意愿，希望唤起从负罪感到“在政府最重视的活动中支持政府的爱国主义愿望”的各种动机。例如，这组人被告知：“极重要的项目缺乏数亿美元资金”是因为有些人没能交税。另一组被告知了违反税法者会受到的惩罚，其目的在于以威胁来恐吓这一组人。此外还有一个对照组。施瓦茨和奥林斯评估了其研究对象的态度。为了研究的目的，他们也可以查明这些人的纳税申报是否有任何不同。不同显然是存在的：威胁组和道德组的守法水平都比对照组更高，而且呼吁良知比制裁威胁更为有效。

然而，这种影响不算巨大。而且后来对纳税行为的一项研究（1991）的结果完全不同。[3] 这一次的研究对象是纽约长岛的纳税人，大多数是同意参与实验的男性（76%）。一组人看了一部强调税法背后“规范性原则”的录像带，里面谈了公平、社会责任和爱国主

---

① Franklin E. Zimring, *The City That Became Safe: New York's Lessons for Urban Crime and Its Control* (2012).

② Richard D. Schwartz and Sonya Orleans, "On Legal Sanctions," *Univ. of Chicago L. Rev.* 34: 274 (1967).

③ Kathleen M. McGraw and John T. Scholz, "Appeals to Civic Virtue versus Attention to Self-Interest: Effects on Tax Compliance," *Law & Society Review* 25:471 (1991).

义。另一组看了一部有关纳税计划的录像带,谈了纳税策略、最小化纳税的方法和避税,强调“积极进取”的纳税计划。该研究发现:“没有证据显示规范性和自利的处理方式会对纳税行为具有影响,不论是纳税人的报告还是官方记录所显示的信息皆然。”①对自施瓦茨和奥林斯以来的一份研究回顾得出了类似的结论:试图比较威胁和道德话语的研究要么结果微不足道,要么没有结果,要么结果互相冲突。评论者巴拉克·艾利尔(Barak Ariel)自己也做过研究,是有关(以色列)企业而非个人的。② 一组企业得到了警告信,告知不遵守税法可能导致严重惩罚,这封信把新的审计方法说得特别可怕。另一组企业得到的信则说不遵守税法会损害社会,税金被用于好的公共用途。艾利尔可以得到看信前后的行为数据——有关销售总额、(增值税)税款和税收减免的数据。这个研究中也有一个巨大的控制组。

结果基本上是什么也没有。似乎哪一封信都没有产生多大效果。艾利尔自己指出了这项研究存在的一个重大问题:研究的公司是随意选择的,没有任何迹象表明它们中的任何一家是骗税者。但如果它们中的大多数都是诚实纳税人,那么它们就不需要做任何改变——它们已经在支付其应交税款了。信件只能影响可能被这些信

① Kathleen M. McGraw and John T. Scholz, "Appeals to Civic Virtue versus Attention to Self-Interest: Effects on Tax Compliance," p. 485. 法律显然对人的态度有影响。例如,看了强调规范性原则录像带的人渐渐相信这个制度是公平的;另一方面,看了另一部录像带的人“更可能搜寻信息并在税收季讨论税收”,第492页。但实际的纳税行为并未改变。

② Barak Ariel, "Deterrence and Moral Persuasion Effects on Corporate Tax Compliance: Findings from a Randomized Controlled Trial," *Criminology* 50:27 (2012).

件诱导去改变其纳税申报的部分公司。[①] 简而言之,威慑曲线已经变平了。而且这些研究都受我们已经注意到的一个问题的困扰:你只能把特定的一种威胁和特定的一种良知或道德呼吁进行对比。除此以外,你无法得出任何一般结论。

现代政府对税收有极大的欲望,所以学者(和政府)对税务合规问题感兴趣毫不令人意外。政策可能严厉,也可能宽松,哪种方式效果最佳?严厉可能适得其反,可能或多或少"挤出"了按时且全额交税的道德冲动。对纳税人表示宽松或至少表现出不具威胁性的态度,并强调纳税的正当性和社会价值,可能会产生更好的结果。一项在维也纳进行的研究用虚拟情境描绘了一个虚构的国家(托夫兰)。该研究针对的是态度,是关于对行为的预测而非行为本身。[②] 常识——并非总是一个好的指导——告诉我们(这一研究也表明),两种手段都确实有用:信任、公平和爱国主义义务,以及另一方面——偶尔动用的铁拳。

税收研究总体而言是相当有局限性的,这也无可厚非,纽约州长岛市的纳税人和亚利桑那州或澳大利亚的纳税人可能具有不同的群体特点,更不用提西西里(或维也纳)的纳税人了。而且不同地方的执法水平从来都是不同的。对纳税人所做的实验是否能得出适用于酒驾司机、窃贼或贪污犯的结论也是极其令人怀疑的。从其他文化

---

① 同上,第56页。

② Eva Hoffmann et al., "Enhancing Tax Compliance through Coercive and Legitimate Power of Tax Authorities by Concurrently Diminishing or Facilitating Trust in Tax Authorities," *Law & Policy* 36: 290 (2014).

中的经验复制可能产生一般规则——例如对发达国家纳税行为的一般规则,以及不同种类的动机对这种(或某些其他)特定形式的法律行为之影响的一般规则,这是我们到目前为止可以期待的最大结果了。

读者们很可能已经注意到:许多比较不同因素或试图评估其相对影响的研究,是对人们说了什么的研究——对态度而非行为的研究。行为是从态度中推断出来的。实际上只有一些研究试图考察行为,比如施瓦茨和奥林斯的研究,以及一些有关税法遵守的后续研究,确实得到了有关实际纳税的信息。在一项更早的研究中,一位波兰的社会学家问人们:当红灯亮起且四周没车时他们是否会穿过马路。大约 40%的人说他们从来不会,还有 1/3 的人说自己偶尔为之:这或多或少就是人们最终的实际行为。为什么有这么多人守法? 大约 16%的人说害怕罚款,略多于 1/3 的人说自己喜欢"秩序",大约 1/5 的人说这就是个习惯。① 这使我们想起了对劝说客人重复使用酒店毛巾和床单的运动所做的研究。在那个研究中,略显奇怪的是,对良知的呼吁(请拯救环境)不如有关同侪的信息有效果,包括一组奇怪的"同侪",也就是此前在同一房间住过的人们。显然,与别人"具有共同点",甚至是生日、指纹这类或"物理空间"这种看上去无

① Jerzy Kwasniewski, "Motivation of Declared Conformity to a Legal Norm," *Pol. Soc. Bull.* No. 1, 74, 76 (1969).

关的共同点,都确实会“引发意想不到的强大归属感”。[①] 前述德克萨斯州反乱丢垃圾的运动中,对爱地方主义的呼吁可以产生比其他种类的道德呼吁更好的效果。[②] 再一次,我们必须谨慎地假设,在德克萨斯州公路或美国的好酒店里管用的方法,不一定在其他规范冲突或合作的情况下依然管用。

反抗(Defiance)

我们可以把挤出效应视为对威慑理论的一个重要限制:在某些情况下的金钱激励并不会提高遵守水平。这是由于它们对我们的第三类动机——良知、心理动机——产生了特殊的影响。当挤出效应发生时,它可能会扭曲威慑曲线的形状。

一个类似的现象是劳伦斯·谢尔曼(Lawrence Sherman)所谓的“反抗”。惩罚有时候确实会增加反抗,因为它引发了人们的消极回应,导致他们反抗法律。[③] 这在什么时候会真的发生?谢尔曼提出了一些具体情况:当罪犯“认为制裁行为不正当”或当他们“与制裁机构和社区联系很弱”时,在这些情况下,罪犯很有可能“否定”他的

---

① 该研究是 Noah J. Goldstein, Vladas Griskevicius, and Robert B. Cialdini, "Invoking Social Norms: A Social Psychology Perspective on Improving Hotels' Linen-Reuse Programs," *Cornell Hotel & Restaurant Administration Quarterly* 48:145 (2007)。

② Richard H. Thaler and Cass R. Sunstein, *Nudge: Improving Decisions about Health, Wealth, and Happiness* (2008).

③ Lawrence W. Sherman, "Defiance, Deterrence, and Irrelevance: A Theory of the Criminal Sanction," *J. of Research in Crime and Delinquency* 30:445 (1993).

"耻辱",也就是说,他不会感到自己有任何罪过。① 比如说,一个年轻人因鲁莽驾驶而被捕后,受到了虐待、咒骂和羞辱,感到自己和警方与"制度"疏远了。这一观点认为,他可能更易于而不是更不易于再犯相同或其他的犯罪。我们知道,歧视、绝望和警方的虐待是恐怖主义生长的土壤。美国的少数社群经常(非常合理地)感到警方具有种族歧视倾向,或许这也产生了反抗。

谢尔曼区分了"特别或个人的反抗"和"一般反抗"。特别反抗是"一个人对他自己所受惩罚的回应"。例如,谢尔曼提到了对一家芝加哥酒吧里的人所做的研究。他们中有些人有工作,有些人没有。有工作的人急于"不计代价地避免与警察发生冲突",如果他们被捕,就可能会失去工作。其他人,比如"流氓",非常享受与警察过招,他们吹嘘这些较量,主动挑起"和法律的冲突,来证明自己是个硬汉"。② 一般反抗是"一个群体或集体对其一个或更多成员所受惩罚做出的回应"。③ 受到警察虐待而成为惯犯的人会表现出极度反抗,一般反抗可能解释在某些情况下城市暴动的爆发。洛杉矶曾有警察暴力殴打了一个黑人罗德尼·金(Rodney King),被人用摄像机录下。当陪审团在1992年无罪释放了涉事警察时,暴动爆发了。④

---

① 同上,第448页。

② Lawrence W. Sherman, "Defiance, Deterrence, and Irrelevance: A Theory of the Criminal Sanction," p. 451. 谢尔曼提到了 Elijah Anderson, *A Place on the Corner*, 2d ed. (1978)。Anderson 研究了混迹于芝加哥南部的酒吧和酒类商店的人。其中一群人——安德森称之为流氓——"把可能与警察的遭遇视为肯定自己的机会",第72页。

③ Sherman, "Defiance, Deterrence, and Irrelevance," p. 459.

④ Seth Mydans, "900 Reported Hurt," *New York Times*, May 1, 1992, p. A7.

1979年对丹·怀特(Dan White)的审判也引发了旧金山的城市暴动。怀特杀死了旧金山市长乔治·莫斯科尼(George Moscone)和第一位公开出柜的同性恋监督员哈维·米尔克(Harvey Milk)。怀特被控一级谋杀,但只被判处了过失杀人罪。判决引发了旧金山的“怀特夜”暴动。①

还有许多不那么严重的反抗事例。在1990年代的澳大利亚,数千名纳税人采纳了被吹捧为非常省钱且(被告知)完全合法的纳税计划。税务机关在犹豫不决了许多年以后,认定这些计划是非法的;他们认定投资者要对补缴税款、利息和罚款负责。这对纳税人而言是一个巨大冲击,事先没有收到任何警告的投资者们认为这些程序太不公平了。他们“不知所措、非常困惑、特别生气”,②许多人直接拒绝支付欠款。当然,他们最终可以被强制还款,但在很大程度上,这些反抗源于他们所认为的对程序正义的违反。更好地处理这个问题本可以产生更少反抗和更多合作,但就像那句老话所说,你不能欺骗一个诚实的人。这些纳税人急切地寻求减税的方法,他们可能从一开始就感到“不满”了。或许后来这些事情提高了反抗的水平,但可以想见,这一水平本来就已经非常高了。

反抗理论类似于挤出效应,听起来是合理的。在某些情况下,一

---

① Les Ledbetter, “San Francisco Tense as Violence Follows Murder Trial,” *New York Times*, May 23, 1979, p. A1.

② Kristina Murphy, “Procedural Justice and Tax Compliance,” *Australian J. of Social Issues* 38: 379, 390 (2003).

些人会以反抗来对制裁作出回应。[①] 制裁的程度会产生影响，想想"非暴力"的案例，被压迫的群体——南非种族隔离时期的有色人种、从1950年代晚期到1960年代的非裔美国人——主要使用非暴力的方法来反抗体制：静坐、游行、甘地式的抗议手段。更多制裁——特别是逮捕——不会使抗议结束，甚至可能产生反效果，使抗议者更加大胆，并提高了他们的地位。这些反叛者会为他们的反抗感到骄傲：他们在为一项崇高的事业而受难。

反抗手段有时候可能是极其有效的，但仅针对特定类型的政权和某些特定情况。美国曾经发生过对南方民权领袖的暴力行为，甚至谋杀。南非的种族隔离政权曾毫不犹豫地对纳尔逊·曼德拉和其他反抗领袖使用残酷、暴力的方法。但最后，反抗被证明是有效的，在美国南部和南非都是这样。然而，这部分是因为所涉政权虽然很可怕，但至少表现出某种最低限度的克制。另一方面，在纳粹德国，反抗则没有也不能产生作用，任何以行动或言语反抗政权的人都会直接被迅速而无情地处死。

具体是什么构成了反抗？极端形式是很清楚的，不那么极端的形式就不清楚了。现代民主国家容忍不满、批评，有时候甚至还容忍有原则的公民不服从行为。现代社会是多元主义的，民主其实就是多元主义，是百花齐放的承诺：少数族群享有权利，异见不受压制，所

---

① 詹姆斯·弗里曼(James Freeman)、波比·里欧西斯(Poppy Liossis)和尼基·大卫(Nikki David)研究了澳大利亚的酒驾司机——一些真正的累犯，试图检验反抗理论。结果基本是否定的。"Deterrence, Defiance and Deviance: An Investigation into a Group of Recidivist Drink Drivers' Self-Reported Offending Behaviours," *Australian & New Zealand J. of Criminology* 39:1 (2006).

有的声音都应当被倾听,所有的宗教都应当被宽容,可以成立政党,表达不同的意识形态和政策,代表不同的群体。

但这些当然都是有限度的。异见可以被接受,但革命就不能。宗教必须遵循特定的规则行事。在伊斯兰国家,男人可以娶4个妻子,法国或德国就只承认一个。美国政府对摩门教多妻制感到愤怒与恐惧,尽管教会领袖主张多妻制是他们的宗教义务,于是国会制定了一个比一个严厉的继承法来消灭犹他州的多妻制。在1870年代晚期的雷诺兹诉美国案(*Reynolds v. United States*)①中,最高法院就面临摩门教多妻制的政教问题。教会主席的秘书乔治·雷诺兹(George Reynolds)娶了第二个妻子后被指控并被定罪。最高法院维持了对他的定罪,拒绝承认多妻制是一项宗教义务。最终,摩门教会宣布放弃多妻制。一个世纪后,在之前提到过的威斯康星州诉约德案(*Wisconsin v. Yoder*)②中,最高法院表现了更宽容的态度:威斯康星州的保守阿米什门诺教会成功抵制了让孩子接受高中教育的要求。阿米什的孩子上8年学就够了,进一步的学习威胁了阿米什人的生活方式。老阿米什人的保守生活方式沉浸在古朴和贫穷中,闪现出了似乎让最高法院感到目眩的浪漫光辉。

总结一下:就总体而言,有关不同类别动机之冲突的研究是令人失望的。一些研究依靠实验、虚拟情境或对小型或非典型群体的调

---

① 98 U. S. 145 (1878).

② 406 U. S. 205 (1972).

查,而非真实世界的经验。一些研究与其他研究相互冲突,一些研究结果并不坚实。总体来说,这类研究成果寥寥。最根本的问题我已经提到了:三类动机并非坚硬、尖利、统一的。每一类本身是一个集群,每一类都由不同的动机和情感组成,每一类的内部成分都有不同的规模和形式。给人们100万美元,他们就能去做不会为一把硬币去做的事情。① 挤出效应是真实的,但如果你给足了钱,你就能把挤出效应也挤出去。相比于注射死刑的威胁而言,超时停车罚款5美元的威胁影响自然更小。

适用于制裁的结论,也适用于同侪压力或纠缠不休的内心道德声音。一项研究显示,"预见到犯罪会招致耻辱"的年轻人会稍微不那么可能向"违法的同侪影响"屈服。而且如果他们面临羞辱、反对和惩罚的威胁,这些因素一道会成为某种保护他们免于参与犯罪的疫苗。② 没错,但实际上不存在单一的"同侪压力",存在的是特定同侪和特定压力。在某些黑帮、某些像阿米什人那样的封闭社会,或特里斯坦-达库尼亚那样的老岛上,同侪压力确实是决定性的。在某些社会和某些时期,家长是绝对君主,违逆或触怒家长是不可想象的。在其他社会就完全不是这样。而且当同侪只是其他人(比如说与你住过同一酒店房间的陌生人)时,压力肯定就相当轻了。

"道德主张"也不是单一的,而是极其多样的。一个殉道者愿为

① Feldman and Lobel, "The Incentives Matrix."

② Ruth X.Liu, "The Moderating Effects of Internal and Perceived External Sanction Threats on the Relationship between Deviant Peer Associations and Criminal Offending," *Western Criminology Review* 4:192 (2003).

事业而反抗国家法律并牺牲,没有什么能比他的信念更强了。给他10 美元、1000 美元,甚至 100 万美元都可能不会使他丢掉炸药背心。但要让人们循环用纸的话,是告诉他们这是他们的责任更好,还是用罚款威胁他们更好呢?很难说。罚款数额多大?被捕概率多高?威胁人们是否会使他们感到怨恨并心生反抗?

这个世界充满了道德运动,有些成功了,有些没有。道德主张也会随时间而变化。相比于运动开始时,现在有更多人在循环利用报纸。人们有了更强的紧迫感,更可能感到我们可怜的星球遇到麻烦了:这个讯息已经被灌输进他们的脑袋,这时的道德主张就变得更强了。在公共场所吸烟和酒驾的问题也发生了相同的改变。然后习惯就主宰一切了,系安全带几乎成了自觉行为。便利性也非常重要:如果在每个角落都有回收箱,就会有更多人愿意回收利用。如果越来越多地方禁止吸烟且严格执行,就会有更少人在这些地方吸烟,或许能让更少人吸烟。

文化与人格

这些动机在不同社会、不同共同体中都有所不同。我们已经给出了许多例子,但引用的大多数研究都是美国的,于是留下了一个挥之不去的疑问:它们是否只对美国人有效,对哪些美国人有效?只对今天的美国人(相对于昨天或明天)吗?原则上,文化会产生影响,但有多大影响?我们之前指出:文化概念本身就是难解且模糊的。在我看来,在现代世界,文化迅速且有力地融合在了一起,至少在发达国家是这样的。诚然，日本、智利和芬兰的文化远不相同，没法保证这些国家的人会以同样的方式作出回应。例如，交规就是这样：意大利司机的鲁莽（据说）臭名昭著，美国司机就守法得多。交通事故率在不同国家也有所不同。但盯着这些差异就会忽略融合与统一的全局。中世纪日本和中世纪瑞典的差异，比现代日本和现代瑞典大得多。所有的现代国家都有汽车文化，各地的交通规则基本相同：红绿灯、限速、高速公路车道，等等。相似性不仅在规则层面有所体现，在遵守规则的层面，相似性都远大于差异。至少，这是一个合理猜想。

哈罗德·格拉斯米克（Harold Grasmick）和小林惠美子（Emiko Kobayashi）试图对这三类动机进行检验，这次是在日本。① 他们的研究对象在日本一家大学医院工作（医生被排除在研究范围以外）。他们被问道：如果他们在工作中犯了各种错误，比如午饭或午休时间过长、迟到早退、滥用病假规则等，可能会发生什么？他们会感到耻辱或尴尬吗？是否认为自己会"被上司发现"并受惩罚？因为日本文化"更具有集体性"，研究者预期日本人会比美国人更突出地表现出尴尬。但事实上，耻辱胜过了尴尬，就像在美国一样。

当然，通常的怀疑仍不能免。这项研究可能告诉我们一些有关日本医务工作者的情况，可能告诉我们一些对午休过长或早退之态度的情况，但它没有且不能向我们展示的是：耻辱比尴尬更强有力，或任一（单一）因素比任何其他因素更重要，原因我们已经说过了。

① Harold G. Grasmick and Emiko Kobayashi, "Workplace Deviance in Japan: Applying an Extended Model of Deterrence," *Deviant Behavior: An Interdisciplinary Journal* 23:21 (2002).

另一方面,这种研究确实展示了世界文化的融合:格拉斯米克和小林本以为他们会发现日本和美国之间的某种文化差异,但他们并没有发现——这不是一个微不足道的结果。然而请注意,两个(现代)国家的情境之间具有巨大的相似性——医院、医学、医疗技术的使用、医疗实践的制度结构。这一融合是使这一研究成为可能的首要因素。

对请求意识、起诉意愿等等这类东西的研究,对“文化”和“人格”都进行了预设,而且很难分开这二者。人格当然是极为个人化的,但还是有众数人格(modal personality)类型、人格模式。就好比身高和体重也是极为个人化的,但还是有平均而言身高更高的社会,以及体重更重和更轻的社会。

三类动机显然是以不同的方式影响不同的人。一些人是风险爱好者,一些人是风险规避者,一些人则是风险中性者。风险规避者相比于风险爱好者而言,很可能对惩罚的威胁更敏感。大多数人在成长过程中接受了大多数社会规范,一些人则发展成暴力性、进攻性、反社会的人格。

我之前讨论过古特福利森和赫胥的研究,[①]他们主张:自我控制能力低下和短期而非长期的思考,是犯罪行为和一般违法行为的来源。一个掌握了基本经济学常识的潜在窃贼,会立即放弃入室盗窃。他能从闯进寻常人家中获得的收益,肯定要比 10 年监禁的风险更

① Michael R.Gottfredson and Travis Hirschi, *A General Theory of Crime* (1990).

小，虽然我们已经看到，窃贼都很不擅长估算风险。因对方羞辱了他或入侵了他的地盘而一怒之下杀了某个敌对帮派成员的黑帮年轻人，可能会获得短暂的满足感、复仇的光辉或其他帮派成员的肯定，但他冒了坐穿牢底或被敌帮杀死的巨大风险。马多夫搞了个庞氏骗局，现在他要坐一辈子牢了。

人格结构就像文化一样，可能也在融合。或许还会存在典型的美国人、巴西人或意大利人——或上层尼日利亚人——这一众数人格会是独特的，但各地的差异都在缩小。有时钟的社会和没有时钟的社会具有显著差异，但时间感和时间的意义已经融合了，而这只是真正全球化的当代生活的许多方面的一个例子。诚然，不同社会中曾有也仍有心理和人口统计特征上的巨大差异，典型的窃贼不像典型的注册会计师或医院护士。出于这个原因，相比于大量的数据分析而言，民族志似乎经常更能解释法律行动。一个好的民族志学者更有机会进入在真实情境下犯真实犯罪或在真实社会中提起（或不提起）真实诉讼的真实的人的脑袋。

是什么在推动着窃贼去行窃？他为什么这样做？这件事很冒险，其报酬似乎并不值得。古特福利森和赫胥会说窃贼在控制冲动方面有困难，这可能是真的。窃贼就像持枪抢劫犯一样，可能需要想办法维持自己的毒瘾。实际上，窃贼通常没有其他办法获得他们所需的金钱。但这笔钱不只是用于生活开支，也是用来显摆、显威、炫耀的。对某些窃贼而言，偷东西是一种兴奋，一种嗨的感觉。扒手可能为了寻求刺激而扒窃，简单直接。一个学生说，扒窃“对我而言几乎就是性高潮”；一个小偷说偷窃“令人兴奋”，唤起了“一种非常像对性的期待的感觉”;[①]一个窃贼说,“我过去常常”从智胜当局这件事中“获得乐趣……和迷醉”。[②] 一个叫“马克”的德州窃贼说,每次闯进一间房子时都非常“嗨”。“因为我不嗨的时候……就太怕了。”他从没“真正计划过一次入室盗窃”,但有时候,“我就是到处逛逛然后找到一间看起来空荡荡的房子。”马克进进出出监狱许多次。他的兄弟这样说:“马克在自由的世界里永远不会成功。他永远学不会。”[③]但这些人很少(如果有的话)谈论他们所作所为的道德方面,偷窃可能是错的这件事,似乎从来没有成为他们计算的一部分。[④]

在对圣路易斯市持枪抢匪的研究中,大多数人认为自己别无选择。低薪苦力活儿是他们能够找到的唯一的合法工作。正如一个抢匪所说:“我身无分文,我需要钱。”[⑤]他们担心过被捕吗?他们知道这是有可能的,但就像一个抢匪所言:“我尽力不去想这个,因为如果我想太多的话,我可能就会说服自己或吓得自己不去做(抢劫)了。”[⑥]而且就像窃贼一样,持枪抢匪没有道德愧疚。“我没觉得过意不去……因为我没钱而(受害者)……有钱。”[⑦]如同窃贼一样,一些抢劫犯觉得这种生活和这种行为非常刺激。这些人追求“放纵生

① Jack Katz, *Seductions of Crime: Moral and Sensual Attractions in Doing Evil* (1988), p. 71.

② 同上,第231页。

③ Jack Katz, *Seductions of Crime: Moral and Sensual Attractions in Doing Evil* (1988), p. 116—118.

④ Paul D. Cromwell, James N. Olson, and D'Aunn Wester Avary, *Breaking and Entering: An Ethnographic Analysis of Burglary* (1991).

⑤ Richard T. Wright and Scott H. Decker, *Armed Robbers in Action: Stickups and Street Culture* (2003), p. 46.

⑥ 同上,第119页。

⑦ 同上,第125页。

活”，而研究者认为，这一追求“不仅仅是符号性或戏剧性的”，相反，它成了罪犯自我认知的核心。他们的目标是：酷、炫、“潮”，追求享乐。他们喜欢上流生活、喜欢展示自己，但这些都需要钱、现金。这就产生了“街角资本主义”。[①] 类似地，以色列非法赌场中的赌徒在赢钱的时候体验了某种高潮（从不持久），赢钱让赌徒感觉“自己是国王！我想做什么就能做什么。”无须多言，这种感觉会很快消失，但上瘾的赌徒就会一直赌到穷，有时候还会自杀。[②]

对英国街头抢匪的一项研究点出了类似关键词：绝望、毒瘾、犯罪的“迷醉”和刺激，以及认为偷窃是正常生活方式的街头文化。这些街头抢匪顺从了“追求快钱以购买毒品、酒精或各种状态提升物的欲望”。他们下定决心“不去过罪犯的生活，而去维持一种特定的享乐生活方式”。[③] 你不能从中排除理性的选择，毕竟，这些人有经济上的动机：归根结底，他们偷的是钱。他们也力图远离监狱并相应地安排他们的活动。但社会和文化情境也很关键，成本收益分析并不能解释他们的行为。因为街头抢劫“在冒着可能伴随而来的漫长刑期风险却只得到很少现金的意义上，似乎经常是……不理性的”。[④] 对田纳西州偷车贼的访谈，发现了熟悉的动机：兴奋、快钱、放纵生

① Bruce A. Jacobs and Richard Wright, "Stick-up, Street Culture, and Offender Motivation," *Criminology* 37:149, 165 (1999).

② Moshe Bensimon, Alon Baruch, and Natti Ronel, "The Experience of Gambling in an Illegal Casino: The Gambling Spin Process," *European J. of Criminology* 10:3 (2013).

③ Richard Wright, Fiona Brookman, and Trevor Bennett, "The Foreground Dynamics of Street Robbery in Britain," *British J. of Criminology* 46:1, 12 (2006).

④ Richard Wright, Fiona Brookman, and Trevor Bennett, "The Foreground Dynamics of Street Robbery in Britain," p. 13.

活、别无选择的感觉、活在当下,甚至是成就感(一个偷车贼说:“能够逃脱惩罚,我的意思是,一旦逃脱就会让我浑身起鸡皮疙瘩。”)。总而言之,汽车盗窃是“街头享乐文化的产物”。[①] 对身份窃贼——一种臭名昭著的现代犯罪——的访谈也回响着类似的主题:快钱的诱惑、过上流生活的冲动,也有纯粹的刺激。[②]

这些在街头和其他犯罪地点的丰富生活记录,当然没有给我们提供一个一般犯罪理论的材料,甚至连创设一个在特定社会特定时间的犯罪的理论,或具体社会的具体犯罪以外的理论都做不到。它们确实给我们提供了在其他方面很难得到的洞见,但无疑仅限于罪犯。我们没法进到非窃贼者和非扒手者的头脑里,这数百万人从来没有把枪对着什么人的脸并索要现金和钱包。大概这些人也包含了本书的读者,以及我自己。

这些研究的对象是在我们大多数社会中的小型群体、少数群体的成员。威慑曲线已经变平,而他们是少数留在威慑曲线顶端的人;他们也是同侪群体曲线和良知曲线的留存者。这些研究告诉我们,至少在现代社会,谁在曲线变平以后还留了下来,以及为什么留下来:这是非常有价值的信息。对于抢匪、窃贼和偷车贼而言,不论我们怎么评价他们,作为道德盾牌、使大多数人免疫犯罪冲动的内心声音是缺失或有缺陷的。同侪群体是缺失的、无力的,或在更大程度上

---

① Heith Copes, "Streetlife and the Rewards of Auto Theft," *Deviant Behavior* 24:309 (2003).

② Heith Copes and Lynne Vieraitis, "Identity Theft: Assessing Offenders' Motivations and Strategies," in Paul Cromwell and Michael L. Birzer, *In Their Own Words: Criminals on Crime*, 6th ed. (2014), p. 124.

作用完全相反：他们的朋友和同事也是罪犯，或至少是宽容犯罪生活的男男女女。制裁确实有用，但显然不够有效，没能使窃贼不去入室盗窃。对其他种类的罪犯——内幕交易犯、贪污犯、空气污染者、强奸犯——做丰富的民族志研究，并把这一研究扩展到更多社会和文化是非常好的一件事情。

对不同类别动机相互冲突的研究，让我们学到的是相当消极的一课：冲突发生后的结果很难预测，而且不同类别的动机也彼此互动。迈克尔·温策尔（Michael Wenzel）在早期研究的基础上谈了“法律制裁可被用来抑制犯罪的三种一般过程”。[①] 第一是威慑，法律制裁及其“内在”的力量；第二是“规范性确认”，即“法律制裁增强犯罪行为道德错误性的认识”，换句话说，非法性和惩罚威胁是告诉人们某种行为有错，并确认或增强对该行为的道德反对的信号或标志；第三是“社会调节的威慑过程”，人们评价并污辱被捕受罚的罪犯，这是一种同侪效应，如果一个人认为没有人会在他出狱以后雇用他，那么他就可能会避免让他坐牢的行为。

混合的动机是常见甚至是正常的，动机和认知也会相互影响。纳税人可能觉得自己有交税的义务，也可能害怕被捕，还可能担心其他人对自己可能的看法。而且我们指出过，使事情变得更复杂的是：纳税人就像窃贼和所有其他人一样，没办法知道他们是否会被捕，也

① Michael Wenzel, "The Social Side of Sanctions: Personal and Social Norms as Moderators of Deterrence," *Law and Human Behavior* 28:547 (2004).

不知道相应的后果可能是什么。根据一项研究显示，具有强烈责任感的纳税人会高估被捕的风险。如果是这样的话，道德义务就会影响并加强惩罚威胁的威慑效应。① 对窃贼而言可能正好相反：对偷窃没有内疚感的窃贼可能会低估他被捕的风险，因此，这会削弱可能受到惩罚的威慑效应。

使用、不使用和影响的真实世界

我们已经提出了这样一个问题：在什么情况下，人们会服从或不服从法律，或根据法律调适其行为？许多例子来自刑事司法，但我们说过，影响问题在法律的其余领域也很重要：合同法、侵权法、知识产权法、商事规制。在此，我们可以提出有关使用、不使用、误用和调适的问题：一个病人在什么时候以及为什么会对贻误手术的外科医生提起诉讼？谁会起诉离婚？谁会制定遗嘱？谁会申请专利？谁会投诉房东？

理论上，这里的分析与刑法领域基本一样：也有激励或抑制，同侪群体不管怎样都会施加压力，人们会对公平、信任、道德、正当、爱国和宗教热情作出回应。对每种民事诉讼而言，都存在一种类似威慑曲线的曲线：这一观点构成了威斯康星学派法律行动研究中金字塔概念的基础。必然有一座医疗事故的金字塔：在几千个坏结果中，只有一些产生了请求，产生诉讼的就更少了。

---

① John T. Scholz and Neil Pinney, "Duty, Fear, and Tax Compliance: The Heuristic Basis of Citizenship Behavior," *Am. J. Political Science* 39:490 (1995).

就法律的使用与否而言,文化产生了显而易见的影响,人格亦然,而且人们的回应会随时间而变化。在某些社会中骗税是非常流行的,在其他社会就不那么流行:这是为什么? 一些因素是文化上的,一些似乎是结构性的。执法手段也很重要:执法有多严格? 税务机关是否打开了妥协的大门? 文化和制度结构深深影响着诉讼率:起诉是困难还是容易? 法院程序是否容易进入,是便宜是贵? 判一个案子是要花 10 年,还是快速且有效率? 但除此之外,这是不是一个具有权利意识的社会? 如果某人在停车场倒车撞到了你的车,你会提起诉讼还是“逆来顺受”? 在恩格尔夫妇的研究中,泰国清迈的事故受害者由于文化和宗教而没有寻求赔偿(因果报应信念和佛教形态的影响)。① 一个在美国生活和工作的瑞士朋友丢了工作,我建议他申请失业补助金,他拒绝了,因为他说这在瑞士文化中是耻辱、丢脸的。这可能只是他自己的性格使然,也可能真的是瑞士人的总体情况。请求任何收益的程序是否令人愉快、是官僚主义还是有效率,会对潜在的请求者产生巨大的影响。

许多本该制定遗嘱的人从没制定过遗嘱:为什么? 或许是因为无知,也可能是因为不愿意去找律师,或只是拖延。制定遗嘱费时费钱,它意味着思考死亡,而人们讨厌这样做。我们已经看到,默认规则非常重要:懒惰和惯性会落在选择的哪一边? 我们知道,认为离婚有罪的人和幸福的伴侣不会在意离婚是否容易、成本低。无过错离婚鼓励了离婚,但只是对不幸福的伴侣而言。对入室盗窃的更高惩

① David S. Engel and Jaruwan S. Engel, *Tort, Custom, and Karma* (2010).

罚,只会对窃贼产生影响。著名的堕胎判决罗伊诉韦德案①主张:女性享有堕胎的宪法性权利,至少在怀孕的头几个月享有。但大多数女性当然更愿意怀孕期满生下孩子。就像谋杀和入室盗窃一样,每个法律领域、每个法律制度都有自己的威慑曲线。

对车祸作出回应与决定起诉你的上司性别歧视、制定遗嘱、申请离婚或申请破产具有不同的运作机理。报告你的公寓里发生了入室盗窃和报告性侵犯,也具有不同的运作机理。所涉的实际法律或规则可能是分析的起点,但行为取决于本书中讨论过的因素:传播和不同类别的动机。

收益和成本深深影响着法律的使用与否。一个法律援助项目可以资助想投诉其房东的房客或帮助某人与移民局角力。胜诉酬金使美国的侵权受害者有可能找到代理自己案子的律师。如果侵权受害者不论输赢都必须按小时给律师付钱,那么她起诉的可能性就会大大降低。福利国家、社会保险、社会安全网络,这些也对法律的影响具有巨大的作用力。破产法则减轻了失败的后果:假设一对夫妇开了一家新餐馆,结果就像大多数新餐馆一样失败了,然后他们走上了破产法庭;但现在不像狄更斯时代的伦敦,没有债务人监狱,这对夫妇可以重新开始。破产法是一种社会安全网络,就像马戏团里的安全网一样,鼓励冒险,减轻失败的后果——从高空秋千上掉下来并不意味着丢掉性命。

保险是现代社会的普遍特征:人寿保险、事故保险、汽车保险、存

① 410 U. S. 113 (1973).

款保险。它是一种社会安全网络,会对法律遵守和法制要素的使用产生影响。没有责任险的话,我们开车是否会有所不同?保险行业在 1990 年代引进了一个新产品:雇佣行为责任险。它承保了种族歧视、性别歧视、非法解雇和性骚扰的索赔请求。保险公司不只是保险,也提供服务——热线、表格、政策、清单——帮助顾客解决法律和规章问题。因此,它们成了"民事权利在案例和制定法中的规定与民事权利被雇主实施和执行的情况之间的法律中介"。[①] 但是其主要功能、首要功能还是承保责任和损失。在我们的社会中,保险功能影响着我们的行为方式,它必须和制度结构与文化一起综合考虑。

道德通道和敌意违法者(Moral Passages and Enemy Deviants)

影响是一个动态过程。法律制度随着社会的变化而变化,其影响也会改变,会起起落落:一条规则在 A 时间具有一种影响,在 B 时间具有另一种影响。传播系统会改变,执法水平会改变,民众态度也会改变。想想罗伊诉韦德案的影响。[②] 法院几乎废除了所有有关堕胎的现行州法。该判决对想要终止其妊娠的女性具有直接影响,对医生和计划生育诊所也具有影响,它使堕胎更安全更易得;但副作用也存在:数百万人相信且继续相信堕胎实际上是谋杀,这一信念具有政治后果,导致了一定数量的强烈反弹。在 1950 年代和 1960 年代,受到强烈反对的学校隔离案现在已经不容改变了,至少其间接影响

① Shauhin Talesh, "Legal Intermediaries: How Insurance Companies Construct the Meaning of Compliance with Antidiscrimination Laws," *Law & Policy* 35:209, 234 (2015).

② *Roe v. Wade*, 410 U. S. 113 (1973).

已经随时间而大大增强了。而罗伊诉韦德案没有发生这种变化,其接受程度在政治上已经停滞多年。

当然,长期的影响或接受程度是无法预测的,只能用后见之明来解释。在接受同性恋权利——甚至同性婚姻——方面出现的惊人变化,在很大程度上要归功于媒体、同性恋权利运动、同性恋人群的可见性、同性恋者出柜、大学生在其寝室看到同性恋者、某些教堂的接受度,等等,但其变化速度已经十分令人惊讶。作为民权运动和民权法的结果,种族关系也发生了改变,虽然更缓慢一些,而且还不完全。在此,媒体也发挥了作用。堕胎就另当别论了:虽然也有过一次堕胎权运动,但堕胎本身还是非常私人化的,很少有女性公开表示自己曾经堕过胎,宗教反对势力仍然强大,争议双方在这么多年以后,还是或多或少处于僵持状态。

在大多数发达国家中,抽烟的人越来越少。相关法律发挥了作用:限制销售、使用和广告,道德和健康运动可能发挥了更大作用。曾经,大多数人都吸烟,电影明星带动了这个潮流,吸烟是很酷的。今天,吸烟已被非正常化了,在许多圈子中不被社会所允许。[①] 在反酒驾的斗争中已经使用过运动、打击、罚款甚至监禁。打击产生了效果,但这些效果随时间而衰退。[②] 例如,反酒驾母亲协会这样的组织为妖魔化、非正常化酒驾行为付出了巨大努力,警察部门也加入其

---

① Feldman and Bayer, "The Triumph and Tragedy of Tobacco Control."

② H. Laurence Ross, *Deterring the Drinking Driver: Legal Policy and Social Control* (1982), p. 111; Alexander C. Wagenaar et al., "General Deterrence Effects of U. S. Statutory DUI Fine and Jail Penalties: Long-Term Follow-up in 32 States," *Accident Analysis and Prevention* 39:982 (2007).

中。不要期待像这样的道德运动会带来迅速的回报,但它们有时会产生缓慢、长期的影响。安全带起初遭遇了巨大阻力,执法、教育和宣传合力使系安全带的行为变得正常。有些办法似乎是有用的,对大多数人而言,系安全带现在已经是一个习惯,系上你的安全带已经变得几乎是自觉行为。简言之,"道德通道"很常见:特定行为的道德状态的改变。这些道德通道可以彻底改变法律的影响。约瑟夫·古斯菲尔德在一篇有趣(且相关)的论文中,描述了四类"违法者"。① 悔改的违法者是虽然认为规则正当却还是违反了规则的人。病态的违法者正如其名,就是不能控制自己。见利忘义的违法者是自私的,为了个人利益而违反规则,大多数窃贼可以归入这一类。在古斯菲尔德看来,最危险的类别是敌意的违法者。这些违法者目中无人、桀骜不驯。他们以一种典型窃贼不会使用的方式来攻击规范。在同等条件下,敌意的违法者威胁社会秩序或政权,扒手、贪污犯甚至连杀人犯都不会这样。越南危机期间焚烧征兵卡、拒绝登记兵役并闹事的反战积极分子力图改变外交政策、结束战争,或许甚至还想改变政治结构。圣战分子不像扒手和窃贼,其目标是扰乱、分裂和破坏。自杀式爆炸袭击者、革命者、杀死异教徒的宗教狂热者是敌意的违法者,圣雄甘地和纳尔逊·曼德拉也是。

每个社会都创制了法典,并且都希望法典能产生影响,并会采取相应措施。完全的遵守从未发生,社会必须容忍一定数量的违法。

① Joseph R. Gusfield, "Moral Passage: The Symbolic Process in Public Designations of Deviance," *Social Problems* 15:175 (1967).

警察、税务审计员和规制者一起把违法给控制住,社会规范和道德法典是他们最强大的同盟。一个国家可以容忍窃贼,只要他们有够多的人被捕,只要没发生普遍的入室盗窃,就像健康的灌木或树林即使有蚜虫和蚧也能存活,只要鸟儿能吃足量的这些虫子来保证灌木和树存活一样。恐怖袭击就另当别论了。窃贼的数量可能比恐怖分子多,但对恐怖分子而言,人们的容忍水平更低。潜在的劫机者就更少了,人们花了数十亿美元来确保他们远离飞机。

我做因为我能

我们已经看到,法律影响是一个复杂的社会过程。它首先取决于传播。一旦一部法律被传播出去,人们作出回应的决定会被我们讨论过的三类动机所塑造:赏罚、同侪影响和内部动机。而每一类动机都是复杂的。

机会——实际的情境——对影响而言也非常重要。司机要是有把车钥匙落在车里的坏习惯,就会使偷车变得更容易,而且车更可能被偷。诚然,我们大多数人无论如何都不会去偷车,但准备好、愿意而且能偷车的人会占没锁车门或没拔钥匙的粗心司机的便宜。人们生活的方式、地点、来往的方式、社会组织的方式,这些和许多其他因素都能增加或减少犯罪的机会。相比于受代扣代缴制度(一个突出的四叶草)约束的雇员而言,收取现金报酬的人(例如兼职水管工)

有骗税的“结构性机会”。[①] 如果小额诉讼法院的一个分支机构设立在公寓大楼的拐角处，大多数房客不会在乎，但其中一两个可能对百货商店提出诉讼请求；如果法院距离他们有 50 英里并且办公时间也不方便，他们可能就不会这么做了。

劳伦斯·科恩(Lawrence Cohen)和马库斯·费尔森(Marcus Felson)都已经强调过他们所谓“日常活动”在对犯罪率的任何分析中的重要性。他们主张，犯罪率取决于三个“最小元素”：有倾向犯罪的人(“有动机的罪犯”)、可得的受害者(“合适的目标”)和“有能力护卫者的缺席”。即使有动机的罪犯和有能力的护卫者数量保持恒定，犯罪率也可能因为更多或更易得的目标而提高。[②] 例如，相比于上日班的工人而言，上夜班和在黑夜里回家的人更容易受到犯罪的侵害。相比于整天到处都是人的房子而言，白天没人在家的双职工家庭更容易被人入室盗窃。

事实上，窃贼找的就是空房子，那些很少人守卫的房子(也就是说没有警惕的邻居)，[③]全世界都这样。[④] 被很多茂盛灌木包围的独立式住宅、没有狗和防盗警报器的房子亦然。虽然所有这些都不能解释为什么窃贼选择了偷盗的生活方式，但机会和潜在受害者的“日

① Loretta J. Stalans, Kent W. Smith, and Karyl A. Kinsey, “When Do We Think about Detection? Structural Opportunity and Taxpaying Behavior,” *Law & Social Inquiry* 14:481 (1989).

② Lawrence E. Cohen and Marcus Felson, “Social Change and Crime Rate Trends: A Routine Activity Approach,” *Am. Sociological Rev.* 44:588 (1979).

③ Cromwell, Olson, and Avary, *Breaking and Entering*, p. 44.

④ 在智利圣地亚哥和英国(及美国)的窃贼极其偏爱没人住的房子。Juan Carlos Oyanedel, “Cultura Criminal y Conocimiento Experto en Ladrones de Casas de Santiago de Chile,” in Salvador Millaleo et al., *Sociología del Derecho en Chile, Libro Homenaje a Edmundo Fuenzalida* (2014), pp. 271, 290.

常活动”有助于解释窃贼是如何行动,以及他们是如何选择其目标的。①

我们大多数人都不太可能去掏人钱包或闯空门,出于所有通常的理由:威慑、同侪压力、个人良知。然而,扒手也需要有钱包可掏。拥挤的人群和地方越多,对他们就越有利;更不用提服装款式、口袋的样式、人们是否通常会带很多现金,等等。在我们这个时代,互联网革命已经为一系列花哨的骗局打开了大门。人们喜欢上网购物,但他们越这么做,他们成为互联网骗局受害者的风险就越大。②

但受害者和潜在的受害者并不是无助的,我们可以对“机会”做出改变。我们可以锁车锁门,纽扣和拉链可以帮我们防着扒手,商店可以用摄像头和报警设备阻却小偷,这些做法比警察更有威慑效果。③ 我们可以买门闩和门锁,避开恶劣街区的阴暗街道,商店可以请保安。“日常活动”可能导致犯罪,也可能正好相反。狗和防盗警报器可以阻止窃贼,④甚至声称该房屋配备了防盗警报器的标志也很可能减少入室盗窃。与此类似,隐藏的无线电发射器“Lojack”减少了汽车盗窃:它让我们可以定位被偷的车辆,但小偷没办法知道一辆车是否已经安装

---

① Timothy Coupe and Laurence Blake, “Daylight and Darkness Targeting Strategies and the Risks of Being Seen at Residential Burglaries,” *Criminology* 44:431 (2006).

② Travis C. Pratt, Kristy Holtfreter, and Michael D. Reisig, “Routine Online Activity and Internet Fraud Targeting: Extending the Generality of Routine Activity Theory,” *J. Research in Crime and Delinquency* 47:267 (2010).

③ Frances M. Weaver and John S. Carroll, “Crime Perceptions in a Natural Setting by Expert and Novice Shoplifters,” *Social Psych. Quarterly* 48:349, 357 (1985).

④ Cromwell, Olson, and Avary, *Breaking and Entering*, pp. 29-32. 一些窃贼非常擅长处理防盗警报器,或身手很快,能在警察到来之前逃走;但是,警报器也会产生影响。狗也一样,大狗构成身体上的威胁,而小狗则很吵。

了 Lojack。① 一座城市可以派更多警察巡逻，可以保持街道照明良好，等等，这些措施能产生或多或少的效果。墨西哥政府开始在汽车的内侧挡风玻璃上放置射频贴纸，其目的是创设一个包含墨西哥所有车辆的中央数据库，这些贴纸可以通过扫描仪读取。政府希望这一措施可以成为“国家对抗有组织犯罪的关键工具，使之可以更迅速地对偷车、绑架、毒品和武器贩运作出回应”。② 当然，“剥夺犯罪能力”——把罪犯关起来——可以剥夺大多数犯罪的任何机会。

在民事领域，一盎司预防也抵得上一磅责任。如果你小心开车，就可以避免侵权诉讼。你可以买安全性能良好的车子，全社会已经要求必须安装气囊和安全带，智能汽车和无人驾驶汽车也马上就要到来。汽车保险是强制性的。自1938年起，FDA就要求新药上市之前必须进行临床试验。③ 制定食品安全法规的目的，在于防止侵权诉讼发生。制定OSHA法规的目的，在于使工作环境更安全。接种疫苗预防疾病大多是强制性的。代扣代缴税款使税收收入最大化，并使逃税更困难：这是之前提到过的四叶草效应。一般而言，预防是现代法律秩序不可或缺的组成部分，在个人和社会的层面皆然。本书在此以最简短的方式提到了这一点，但它其实值得单独另书讨论。

---

① Ian Ayres and Steven D. Levitt, "Measuring Positive Externalities from Unobservable Victim Precaution: An Empirical Analysis of Lojack," *Quarterly J. of Economics* 113:43 (1998). 既然偷车贼不知道一辆车是否安装了 Lojack，那么这个设备的受益者就比实际使用者多得多；因此，作者得出结论，安装这个设备的车主只从其总体社会收益中得到了10%，“暗示着自由市场对 Lojack 的供应可能不足”。见第75页。

② Keith Guzik, "Taking Hold of the Wheel: Automobility, Social Order, and the Law in Mexico's Public Registry of Vehicles (REPUVE)," *Law & Society Review* 47:523, 524 (2013).

③ Federal Food, Drug, and Cosmetic Act, 52 Stat. 1040 (June 25, 1938).

第 *10* 章

结语

对影响的梳理,至此就要结束了。我们从中学到了什么呢?本书引用了大量研究。得出一般性的结论有时是可能的,但有时又难以达到。还需要更多的、更多可复制的以及更多整合线索的研究。否则,一切都取决于具体的时间、地点和情势。

在某种意义上,这是自相矛盾的。我提到过这类研究已经多到要泛滥了:威慑研究和商事规制研究极多。但结果常常还是不确定。这些研究存在巨大的分歧和漏洞,更令人不安的是,它们缺乏一致性。海量的研究呈现在读者面前,却似乎无法累积起来,很少引发质变。因为有这么多研究,或者说尽管有这么多研究,但还是令读者头晕目眩,不能确定学到些什么。

这次梳理值得做吗?尽管有些疑惑,但我还是要给出肯定的答案。我提出构建一个框架、一个纲要。其中有些以前做过,但可能还不够细致。最重要的是,我想让法律的"影响"成为一个研究领域。大多数影响研究并没有将自己定位为影响研究。但有充分理由认为"影响"值得进行总体审视,这类研究存在着共性。所有的影响研究都必须面对传播的问题,即法律讯息如何被传递。要测算或估算结果,它们就必须含蓄或明确地进行分析,分析以这样或那样的形式依据三类动因而做出的行为。我认为将各种研究尽可能归入相关类别是有用的。一般规则——关于法律的法律——不在我们的掌握之中,但框架在。例如,威慑曲线的概念是有价值的。它可以使研究之路变得值得一试。每种犯罪、每种法律行为都有自己的威慑曲线,借这种曲线来思考问题是有帮助的。

相关研究庞大的数量容易让人感到不知所措。但如果你后退一步,从远处来看风景,一些山峰和峡谷看起来就清晰多了。整体地看,影响研究就像印象派绘画:如果你的鼻子贴着画布,就只能看到一片模糊;走几步到后面,就会看到花朵、花园和海景。

我力图提供一个清晰明了的框架和立场。在这本书的某些地方,我表达了怀疑:有时怀疑这个或那个研究的结果,更经常怀疑从特定研究发现中得出一般意义的可能性。毕竟,影响是关于人类行为的,而人类行为又极其复杂。或许科学家有一天能像研究行星轨道那样对人类行为进行准确预测。我不确定这是否会发生,也不确定这是乌托邦还是反乌托邦。但无论如何,那样的世界还没有到来。

作为本书主题的影响,是有关(最广义的)法律对人的行为的影响(效果)。法律在现代社会无处不在,现代社会的规则和规章——法规、条例、规章、判决——浩如烟海。而这只是一个巨大、脉动着的和至关重要的系统的外在形式。这个系统在许多方面、在每一天都对民众产生影响。而且,我们在一开始就区分了法社会学的两大问题:决定法律最初从何而来的力量和决定法律影响的力量会是什么样。这本书讨论且只讨论第二个问题,但如前所述,两个问题是紧密联系着的。例如,立法机关一部重要法规的制定动力或通过,与其最终对社会的影响有紧密的联系。

我们可以相当安全地做出一个一般论断:法律、判决、规则不可能是完全有效的、完全被服从的,总是会有异议、会不被遵守或不被使用,总是有各种各样的不足。为什么会这样? 有些原因显而易见。人们在个性、社会地位、权力和力量、意识形态方面各有不同。法律的影响从来都不是完全的。同样的道理,也很少有完全地不遵守或不使用法律。毕竟,法律来自特定社会情境,反映着社会规范。总体而言,法律取决于合作和自愿行为而非强制。艾哈德 · 布兰肯伯格指出了一个明显的悖论:法律越要求我们去做某些偏离我们意愿的事情,就越可能无效。① 同样的道理,法律越要求我们去做我们想做且愿意做的事情,就越可能有效。法律要求——不,是命令——我们不入室盗窃,对几乎所有人而言都不成问题。我们无意成为窃贼,入室盗窃的曲线通常已经变平。法律告诫我们不要吸烟,要系安全带。如果我们开始相信吸烟很危险,安全带能救命,法律到这时候就会变得更有效。它会让我们去遵守我们想要遵守或已经学会遵守的规范。

大量(或许是大多数)的法律学术研究是法条主义的,陷入在枯燥的文本分析之中。其中许多是高度的规范性分析。规范性分析没什么问题,但如果规范未经检验就有问题了。当法学家基于他们想象的事实做出规范性结论,却没有一丁点证据来支持其论断时,就特别有问题。这也适用于对法律行为影响所做的判断。讨论社会中法律的作为却不探究实际影响的学术论文,就像讨论独角兽性生活的研究一样不切实际。法律的生活经验才是重要的。本书力图从外部

① Erhard Blankenburg, "Je mehr sich Gesetze von dem, was auch ohne sie geschieht, entfernen, desto mehr erweisen sie ihre Unwirksamkeit," "Über die Unwirksamkeit von Gesetzen," *Archiv für Rechts-und Sozialphilosophie* 58:31, 56 (1977).

的、社会科学的视角,而非“内部”的、法律人的视角来观察法律。

社会科学的视角,是哪一个呢?是全部。必须承认,我对社会学(包括犯罪学)和政治学者、心理学者和人类学者密切相关的研究有所偏爱。在这里,我应该就社会科学之王——经济学——说句话。经济学对人的行为科学(包括法律行为)做出了巨大贡献,取得了巨大进步,但也付出了代价。通常来说,经济学家会对人的行为做出一定假定,如果不是完全错误的话,这些假设也经常过于狭隘。这一科学在分析商业行为时或许没有致命错误(虽然至少有些错误),但对理解持枪抢匪、劫车匪徒和毒品贩子而言,它的贡献就变少了(虽然不无道理)。它提供的洞见要少于那些做田野、访谈并观察人们行为,理解其选择动因的研究。晚近的经济学,比如行为主义经济学则在大胆尝试弥补过去的缺陷。

人与人之间显然存在着巨大的差别:一方面是普通民众,另一方面是企业、组织和行政机构。小企业与大企业之间、民主的行政机构与专制的行政机构之间、老实人与窃贼之间也有差别。在每一类别的内部,也有时间、空间和文化的差别。还有中世纪与现代之间、亚马孙丛林的小群体与斯德哥尔摩或东京居民之间的差别。有没有希望获得更大规模、影响更广泛、更像法律行为的一种“法律”?笼统地说,现代、发达、民主社会中有很多值得讨论。我猜测,不论是过去还是现代的初民社会(preliterate societies)中也有很多东西值得讨论。古代王国或现代独裁政体也是如此。但是要把所有这些整合在一起,如果能做到的话,也得留给后代来做了。

致谢

我想感谢维韦克·塔塔(Vivek Tata),他在注释和资料来源方面给了我很有价值的帮助。我也想感谢乔治·费舍尔(George Fisher)、约翰·多诺霍、罗伯特·卡根和两位匿名评论者,感谢他们有益的评论。

译后记

弗里德曼教授在2016年出版的这本书，如题目所言，关注的是法律对人们行为的影响。我博士论文做的正是法院对社会经济生活的影响，所以一看到这本书，真有那种爱不释手的感觉。当曾健兄让我推荐合适的译者时，自己没有犹豫就把翻译工作揽了下来。为了确保翻译质量，我先是在读书会上和同学们通读英文本，并请后来去哥伦比亚大学交换的邱遥堃同学翻译出初稿，然后我从专业角度进行校对，再返给邱遥堃通读，最后由我定稿。

实际上，我们翻译这本书并不仅仅是出于个人喜好，而是因为它就像一张地图，用“影响”（impact）这个概念串联起所有关于法律如何影响社会的问题，勾勒出了法律与社会研究领域的整体样貌。作为功成名就的一代法律社会学泰斗，弗里德曼居然亲自下场撰写40年来这一领域的研究述评，实属罕见。阅读这本书，你会发现他的知识面是惊人的,阅读范围涉及经济学、社会学、政治科学、人类学、历史学等多个学科,并且对这些跨学科研究的归纳相当到位,足以令作为后学的我们既敬佩又汗颜。

本书对国内的法律与社会研究也有参考意义。当然,我更喜欢将法律与社会研究称为法律的社会科学研究,简称法社科。之所以用这样的术语表述,主要是想突出研究方法或进路的重要性。法社科研究在国内已经兴起,但还处在鱼龙混杂的状态,好一点的研究也是以单纯的经验描述为主;不同研究进路之间的沟通与对话尚且缺乏,与此同时,还要面对来自法教义学研究的竞争压力,甚至是严厉批评。扪心自问,目前的法社科研究缺少清晰的理论和方法上的指引。而本书可以成为一个很好的研究参照系。

本书所评述的各种影响问题的法律实证研究,大概率就是我们未来要接着做的;本书所介绍拓展的研究领域,从社会学到认知科学,大概率也是我们需要继续拓展的。其理论和方法的呈现,包括打通不同学科的界限、法理学与部门法学的界限,从而降低学科壁垒,也是我们需要去追寻学习的。当然,在中国语境下,我们会遇到在特定时空条件下出现的新问题。这就需要在西方法社科传统的基础上,发现自己的问题意识,去揭示这些问题背后的复杂程度和因果关系。

我在法社科领域工作多年,大致的体会是这门学科进入门槛似乎很低,做出好东西却很难。这与学科成熟度有关,过去的各种投入的确偏少,冒出头的学者不少带着点“田野生长”而非正规训练,研究没有形成传统。我们还是需要在学科建设上动脑筋、想办法,让“后浪”真正强过“前浪”。除了继续召开“法律和社会科学”年会、出版《法律和社会科学》集刊、举办社科法学系列讲座以外,更要在编写教科书和专题读本、专注基础研究上深下功夫。这本书的中文版能够得以问世,就算是一个小小的努力吧。

侯猛

2020年6月12日

图书在版编目(CIP)数据

碰撞:法律如何影响人的行为/(美)劳伦斯·弗里德曼(Lawrence M. Friedman)著;邱遥堃译.—北京:中国民主法制出版社,2020.6
ISBN 978-7-5162-2228-7

Ⅰ.①碰… Ⅱ.①劳… ①邱… Ⅲ.①法律-研究 Ⅳ.①D9

中国版本图书馆 CIP 数据核字(2020)第 101154 号

Impact : How Law Affects Behavior
by Lawrence M. Friedman

Published by arrangement with Harvard University Press
through Bardon-Chinese Media Agency
本书中文简体版经过版权所有人授权北京麦读文化有限责任公司,由中国民主法制出版社出版
著作权合同登记号:01-2020-5420

图书出品人:刘海涛
出 版 统 筹:乔先彪
图 书 策 划:曾 健
责 任 编 辑:逯卫光 柳承旭
装 帧 设 计:组配の匠

书名/碰撞:法律如何影响人的行为
作者/[美]劳伦斯·弗里德曼(Lawrence M. Friedman) 著
邱遥堃 译
侯 猛 校

出版·发行/中国民主法制出版社
地址/北京市丰台区右安门外玉林里7号(100069)
电话/(010)63055259(总编室) 63057714(发行部)
传真/(010)63056975 63056983
http://www.npcpub.com
E-mail:mzfz@npcpub.com
经销/新华书店
开本/32开 880毫米×1230毫米
印张/11.25 **字数**/240千字
版本/2021年1月第1版 2021年1月第1次印刷
印刷/三河市东方印刷有限公司

书号/ISBN 978-7-5162-2228-7
定价/59.00元